U0512627

江西财经大学财税与公共管理学院

财税文库

责任分担视角下
我国城镇职工多层次养老
保险体系构建研究

方 群 著

中国财经出版传媒集团

经济科学出版社
Economic Science Press

图书在版编目（CIP）数据

责任分担视角下我国城镇职工多层次养老保险体系构
建研究/方群著. —北京：经济科学出版社，2021.8
ISBN 978 - 7 - 5218 - 2754 - 5

Ⅰ.①责… Ⅱ.①方… Ⅲ.①城镇—职工—养老保险
制度—研究—中国 Ⅳ.①F842.612

中国版本图书馆 CIP 数据核字（2021）第 155880 号

责任编辑：顾瑞兰
责任校对：李 建
责任印制：邱 天

责任分担视角下我国城镇职工多层次养老保险体系构建研究

方 群 著

经济科学出版社出版、发行 新华书店经销
社址：北京市海淀区阜成路甲 28 号 邮编：100142
总编部电话：010-88191217 发行部电话：010-88191522
网址：www. esp. com. cn
电子邮件：esp@ esp. com. cn
天猫网店：经济科学出版社旗舰店
网址：http://jjkxcbs. tmall. com
北京时捷印刷有限公司印装
710×1000 16 开 14.5 印张 230000 字
2022 年 2 月第 1 版 2022 年 2 月第 1 次印刷
ISBN 978 - 7 - 5218 - 2754 - 5 定价：78.00 元
（图书出现印装问题，本社负责调换。电话：010 - 88191510）
（版权所有 侵权必究 打击盗版 举报热线：010 - 88191661
QQ：2242791300 营销中心电话：010 - 88191537
电子邮箱：dbts@ esp. com. cn）

总　序

　　习近平总书记在哲学社会科学工作座谈会上指出，一个国家的发展水平，既取决于自然科学发展水平，也取决于哲学社会科学发展水平。坚持和发展中国特色社会主义，需要不断在理论和实践上进行探索，用发展着的理论指导发展着的实践。在这个过程中，哲学社会科学具有不可替代的重要地位，哲学社会科学工作者具有不可替代的重要作用。

　　习近平新时代中国特色社会主义思想，为我国哲学社会科学的发展提供了理论指南。党的十九大宣告："经过长期努力，中国特色社会主义进入了新时代，这是我国发展新的历史方位。"中国特色社会主义进入新时代，意味着近代以来久经磨难的中华民族迎来了从站起来、富起来到强起来的伟大飞跃。新时代是中国特色社会主义承前启后、继往开来的时代，是全面建成小康社会、进而全面建设社会主义现代化强国的时代，是中国人民过上更加美好生活、实现共同富裕的时代。

　　江西财经大学历来重视哲学社会科学研究，尤其是在经济学和管理学领域投入了大量的研究力量，取得了丰硕的研究成果。财税与公共管理学院是江西财经大学办学历史较为悠久的学院，学院最早可追溯至江西省立商业学校（1923 年）财政信贷科，历经近百年的积淀和传承，现已形成应用经济和公共管理比翼齐飞的学科发展格局。教师是办学之基、学院之本。近年来，该学院科研成果丰硕，学科优势凸显，已培育出一支创新能力强、学术水平高的教学科研队伍。正因为有了一支敬业勤业精业、求真求实求新的教师队伍，在教育与学术研究领域勤于耕耘、勇于探索，形成了一批高质量、经受得住历史检验的成果，学院的事业发展才有了强大的根基。

为增进学术交流，财税与公共管理学院推出面向应用经济学科的"财税文库"和面向公共管理学科的"尚公文库"，遴选了一批高质量成果收录进两大文库。本次出版的财政学、公共管理两类专著中，既有资深教授的成果，也有年轻骨干教师的新作；既有视野开阔的理论研究，也有对策精准的应用研究。这反映了学院强劲的创新能力，体现着教研队伍老中青的衔接与共进。

　　繁荣发展哲学社会科学，要激发哲学社会科学工作者的热情与智慧，推进学科体系、学术观点、科研方法创新。我相信，本次"财税文库"和"尚公文库"的出版，必将进一步推动财税与公共管理相关领域的学术交流和深入探讨，为我国应用经济、公共管理学科的发展做出积极贡献。展望未来，期待财税与公共管理学院教师，以更加昂扬的斗志，在实现中华民族伟大复兴的历史征程中，在实现"百年名校"江财梦的孜孜追求中，有更大的作为，为学校事业振兴做出新的更大贡献。

江西财经大学党委书记

2019 年 9 月

前　言

当前，我国的养老保险制度正面临诸多挑战。一方面，经济全球化、城市化和新业态带来发展机遇的同时，也对养老保险制度的待遇水平、公平性和灵活性提出了更高要求；另一方面，我国人口老龄化形势日趋严峻，存在老龄人口多、未富先老的问题，亟须提高民众参保意识、增加养老保险基金储备。在此背景下，2021年3月，十三届全国人大四次会议表决通过的《中华人民共和国国民经济和社会发展第十四个五年规划和2035年远景目标纲要》指出："坚持应保尽保原则，按照兜底线、织密网、建机制的要求，加快健全覆盖全民、统筹城乡、公平统一、可持续的多层次社会保障体系。"针对"十四五"规划提出的改革要求与任务，以及经济全球化和人口老龄化背景下的养老保险制度变革需求，进一步完善我国多层次养老保险体系、增加全体国民的养老保险基金储备显得尤为必要。

然而，我国养老保险体系建立时间尚短，目前仍处于基本养老保险"一枝独秀"、企业年金和个人商业养老保险发展缓慢的初级阶段，各主体存在责任错位、越位和缺位问题。首先，在第一层次城镇职工基本养老保险的建设方面，无论是制度的顶层设计、基金管理及投资运营，还是机构管理体制和经办服务方面，都存在一定程度的责任履行不到位问题，致使基本养老保险制度处于碎片化状态，各地区缴费率和替代率等参数难以统一，基本养老保险基金保值增值困难。其次，第二层次企业年金制度存在产品单一、保险和年金管理机构的投资管理和创新能力不强、系统维护运营成本高、财政税收优惠力度不足等多方面问题，造成企业和个人参保积极性不高，影响了企业年金的整体发展水平。最后，在第三层次商业养老保险建设方面，当前个人税收递延型商业养老保险仍处于探索阶段，税收优惠力度不大，加之个人参保意识不强，对老年生活持盲目乐观态度等因素，导致我国商业养老保险在多层次养老保险体系中所占比例较低，与基本养老保险的规模差距较大。

在此背景下，多层次养老保险体系的建立已迫在眉睫。要构建完善的多层次养老保险体系，首要任务是明确政府、企业和个人的责任分担关系，厘清政府与市场的边界，最终通过参数调整和结构改革两个方面的顶层设计，使得政府在承担有限责任的同时充分发挥市场功能，从而满足我国居民未来多样化的养老需求。

鉴于此，本书在责任分担视角下，以"我国城镇职工多层次养老保险体系构建"为核心议题，以"十四五"规划提出的加快健全"覆盖全民、统筹城乡、公平统一、可持续的多层次社会保障体系"的要求为依据。在国内外文献梳理和数据搜集、整理的基础上，首先，阐述了当前城镇职工多层次养老保险体系下政府、企业和个人三方责任主体仍存在的责任缺位、错位和责任逃避等方面的问题。同时，依据问题和我国经济发展现状，对政府、企业和个人在多层次养老保险体系中应承担的主要责任进行了阐释和界定。其次，通过构建多层次养老保险适度水平模型，进一步量化了政府应承担的财政支出责任、企业和个人的缴费责任，明确了多层次养老保险的支出、缴费和待遇的适度水平，并在此基础上提出了我国多层次养老保险体系的三大类改革方案。方案主要在实施成本、个体收益和制度目标实现等方面存在差异，政府可依据其政策目标和预算约束加以合理选择。再次，为验证方案中相关参数设计的合理性，本书构建了两期世代交叠模型，模拟测算了多层次养老保险体系建立后将带来的一系列经济效应，同时，研究了提高或降低个人缴费率、企业缴费率、个人工作期税率和个人退休期税率分别会对经济发展带来的影响以及多层次养老保险体系构建对不同收入群体产生的影响，其研究结论也为政策制定提供了相关参考。最后，基于前文的测算和分析，建议从法律、制度、财政、技术与人才和社会保险体系内的配套支持等多方面入手，进一步完善我国城镇职工多层次养老保险体系，以期为我国应对人口老龄化、经济全球化、城市化和新业态等方面带来的挑战，构建更加公平和可持续的多层次养老保险体系提供相关建议。

依据研究内容，本书的创新点主要有以下三个方面。

第一，拓展和深化了多层次养老保险体系的责任分担理论并展开实证研究。本书在多层次养老保险体系框架下，详细阐述了政府、企业和个人应承担的具体责任，厘清了政府与市场关系的边界。同时，通过构建养老保险适度水平模型和世代交叠模型，进一步量化了多层次养老保险中的政府财政支出责任和企业、个人的缴费责任，明确了各层次应负担的待遇水平和多层次养老保险体系的经济效应。这在一定程度上突破了前期学者仅从某一层次或某一责任主体展开研究的局限，是对多层次养老保险体系责任分担相关理论的进一步拓展和深化。

第二，对多层次养老保险的适度水平进行测算并设计出相关改革方案。作为多层次养老保险体系责任量化的体现，本书进一步拓展了养老保险适度水平理论，依据责任定位以及各责任主体面临的约束条件，构建相应的多层次养老保险适度水平模型加以测算。在此基础上，进一步提出我国多层次养老保险体系的三大类改革方案，方案主要以每一层次的财政支出水平、缴费水平和待遇水平确定为核心内容，将政府的养老保险"支出"适度区间，个人、企业的养老保险"缴费率"适度区间和个人"替代率"适度区间作为表征，主张对政府、企业和个人的责任实现合理划分，这为我国多层次养老保险体系的构建提供了新思路。

第三，多角度综合分析了多层次养老保险体系的经济效应。本书从我国国情出发，在现有政策框架下，着重研究了多层次养老保险体系构建与缴费率、递延纳税政策等变量间的相互作用，并且模拟了多层次养老保险体系建立后对不同收入群体的影响效果，进一步验证了各层次间存在的"替代效应"和对不同收入群体的"收入再分配效应"。这不仅在一定程度上突破了前期学者对多层次养老保险体系研究只侧重基本理论、各层次协调发展、国外经验借鉴或侧重对某一层次具体研究的局限，避免了"就社保论社保"的问题，还从全局性视角出发，深化了多层次养老保险体系经济效应的研究路径。

本书各章具体研究思路如下。

第1章，绪论。介绍了本书的研究背景与意义，梳理了国内外既有文献的研究进展，阐述了研究的基本内容和相应的研究方法，并概括了本书的创新点与不足。

第2章，基本概念及理论基础。在对多层次养老保险体系相关概念进行界定的基础上，进一步梳理了本书所涉及的理论，旨在为下文的实证分析提供理论支撑。

第3章，责任分担下城镇职工多层次养老保险体系存在的问题。基于责任分担视角，分层次、分责任主体对我国多层次养老保险体系存在的各类问题进行了梳理。

第4章，城镇职工多层次养老保险体系下的责任主体定位分析。主要从责任定位与责任分担角度出发，梳理了政府、企业和个人在多层次养老保险体系中应承担的主要责任：政府应从制度设计、财政支持和管理监督三个方面规范自身责任；企业应履行好第一和第二层次的缴费责任与第二层次企业年金基金的管理责任；个人不仅需要承担多层次养老保险的缴费责任，同时，在寻求更高层次养老保障水平的过程中，还需承担一定的投资管理责任和监督责任。

第5章，责任分担下城镇职工多层次养老保险适度水平测算。通过构建多层次养老保险适度水平模型，进一步量化了政府应承担的财政支出责任、企业和个人的缴费责任，明确了多层次养老保险的支出、缴费和待遇的适度水平。同时，依据测算结果和我国实际情况，在适当借鉴国外经验的基础上，提出我国多层次养老保险体系的三类改革方案。方案以每一层次的财政支出水平、缴费水平和待遇水平确定为核心内容，主张对政府、企业和个人的责任实现合理划分。

第6章，责任分担下城镇职工多层次养老保险体系的经济效应分析。在多层次养老保险体系框架下构建了两期世代交叠模型。通过参数校准、数值模拟和比较静态分析，着重探讨了三类问题：一是构建政府、企业和个人责任共担的多层次养老保险体系是否必要？其会对经济发展产生什么影响？二是提高或降低个人缴费率、企业缴费率、个人工作期税率和个人退休期税率分别会给经济发展带来哪些影响？三是多层次养老保险体系的建立对不同收入群体会产生哪些影响？通过回答以上问题，从全局性视角出发，着重研究了多层次养老保险体系构建与缴费率、税收政策等变量间的相互作用，探讨了责任分担视角下多层次养老保险体系的整体经济效应。

第7章，构建城镇职工多层次养老保险体系的支持机制。主要从法律支持、制度支持、财政支持、技术与人才支持和社会保险体系内的配套支持等多方面入手，系统阐述了多层次养老保险体系的支持机制。

第8章，结论与展望。在总结全书后，对未来多层次养老保险体系的构建提出了展望。

目　录

第 1 章

绪　论

1.1　研究背景与意义

1.1.1　研究背景

我国自 1999 年正式进入老龄化社会以来，目前已成为全球老龄人口规模最大的国家。截至 2020 年末，我国 60 岁及以上老年人口达 2.64 亿人，占总人口的比重为 18.7%，其中，65 岁及以上人口为 1.906 亿人，占比达13.5%。① 在人口老龄化形势日趋严峻的背景下，当前我国的养老保险体系面临着多方面的挑战。

第一，随着经济全球化进程的日益加快，生产要素在全世界范围内流动，加剧了国与国之间的多方面竞争。首先，经济全球化虽然给我国带来了巨大的发展机遇，但作为发展中国家，过高的养老保险缴费率也将加重我国企业的人力成本，进而削弱企业产品的成本优势，影响其国际竞争力。其次，随着我国经济不断融入全球经济，经济增长方式发生转变，人力资本的重要性也将愈发凸显，处于产业结构高端的企业更看重人力资本水平，给予员工较高程度的养老保障有助于劳动生产率的提高，因此，企业年金等补充性养老保险的建立就

---

① 数据来源于国家统计局官网。

很有必要。① 此外，经济全球化也带来了更多的社会风险和社会不平等现象，拉大了我国内部的贫富差距，尤其表现在性别、行业、城乡和地区方面，增加了社会的不稳定因素，进而对我国的养老保险体系构建和国家治理体系现代化建设带来挑战。

第二，城市化的发展和流动人口的增多也对我国的养老保险制度提出了更高要求。根据全国第七次人口普查数据显示，2019 年末，全国流动人口规模为 3.76 亿人，占总人口数的 26.65%。在庞大的流动人口群体中，外出农民工群体所占比重较大。数据显示，2017 年，全国外出农民工数量为 1.72 亿人，其中，参加城镇职工基本养老保险的农民工人数仅为 6202 万人。② 可见，当前流动人口中还有较大规模的人群尚未参加基本养老保险。随着家庭养老保障功能的日渐式微，流动人口的养老保障问题将成为我国政府面临的一大考验。

第三，互联网催生的新业态在我国保持良好发展态势的同时，也促使当前的就业形式呈现新特点。工作方式弹性化、劳动关系多样化和劳动供给自主化等，尤其是互联网平台强大的聚合功能，使得就业主体间的关系呈现多元化和复杂化趋势，不仅加剧了劳动者维护自身社会保障权益和政府监管的难度，而且新业态带来的就业灵活性、就业流动性更使得就业场所与劳动关系产生许多新变化③，需要政府在构建多层次养老保险体系时，加以充分关注。

第四，我国养老保险体系建立时间尚短，目前仍处于基本养老保险"一枝独秀"、企业年金和个人商业养老保险发展缓慢的初级阶段。首先，在第一层次基本养老保险建设方面，由于全国统筹尚未实施，制度仍处于碎片化状态，各地区缴费率、缴费基数和替代率等参数难以统一，基本养老保险基金保值增值困难，制度面临公平性和可持续性的双重挑战。其次，在第二层次企业年金建设方面，我国企业年金整体发展水平依然较低，无论是年金的覆盖范围，还是年金的积累、支付和领取规模，都与第一层次基本养老保险存在较为

① 封进，何立新. 中国养老保险制度改革的政策选择——老龄化、城市化、全球化的视角 [J]. 社会保障研究，2012 (3)：29 – 41.

② 数据来源于《2017 年度人力资源和社会保障事业发展统计公报》。

③ 郑功成. 社会保障与国家治理的历史逻辑及未来选择 [J]. 社会保障评论，2017 (1)：24 – 33.

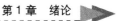

明显的差距。数据显示，2019 年我国基本养老保险参保人数达 96754 万人，其中，参加城镇职工基本养老保险的人数为 43488 万人，基金累计结存 54623 亿元，基金总收入与总支出则分别为 52919 亿元和 49228 亿元；相较基本养老保险，2019 年企业年金职工参加人数仅为 2547.94 万人，累计基金为 17985.33 亿元，当年领取额仅为 492.39 亿元①，与基本养老保险的规模相比依然较小。最后，在第三层次商业养老保险建设方面，我国商业养老保险在多层次养老保险体系中所占比例依然较低。2017 年，我国人寿保险公司原保险保费收入占 GDP 的比重为 3.15%，商业养老保险的整体市场规模达 10254 亿元，其中，退休后分期领取的养老年金保险原保费收入仅为 469 亿元②，与基本养老保险的规模相比差距较大。

为改变现状，党的十九大报告提出了"全面建成覆盖全民、城乡统筹、权责清晰、保障适度、可持续的多层次社会保障体系"目标，各部门积极响应。2017 年 12 月，人力资源和社会保障部、财政部联合印发了《企业年金办法》，该办法进一步规范了企业年金缴费、待遇计发与领取和企业年金企业缴费归属原则等内容，是对 2004 年《企业年金试行办法》的修订和完善。2018 年 2 月，人力资源和社会保障部与财政部召开会议，会同国家多个部门成立工作领导小组，启动建立养老保险第三支柱建设工作。2018 年 4 月，财政部出台《关于开展个人税收递延型商业养老保险试点的通知》，规定自 2018 年 5 月 1 日起，在上海市、福建省（含厦门市）和苏州工业园区实施为期一年的个人税收递延型商业养老保险试点。上述一系列政策的出台说明我国政府对构建以基本养老保险、企业年金和个人商业养老保险为主的多层次养老保险体系的重视力度正在不断加大。

在此背景下，为有效应对人口老龄化、经济全球化、城市化和新业态等方面带来的挑战，建立并完善多层次养老保险体系迫在眉睫。而要完善我国多层次养老保险体系，首要任务是明确各参与主体的责任，尤其是明确政府与企业、个人之间的责任分担关系，在准确界定政府责任的基础上，合理引导民生预期，通

---

① 数据来源于《2019 年度人力资源和社会保障事业发展统计公报》《全国社会保障基金理事会社保基金年度报告（2019 年度）》和《2019 年度全国企业年金基金业务数据摘要》。

② 数据来源于中国银行保险监督管理委员会官网。

过参数调整和结构改革两个方面的顶层设计，使得政府在承担有限责任的同时充分发挥市场功能，释放市场潜力，从而满足我国居民多样化的养老需求。

鉴于此，本书在责任分担视角下，以"我国城镇职工多层次养老保险体系构建"为核心议题，首先，分析了政府、企业和个人在我国多层次养老保险体系构建中仍存在的各类问题，并对各责任主体应承担的责任进行系统性梳理。在明确政府、企业和个人责任的基础上，通过构建多层次养老保险适度水平模型，进一步量化了政府应承担的财政支出责任、企业和个人的缴费责任，明确了多层次养老保险的支出、缴费和待遇的适度水平。其次，依据测算结果和我国实际情况，在适当借鉴国外经验的基础上，提出了我国多层次养老保险体系的三类改革方案，主张实现政府、企业和个人责任的合理分担。最后，为验证方案中相关参数设计的合理性，本书构建了两期世代交叠模型，模拟分析了多层次养老保险体系的构建对经济发展和个人效用可能带来的一系列影响，并提出了构建多层次养老保险体系的支持机制，以期为我国应对人口老龄化、经济全球化、城市化和新业态等方面带来的挑战，构建起更加公平和可持续的多层次养老保险体系，完善收入再分配机制，促进经济发展和资本市场完善等方面提供建议。

1.1.2 研究意义

随着人口老龄化、经济全球化、城市化和新业态的不断涌现，加之人口预期寿命的延长和家庭养老保障功能的持续弱化等因素，在社会养老保险制度给予支持的同时，当前我国社会也在呼唤着更为多元化的养老保障支持手段。具体而言，由于我国经济发展已经进入新常态，养老保险制度需要进行相应变革，以适应经济发展和人民日益增长的美好生活需要。因此，建立多层次养老保险体系已迫在眉睫。在此背景下，本书通过研究我国多层次养老保险体系的责任分担机制和适度水平，并在此基础上进行相应的经济效应分析和支持机制研究，拓展了多层次养老保险体系相关研究领域的深度与广度，这对我国未来的多层次养老保险体系构建具有一定的理论价值和现实意义。

第一，丰富了多层次养老保险体系构建的理论内涵。多层次养老保险体系的构建不仅涉及我国养老保险制度的方方面面，同时也涉及中央政府与地方政

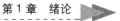

府、政府与企业、政府与个人、企业与个人等责任主体间的利益关系，是一个具有复杂性、系统性特征的问题。我国要建立和完善多层次养老保险体系、实现多层次养老保险体系和经济发展的良性互动，就需要充分调动起各责任主体的积极性，通过合理界定政府责任、重新定义各层次的边界，对多层次养老保险体系的相关内涵进行规范化和系统化梳理。当前，我国学者对多层次养老保险体系的研究多集中在对某一个或两个层次方面的研究，较少有学者从全局性视角出发，对多层次间和各参与主体间的层次、责任定位加以全面分析。在已有研究的基础上，本书综合运用政府与市场关系理论、社会保障适度水平理论、生命周期理论和公平正义理论等，将经济学、社会学和公共管理学领域的专业知识进行交叉融合运用，在多层次养老保险体系框架下，针对当前我国养老保险制度仍存在的不平衡不充分等客观现实问题进行分析，并对政府与市场关系，政府、企业和个人责任分担关系进一步梳理和规范，这有助于丰富我国多层次养老保险体系构建的理论内涵，推动与多层次养老保险体系构建相关理论的科学研究，有助于提高对政府与市场关系、效率与公平关系等方面的认识，具有一定的理论意义。

第二，拓展了多层次养老保险体系相关研究的深度与广度。多层次养老保险体系的建立和完善，将会对我国的经济发展产生一系列重要影响。然而，从现有文献看，学界当前的研究仍主要集中在对多层次养老保险体系的定性分析上，较少研究多层次养老保险体系相关参数调整对宏观经济变量的长期影响以及各层次间的相互作用和相关关系。基于此，本书在对政府、企业和个人责任定位及适度水平分析的基础上，重点研究了多层次养老保险体系的构建对经济发展和个人效用带来的影响，通过运用经济学中的一般均衡理论，构建起多层次养老保险体系框架下的两期世代交叠模型，并依据当前政策实施的实际情况对相关参数进行校准，通过数值模拟和比较静态分析，着重探讨了三大类问题：一是构建政府、企业和个人责任共担的多层次养老保险体系是否必要？对经济发展会产生什么影响？二是提高或降低个人缴费率、企业缴费率、个人工作期税率和个人退休期税率分别会对经济发展带来哪些影响？三是多层次养老保险体系的建立对不同收入群体会产生哪些影响？通过回答以上问题，从全局性视角出发，着重研究多层次养老保险体系构建与缴费率、税收政策等变量间的相互作用，探讨责任分担下多层次养老保险体系的整体经济效应，并将经济效应分析的结果作为未来政策改革的参考。这在一定程度上拓展了当前我国多层次养老保险体系相关研究的深度与广度，为构建起更加公平和可持续的多层次养老保险体系、完善收入再分配机制、应对人口老龄化挑战和促进经济发展与资本市场完善提供了相关借鉴。

第三，促进了多层次养老保险体系的完善和国家治理体系现代化建设。本书的研究立足于党的十九大报告中提出的"按照兜底线、织密网、建机制的要求，全面建成覆盖全民、城乡统筹、权责清晰、保障适度、可持续的多层次社会保障体系"目标，在对政府、企业和个人责任进行合理界定的基础上，测算了我国多层次养老保险的适度水平并提出三大类改革方案，主张通过建立普惠制国民年金制度，保障低收入群体的养老保障权益，进而实现"覆盖全民"的目标。同时，国民年金的水平不宜过高，只保障居民的最基本需求，这也进一步贯彻了党的十九大报告中的"保障适度"目标。在经济全球化、人口老龄化、城市化、人口结构不断变化和新业态发展的背景下，本书以责任分担为核心内容，主张政府承担有限责任，妥善处理政府与市场关系，发挥市场机制在促进第二、第三层次企业年金和商业养老保险中的作用，在对多层次养老保险的适度水平测算和经济效应分析的基础上，从法律支持、制度支持、财政支持、技术与人才支持和社会保险体系内的配套支持等多方面入手，提出了支持我国未来多层次养老保险体系发展的相关政策思路。这对未来我国应对人口老龄化、经济全球化、城市化和新业态的挑战，保持企业竞争力和国家竞争力，构建更加公平和可持续的多层次养老保险体系，维护社会长治久安，促进国家治理体系和治理能力现代化建设等方面都具有积极的现实意义。

1.2 国内外研究综述

1.2.1 国内研究综述

1.2.1.1 多层次养老保险体系存在的问题研究

在对我国多层次养老保险体系存在问题的相关研究上，国内学者对第一层次基本养老保险、第二层次企业年金和第三层次商业养老保险存在的问题均已有较为丰富的认识。首先，对于第一层次基本养老保险制度，学者们认为仍主要存在公平性和可持续性两个方面的问题。对于当前第一层次基本养老保险企业缴费率高企的现状，宋晓梧（2017）指出，我国社会保险缴费率水平已高于欧洲国家的平均水平，且存在缴费基数不实、地区之间缴费率不统一等诸多问题，致使企业的经营负担较重，需对基本养老保险缴费率做进一步调整。孔丽霞（2017）从延迟退休角度入手，指出当前我国养老保险制度的退休年龄规定仍存在法定退休年龄偏低、男女退休年龄差距过大、退休制度缺乏弹性等方面的问题，需要构建起完善的渐进式延迟退休年龄制度。郑海涛等（2018）运用人口预测模型和养老金缺口模型对我国养老金体系的隐性负债问题进行测算，结果表明，我国社会保险基金将逐渐呈现由盈余向亏损转变的总体趋势，并且随着人口老龄化形势的日趋严峻，缺口将逐年增大，基本养老保险制度面临可持续性挑战。在基本养老保险基金保值增值方面，杨晶（2018）指出，我国养老保险基金保值增值能力差与养老金刚性支付的矛盾越来越突出，投资渠道单一、基金缺口巨大、投资运营主体错位、统筹层次过低、监管机制缺失和法律法规体系不健全等问题都使得养老保险基金保值增值愈发困难。在基本养老保险制度改革方面，高和荣、薛煜杰（2019）认为，要解决养老保险收支不平衡问题，需要尽快推行全国统筹，当前基本养老保险基金实现全国统筹仍面临着制度建设、统筹任务、省际间基本养老保险待遇公平获得和良好的信息技术支撑四个方面的挑战。

其次，在第二层次企业年金的建设方面，国内学者也做出了较为丰富的研究成果。韩克庆（2016）指出，当前我国企业年金制度仍存在不同类型企业加入的差异性较大、对员工激励作用有限、税收优惠政策力度较小、投资运营环境不健全和企业年金运作主体流程复杂等诸多问题，需要通过进一步简化企业年金运作流程、降低准入门槛等多种方式加以改进。李荣生和朱志钢（2016）指出，我国企业年金制度仍存在不公平现象，主要表现在税收方面，由于企业年金的参与主体主要是国有企业，对其实行减免税反而会进一步拉大收入差距，助长不公平现象；同时，由于企业年金公共账户的存在，现行税收政策会助长"账外资产"，成为企业的"小金库"，从而产生寻租问题。郑秉文（2017）从参与率视角加以分析，认为我国企业年金发展存在的最大问题是参与率太低，表现为企业年金规模太小、地区发展不均、覆盖行业和企业严重失衡以及将小微企业排除在外四个方面。王晓军和姜增明（2017）则从企业年金的投资风险角度入手，认为由于我国的企业年金制度采取 DC 型完全积累制模式，投资风险完全由参保职工承担，因此如何通过合理的资产配置、实现企业年金保值增值是其发展的一大现实问题。曲震霆（2018）也指出，我国企业年金治理结构的缺陷将加剧委托代理风险，对投资结构的过度约束则会放大长期经营风险，这两个方面的问题都不利于企业年金市场的长远发展。

最后，针对第三层次商业养老保险存在的问题，学界主要是从税收优惠、监督管理、投资运营、养老金产品开发和法律体系完善等方面展开研究。彭雪梅等（2014）、吴祥佑（2014）从商业养老保险的税收制度公平性出发，指出当前的个税递延型养老保险将低收入群体排除在保障范围之外，且会产生税收的累退效应和马太效应，严重违背了社会公平原则，可能导致贫富差距扩大。王翌秋和李航（2016）以税收递延型商业养老保险为例，在国外经验借鉴的基础上，指出我国税收递延型商业养老保险还存在三个方面的问题：一是缺乏保障性的法律法规，二是税收优惠方案设计还不完善，三是仍存在一定的市场风险。关博（2017）认为，当前我国包括商业养老保险在内的补充保险仍存在发展水平滞后、税收优惠力度偏低、运营模式不成熟、不可持续和待遇不稳定、风险集聚等方面的问题。

整体上看，学者们对我国当前多层次养老保险体系存在的问题已作出较为详尽的分析，从法律体系建设和完善、基金投资运营和监督管理、外部市场环境和现有政策缺陷等多个角度探讨了各个层次仍存在的问题。然而，较少有文献从政府、企业和个人三大责任主体视角出发，对养老保险三个层次存在的问题进行系统分析和梳理，尤其是现有文献仍主要是从政府视角切入，研究当前政府在制度设计和政策制定方面的缺陷，较少有学者关注企业和个人层面存在的问题。而企业和个人作为公共政策客体，在政策制定、执行和监督等方面也发挥着积极作用。基于此，本书从政府、企业和个人三大责任主体入手，系统地分析了各责任主体在当前多层次养老保险体系中的局限和责任错位、缺位和逃避等方面的问题，这对全面认识多层次养老保险体系存在的问题具有较为突出的现实意义。

1.2.1.2　养老保险制度中的责任定位与责任分担研究

近年来，我国第一层次基本养老保险基金收入增长速度有所放缓，而随着人口老龄化速度的加快和人口预期寿命的延长，基金支出的增长速度却开始提高，未来有可能面临较为严峻的收支缺口问题和个人账户"空账"问题。在此背景下，一些学者提出，政府在养老保险制度中应承担有限责任，而非无限"兜底"责任。针对经济社会发展中的新状况，学者们对政府在养老保险制度中应承担的责任也开展了多方面的研究。邓大松和薛惠元（2013）提出，应把"底线公平"作为社会保障制度建设的一项基本理念，对于处在需求底线以下的群体，政府需运用公共财政对其进行补贴或"兜底"保障，承担"兜底"责任。杨燕绥（2015）也认为，在多层次养老保险体系中，政府只能保基本，即承担国民基础养老金责任，社会养老保险则需职工个人缴费负担，即"政府只负责给面包，黄油得自己买"。杨斌和丁建定（2015）从政府的财政责任角度入手，指出当前我国政府在财政责任方面仍表现出模式差异、地区差异和城乡差异的特点，未来应构建多支柱养老保险体系，促进单位和个人责任的合理化。在中央与地方政府责任分担方面，郑功成（2015）从养老保险基金全国统筹视角切入，指出要实现全国统筹，必须合理划分中央与地方的财政责任，以 20% 为限，中央和省级地方各承担 10%，并将该财政补贴责任固化。毛景（2017）也赞成需对养老保险补贴的央地责任进行划分，但他认为，需在厘清历史债务与现实任务的条件下依据每个省份的实际情况合理确定中央转移支付比例，以平衡各省份差距，而非一个统一的固定比例。洪小东（2018）认为，政府在养老保险制度中主要承担两大责任："管理者责任"，即对养老保险制度体系的设计与维护；"直接财政责任"，主要指财政补助养老保险数额的精确测算，他认为，政府对养老保险的财政责任不应当是"兜底"性的，未来应强化政府在养老保险中的管理者责任、弱化直接财政责任。席恒和任行（2018）指出，未来应以国家责任为依托、企业责任为助力、个人责任为抓手，通过降低缴费率、拓展私人养老金市场、加大产品开发力度等一系列措施促使养老金制度的责任分担更趋合理。

在企业责任承担方面，学者们主要从资金供给、管理监督和法律遵守等角度阐述了企业应承担的责任，同时，也对优化和改进企业责任承担提出了自身的看法。李志明（2015）指出，当前我国企业在承担养老保险资金供给责任时存在向政府转嫁的问题，表现在拖欠、少缴、漏缴职工养老保险费用和不为职工办理社会保险登记等方面；同时还指出，政府、企业和个人责任划分存在边界模糊的问题，需要从制度改革、资金供给和管理监督三个方面入手，率先明晰政府责任。周湘莲和刘英（2016）指出，企业养老责任主要体现在四个方面：一是经济责任，即大力发展老龄服务事业和产业，为职工提供基本养老保险和企业年金；二是法律责任，即遵守与老年人权益和劳动者养老权益相关的法律法规；三是伦理责任，主张企业从价值追求、企业文化等方面完善自身的社会责任自律机制；四是慈善责任，积极与政府和非营利组织合作开展各类慈善活动。齐传钧（2016）则认为，在经济全球化背景下，企业的竞争力会受到成本约束，因此不能过度增加企业的社会养老责任，而应对其养老责任进行优化，即通过深化经济体制改革、提高税收优惠力度和改善制度环境等措施充分挖掘企业的养老责任空间。林义和周娅娜（2016）从借鉴德国里斯特养老保险计划入手，指出应突破由企业主要承担补充养老保险责任的思路，改由国家制定补贴和税收优惠政策刺激民众参保，这对人员流动性较大的中小企业比较有利。

在个人责任承担方面，现有资料中专门研究养老保险个人责任承担的文献仍相对较少。刘玮（2010）认为，社会养老保险制度强调的是权利与义务对等，因而其首先是一个自我保险体系，理论上，个人应承担养老保险的首要和主要责任，主要表现在三个方面：一是缴费责任，二是对个人养老金资产的管理责任，三是退休后决定如何消费的责任。同时，他还指出，被保险者的基本生活水平就是政府与个人责任的边界。张波（2018）利用我国综合社会调查数据对个人养老责任的认知展开分析，研究发现，参加我国养老保险制度的人群相较未参加者，其责任意识更高，普遍认同其养老保障应由政府负责和三方共同负责。曹鑫（2018）运用"我国大众养老观念调查"的数据，发现不论是青年人还是老年人，他们对由老年人自身承担养老责任的认同感并不高，未来还需进一步构建养老主体责任的多元分担机制，提高老年人的自我养老能力。

综上所述，近些年，我国学者对养老保险制度中的责任定位和责任分担方面的研究开始聚焦，研究内容较为深入，主要是对责任主体的某一项责任展开深入探讨，如政府对养老保险制度的财政责任承担等。然而，随着我国多层次养老保险体系的构建和完善、人口老龄化形势的加剧和经济发展进入新常态，养老保险制度中各责任主体的责任定位也应当顺应时代发展的要求，这就需要对多层次养老保险体系中的政府、企业和个人责任定位展开深入研究，尤其是在研究个人养老责任承担方面，现有文献依然较少，个人要实现更高层次的养老保险需求，必须承担起相应的责任。本书正是在前人研究的基础上，试图通过进一步厘清多层次养老保险体系中的政府、企业和个人责任，进而弥补上述文献中的不足。

1.2.1.3　养老保险制度的适度水平与经济效应研究

在养老保险制度适度水平的研究方面，我国学者主要是以满足居民的基本生活需求为目标，构建起养老保险适度水平模型进行相关测算。穆怀中（1997）较早对我国社会保障适度水平展开了理论研究，提出社会保障的适度水平应与其基本功能、国家生产力发展水平以及各方面的承受力相适应。近年来，学者们主要侧重理论与实践的结合，较多运用相关数据对养老保险的适度水平进行测算。刘海宁（2014）对城乡三种基本养老保险方案的给付水平分别进行测算，并对其适度水平展开评价和比较，提出为保障三种制度间相对保障水平的趋同，应构建起基本养老保险给付的指数化调整方案。沈毅（2015）立足于养老保险制度应满足居民的"生存公平"需求，设定养老保险制度的给付下限是满足最低生存需要的恩格尔系数，上限则是保障个人生存需求的生活必需品消费水平，并以此测算城乡居民的社会养老保险适度水平。边恕（2017）从"保基本"视角切入，分别将"食品线"和"基本生活线"作为城乡居民养老金适度水平的上限和下限，并在此基础上，构建了柯布—道格拉斯型养老金调整函数，测算不同适度水平方案下的参数调整比例。穆怀中等（2018）基于辽宁省数据，选取企业应缴纳的养老保险费用、企业利润总额等一级和二级指标，构建了城镇职工养老保险制度财政补贴的适度水平模型，测算结果显示，2017 年辽宁省城镇职工养老保险财政补贴的适度水平应为 473 亿元。景鹏等（2018）基于居民养老需求和基金收支平衡的双重视角，将基本养老需求分为四个阶梯，前两个阶梯属于生存需求，后两个属于生活需求，在此基础上，构建模型测算了城乡居民养老保险的适度待遇水平，并最终得出满足居民生存需求和生活需求的基础养老金替代率水平分别为23% ~37% 和47% ~53% 。

在养老保险制度的经济效应研究方面，学者们主要围绕特定的某项养老保险制度展开经济效应研究，如针对城乡居民社会养老保险或城镇职工基本养老保险制度进行经济效应分析，且多利用一般均衡模型进行模拟分析。郑伟（2003）针对20世纪90年代我国养老保险制度由现收现付制转向部分积累制的制度变迁历程，基于一般均衡理论构建两期动态生命周期模型，从宏观经济、微观经济生产者、微观经济消费者、经济公平和转轨代价五个方面对养老保险制度变迁的经济效应展开量化分析，并最终得出此次制度变迁的经济效应是正面的结论。王晓芳等（2010）利用世代交叠模型分析了企业年金制度带来的经济效应，模拟测算后发现，企业年金制度的建立有利于增加宏观经济中资本量，降低利率和工资水平，进而刺激消费和投资增长，其经济效应是正面的。李时宇和冯俊新（2014）运用多阶段世代交叠模型，对城乡居民社会养老保险制度展开短期和长期经济效应分析，研究发现，一方面，社会统筹机制降低了参保者的储蓄需求，有利于刺激消费和缓解投资不平衡现象；另一方面，城乡居民社会养老保险制度减轻了社会保障的城乡差异，有利于缩小城乡收入差距并提高社会总福利。赵春红（2015）构建了企业年金递延纳税世代交叠模型，通过与无纳税递延的经济体进行比较，分析在不同的财政预算平衡模式下企业年金递延纳税对各经济变量的影响，研究结果表明，削减政府购买的财政预算平衡方式更有利于促进经济增长。景鹏和胡秋明（2016）从社会福利最大化视角出发，在全面"二孩"和延迟退休年龄的政策背景下，运用世代交叠模型模拟出五种不同的生育情景，并在此基础上测算城镇职工基本养老保险最优社会缴费率，分析降低企业缴费率的经济效应。石晨曦（2018）从资本产出、要素价格和个人福利三个角度研究了个人税收递延型商业养老保险的经济效应，结果显示，该制度的建立整体上有利于拉动经济增长，但在个人效用水平的改善程度上，不同群体之间存在一定差异。

对上述文献进行总结后发现，当前养老保险制度适度水平方面的研究对象主要是单一制度，如专门研究城乡居民社会养老保险或者城镇职工基本养老保险制度，而较少从全局性视角出发，研究多层次养老保险体系整体的适度水平，尤其是未来随着第二、第三层次企业年金和商业养老保险的发展，多层次养老保险体系整体的适度水平目标以及各层次应达到的适度水平是多少，还缺乏较为系统的研究。同时，在养老保险制度的经济效应研究方面，我国学者运用 OLG 模型围绕第一层次基本养老保险领域展开的研究已较为丰富，主要模拟了财政政策调整、人口老龄化下全面"二孩"、延迟退休、缴费率和税率调整等政策下最优缴费率问题和政策实施后养老保险制度带来的经济效应问题，但是在多层次养老保险体系框架下，运用一般均衡模型研究三个层次整体对经济发展等方面综合影响的文献仍较为缺失。据此，本书第 5 章和第 6 章将分别运用养老保险适度水平模型、世代交叠模型等方法，测算我国多层次养老保险的适度水平和多层次养老保险体系建立带来的经济效应，着重研究多层次养老保险体系构建与缴费率、税收政策等变量间的相互作用，这也是根据新时代要求对以往研究成果做出的进一步拓展和深化。

1.2.1.4　多层次养老保险体系理想框架构建和支持机制研究

在我国多层次养老保险体系构建和支持机制的相关研究上，国内学者主要集中在理论探讨、顶层设计和国外经验借鉴等方面。如林义（2017）认为，应综合考虑经济、社会、文化与技术等方面的因素，从整合创新第一层次、加快建设职业养老保险和各类补充养老保险计划、充分发挥商业养老保险作用和警惕长寿风险等方面加快我国多层次养老保险制度创新与路径优化。徐文娟和褚福灵（2016）从不同收入水平视角出发，主张充分发挥市场作用，面向不同收入群体着重构建不同的养老保险制度，建立起与经济发展和收入水平相适应的多层次养老保险体系。房连泉（2018）借鉴公、私养老金混合发展的国际经验，指出当前我国多层次养老保险体系存在结构性失衡问题，他主张通过调整结构、账户打通、立法和税收优惠等方面完善我国多层次养老保障制度。董克用（2018）从不同主体的责任理念出发，主张将第一支柱公共养老金、第二支柱职业养老金和第三支柱个人养老金组成的养老金体系，依据不同主体的责任划分进行整合与优化，进而充分体现政府责任，强化单位责任和发挥个人责任。郑秉文（2018）则进一步提出，在构建国家、企业与个人共同支撑的多层次养老保险体系基础上，还应构建起调动多种养老资源参与的"混合型"老年安全网络,如 PPP 型养老保障模式,从而保障不同群体的利益。杨燕绥(2018)指出,我国应按照老龄社会发展时间表,通过加强立法、完善筹资机制等措施增加政府养老金,通过降低缴费率、转移部分住房公积金等政策大幅增加雇主养老金,通过开展国民养老金知识教育、方便个人开户等措施积极发展个人养老金三个方面进一步完善国家养老金体系。郑功成(2019)则从多层次养老保险体系整体布局视角切入,指出需统筹考虑整体的目标替代率以及不同层次间的替代率关系,不能无限制减税让利发展第二层次企业年金,否则会拉大收入分配差距。

此外,王雯和黄万丁(2017)、张慧智和金香丹(2017)、彭姝祎(2017)、大卫·布拉沃和石玎(2018)等学者还从国外经验借鉴角度,分别介绍了加拿大、韩国、法国和智利等国家构建多层次养老保险体系的经验,以期获得相关启示。还有一些学者针对某一个或两个层次加以集中研究,如韩烨和宋宝安(2014)、韩克庆(2016)等学者主要分析了我国企业年金的现状和问题,并提出相关支持政策与建议;郑秉文(2016)则分别从近期、中期和远期目标三个方面提出了促进商业养老保险发展的政策建议;景天魁和杨建海(2016)主张树立"底线公平"的理念,建立起具有全民普惠性质的非缴费型养老金来完善多层次养老保险体系。

综上所述,当前学界对多层次养老保险的研究主要集中在基本理论研究、各层次协调发展研究、国外经验借鉴或侧重对某一层次的具体研究上,但从全局性视角入手,结合数理模型对多层次养老保险体系的构建进行实证分析,如对其适度水平和养老保险体系整体可能产生的经济效应进行测度的文献仍然较少。而本书正是在已有研究的基础上,依据党的十九大报告中对社会保障体系构建的要求,在给定的现实经济环境、社会环境等条件下,以责任主体为视角,对多层次养老保险的适度水平和经济效应等进行综合测量,这也是对已有研究的进一步深化和丰富。

1.2.2 国外研究综述

1.2.2.1 养老保险制度中的责任定位与责任分担研究

在养老保险制度的责任定位与责任分担研究方面,约翰尼斯(Johannes,

2000）从发展中国家的社会保障制度入手，指出制度的四个主要提供者分别是国家、市场、成员组织和私人家庭，并探讨了公私合作进行风险共担的可能性。在政府责任规范上，德鲁克（Drucker，2006）指出，政府机关主要是依靠"预算"而不是根据绩效指标取得的结果来运行，因此没有提高生产力的动机，容易导致低效率。基于政府的这些特点，在建立多层次养老保险体系时中央政府和地方政府需要互相配合，将财政税收、劳动力市场改革以及金融政策多方面结合，确保最大程度上实现改革目标（Adascalitei，2015）。

在企业责任履行和个人养老保险参与方面，霍尔兹曼等（Holzmann et al.，2000）以智利和阿根廷为例，分析了社会保障体系参与率低的原因，发现在职低收入群体、未受过教育者和自营职业者对扩大养老保险覆盖面构成了特殊挑战，其中，交易成本、体系设计问题和信誉问题会影响劳动力市场上所有职工的参保决策。穆纳尔等（Munnell et al.，2000）利用 1998 年消费者财务调查数据，发现教育程度、员工的规划视野、雇主的匹配计划和员工的缴费能力均会影响员工参加 401K 计划的积极性和缴费额度，即良好的 401K 计划设计和退休储蓄需求信息可以提高员工 401K 计划的参与度和缴费额。霍尔顿和范德海（Holden & Vanderhei，2001）也发现，影响职工缴费的因素主要包括 401K 计划运作所依据的监管框架、个人参与者特征和该计划的总体设计三个方面。费尔德斯坦等（Feldstein et al.，2006）基于我国的实际情况，指出我国养老保险缴费率过高，可能导致企业逃避缴费责任并降低经济效率，同时也容易成为社会保障体系成功运行的障碍，因此建议我国应降低缴费率，将企业缴费率降至 8%，所有收入都是以投资为基础的个人账户。

在分析政府应承担的养老保险制度改革责任方面，孙和麦克斯韦（Sun & Maxwell，2002）认为，当前的中国养老保险个人账户制度未能达到制度设计之初的目标，个人账户目前处于债务状态，并逐年累积赤字，建议政府出售国有资产弥补转轨成本，发行债券以降低系统替代率和提高养老金资产回报率来解决出现的问题。西恩（Sin，2005）发现，在中国现行的养老保险制度下，社会统筹和个人账户在财政上不可持续，主要体现在两个方面：一是个人账户计发月数设计不合理，低估了劳动者退休后的平均预期寿命；二是男女均存在提前退休现象。他认为，应根据退休时预期寿命分摊个人账户，取消特殊的提前退休特权，将退休年龄逐渐统一在 65 岁。此外，一些国外学者也指出，延迟退休是弥补基金财务缺口的有效措施（Cremer & Pestieau，2003；Galasso，2006；Peinado & Serrano，2012）。

综上所述，学者们在对养老保险制度中的责任定位与责任分担方面已有较为深入的研究，尤其是对政府应承担的相关责任，包括制度设计、参数改革、财政支持和其他配套政策等内容已有较为丰富的阐述。但在既有文献中，仍较少有学者从全局性视角来分析多层次养老保险体系的责任分担问题。随着我国人口老龄化形势日益严峻和经济发展进入新常态，为实现"两个一百年"目标，急需根据我国现实国情、制度现状和文化特点，进一步系统厘清多层次养老保险体系中的政府、企业和个人责任，而这正是本书研究的重点内容之一。

1.2.2.2 养老保险制度的经济效应研究

在对养老保险制度的经济效应进行研究方面，国外学者多运用世代交叠模型（OLG）进行相关分析。20 世纪中叶，在莫迪利亚尼（Modigliani，1954）生命周期理论、索洛模型、拉姆齐模型以及阿莱（Allais，1947）代际更迭理论的基础上，萨缪尔森（Samuelson，1958）提出了一个纯交换经济的 OLG 模型，旨在用来讨论货币在经济中的作用。在此基础上，戴蒙德（Diamond，1965）引入生产部门，构建两期世代交叠模型。经过艾伦（Aaron，1966）、布兰查德（Blanchard，1985）等学者的不断丰富，OLG 模型得以逐渐发展完善，同时，将其应用于养老保险领域的研究成果也日益增多。奥尔巴赫和克特里考夫（Auerbach & Kotlikoff，1987）构建了第一个大规模仿真多阶段世代交叠模型，以研究财政和养老金方面的问题。奥尔巴赫等（Auerbach et al.，1989）利用 OLG 模型研究人口变化尤其是人口老龄化对日本、德国、瑞典和美国的影响。希普利亚尼（Cipriani，2014）则通过分别建立外源性和内源性生育率 OLG 模型，研究人口老龄化对现收现付养老金制度的影响，并得出由预期寿命增加引起的人口老龄化会导致养老金支出减少的结论。纵观国外学者在运用 OLG 模型分析养老金经济效应的研究方面，其主要集中于对现收现付制和完全积累制公共养老金方面的考察，侧重研究两种不同养老金制度对宏观经济中资本积累等方面的影响。

同时，国外还有大量文献从国民储蓄、社会福利、资本积累和工资增长等方面研究了个税递延型商业养老保险的经济效应。例如，费尔等（Fehr et al.，2008）运用 OLG 模型量化了税收递延型个人账户的经济效应和福利效应，指出在许多经合组织（OECD）国家实施的个税递延型税收账户将在长期对资本积累和工资增长产生重大影响，但总体效益不高，同时，研究发现，包括直接奖金支付在内的补贴制度可能比纯粹的减税制度更受欢迎。梵迪和怀思（Venti & Wise，2009）运用美国 SIPP（survey of income and program participation）的调查数据，研究了美国个人退休账户（IRAs）对家庭储蓄的影响，发现个人退休账户增加了个人储蓄，且其资金不是通过替代其他储蓄或增加债务来获得的。西山（Nishiyama，2011）则从预算成本和政府融资角度入手，评估了递延纳税账户对经济发展的整体影响，发现由于政府债务和偿债成本的增加，从长远来看，税收递延型养老保险账户将使国家财富和总产出减少，无法同时增加国民财富、改善社会福利。

此外，在企业年金制度对经济发展的影响方面，崔等（Choi et al.，2004）从分析美国 401K 计划的自动加入机制入手，指出自动加入机制的确有助于增加财富积累、提高员工参与率，但较低的违约储蓄率和保守的违约投资基金破坏了长期财富积累，有待日后进一步改进。波特巴等（Poterba et al.，2004）评估了美国企业年金制度（即 401K 计划）缴费对个人储蓄的净影响，发现401K 缴费不会替代其他形式的个人储蓄。盖尔伯（Gelber，2009）也发现，401K 计划可以增加储蓄，同时也可能会增加个人退休账户（IRA）的储蓄，但对其他金融资产的影响不大。吉拉尔杜奇等（Ghilarducci et al.，2012）则从消费角度入手，发现社会保障制度对家庭消费具有负面影响，而 401K 计划则起到相反作用，但 401K 计划对消费的影响由于依赖金融市场而显得不太稳定。

总结发现，国外学者对养老保险制度的经济效应研究已较为成熟，在研究广度、深度及方法技术上具有先行优势。这主要是基于国外尤其是西方发达国家具有完备的金融资本市场体系，它们不仅为养老保险基金的投资运营提供了较为良好的市场环境，而且在养老保险制度经济影响的理论研究方面也走在前列。同时，在对养老保险制度的经济效应进行研究时，国外学者都是在给定的经济、政治、社会和文化环境下展开研究，其研究结果不一定适应我国的实际情况。因此，在构建我国的多层次养老保险体系时，需结合我国的具体国情做出符合逻辑的自洽选择，从而推动我国多层次养老保险体系的进一步完善。

1.2.2.3 多层次养老保险体系的理想框架构建和支持机制研究

20世纪70年代中后期，由于西方国家经济发展不景气以及人口老龄化程度的加深，国家财政难以承受日益增长的公共养老金支出，各国开始探索养老保险制度改革的理想框架。改革初期主要以参数改革为主，包括延长法定退休年龄、提高缴费率和降低养老金指数化调节系数等；改革后期，由于瑞士、智利等国家开始试行"三支柱"养老保险模式和养老金私有化改革方案，各国都开始探索养老保险制度的结构性改革途径。随着各国实践经验的日益丰富，国外学者对多层次养老保险体系的政策设计和路径研究也逐渐深入，主张实行结构改革的呼声渐高。世界银行（World Bank，1994）首次提出建立"三支柱"养老保险体系的概念，包括构建由政府强制主导实施的公共养老金计划、企业和个人共同缴费的职业养老金计划以及基于个人意愿的个人养老储蓄计划。世界银行"三支柱"模式提出后，虽然得到了许多国家的支持，但在理论和实践层面也遭受一定质疑。比蒂和麦吉利夫雷（Beattie & Mcgillivray，1995）指出，世界银行提倡将强制性储蓄计划取代养老保险的思路，容易给职工尤其是低收入职工和养老金领取者带来较高风险，包括通货膨胀风险和投资风险等。因此，对于养老金体系的改革，还需兼顾各方利益，寻求达成共识以保障制度公平性。谢若登（Sherraden，2003）从美国、新加坡和英国的实践经验入手，指出通过完善激励机制为低收入群体建立养老保险个人账户进行资产积累是有必要的，任何基于个人资产账户的公共政策都应纳入低收入群体并提供累进匹配存款。因此，世界银行又提出"五支柱"方案，主张增加零支柱和第四支柱，其中，零支柱以消除贫困为目标，主张保障老年贫困群体的基本权益。布朗（Brown，2008）认为，养老金体系设计首先要考虑减轻老年人口的贫困问题，因此，应将更多财富转移给低收入群体而非高收入群体。沃尔科和福斯特（Walker & Foster，2006）以英国的养老金改革尤其是其职业养老金改革计划为例，分析了其中存在的不平等现象，指出养老金制度的发展实际上是一个社会分层的过程。国际劳工组织（ILO，2017）在其发表的《2017~

2019 年世界社会保障报告——全民社保以实现可持续发展目标》中指出，全球社会保障体系仍面临严重的覆盖率差距，有近 40 亿人没有得到任何社会保障，对此应采取建立最低生活保障制度、增加非正规就业人员参保率和增大财政投入等多种方式扩大社会保障体系覆盖面。斯蒂芬（Stefan，2018）则从当前 OECD 国家提高正常退休年龄这一政策背景入手，运用动态离散选择模型进行模拟，发现延迟退休对低收入群体的影响最大，其养老金福利下降高达 3%，因此，未来在养老金改革时需通过增加再就业机会等措施不断改善老年不平等问题。从上述文献中可以发现，近年来多层次养老保险体系的政策设计和支持机制已越来越受到各国政府和学者的重视，养老保险制度的公平性问题亟待解决。

在养老金制度的整体设计和改革实践经验方面，国内外学者首先在养老保险制度财务模式的选择上展开了激烈讨论。费尔德斯坦（Feldstein，1974）运用扩展的生命周期模型，以美国为例，分析了社会保障对个人退休和储蓄的影响，发现养老金现收现付制度会降低私人储蓄并阻碍经济增长，他主张放弃现收现付制度，转而实施强制性个人账户制度以增加储蓄。但是，戴蒙德（Dialmond，1998）反对这种观点，他通过分析资本回报率的递减趋势，认为把积累的资金投入资本市场并不能确保一定获得较高的投资回报率，同时，积累制会造成大量的转制成本，影响后代人的福利水平。帕尔默（Palmer，2000）则提出了一条介于两者之间的道路，即实行名义账户制度，他以 1994 年瑞典的养老金制度改革为例，详细介绍了瑞典的名义账户制度（NDC），该制度是一项缴费确定型（DC）的现收现付制养老金计划。在改革实践经验方面，德国为应对人口老龄化挑战，通过提供补贴和税收优惠等方式，试图从单一的现收现付制度转向多支柱养老金制度（BörschSupan et al.，2003）。布雷克（Blake，2003）探讨了与英国养老金制度有关的关键问题，在分析了英国 1980 年以来养老金制度改革经验的基础上，评估了待遇确定型（DB）和缴费确定型（DC）计划的成员所面临的不同类型风险和回报，并对养老保险基金的资产管理和投资绩效进行调查，提出政府应从简化监管框架入手，促使收费结构变得简单透明，同时改革基金投资管理制度等，以期帮助私人养老金计划降低成本。巴尔和戴蒙德（Barr & Diamond，2006）指出，基本养老保险制度的目标应包括平滑消费、应对长寿风险、消除贫困与收入再分配等。此外，一些学者还分别对阿根廷、意大利和瑞士等国家的养老金制度改革进行研究，旨在从中汲取相关的改革经验（Bertranou et al.，2010；Borella，2010；Queisser & Vittas，2016）。

在企业年金的制度设计、税收优惠支持和筹资方式等方面，赫朗格（Hrung，2001）从美国1986年《税务改革法》实施后个人退休账户（IRA）供款数目大幅减少的现象入手，指出供款人数的下降并非是因为纳税人对税法中免缴供款限制规定的误解所致。波特巴等（Poterba et al.，2007）认为，与待遇确定型模式相比，缴费确定型模式的年金财富增长更快。崔等（Choi et al.，2007）发现，美国401K计划设计对员工参与度、员工缴款率的分配、资产分配和现金分配四个方面均会产生重要影响，需要引起雇主和政府监管机构的重视，充分承担起自身责任。克里迪和盖斯特（Creedy & Guest，2007）通过建立一般均衡模型（CGE），着重分析了澳大利亚私人养老金计划的不同税收优惠模式（包括TTT、TTE、ETT和EET）对代际公平、国民生活水平、劳动力供给、储蓄和社会福利等方面的影响。

整体来看，在多层次养老保险体系构建的研究上，国外学者近些年的研究方向更为聚焦，研究内容较为深入，他们主张多层次养老保险体系的构建应对弱势群体倾斜并保证制度的公平性，同时，也十分注重企业年金的税收优惠政策与投资管理等方面内容。但由于不同国家面临的国情和挑战不尽相同，因此，仍有必要依据现实国情，从全局性视角出发，构建具有中国特色的多层次养老保险体系。

1.3 研究内容和方法

1.3.1 研究内容

本书的整体研究思路如图1-1所示，在我国经济发展进入新常态、城市化、人口老龄化和人口结构发生巨变以及"新业态"蓬勃发展的背景下，本书首先对国内外既有的关于多层次养老保险体系方面的文献进行系统性梳理，进而确定研究的核心议题，即责任分担视角下的城镇职工多层次养老保险体系构建问题。在广泛收集、整理和分析数据的基础上，首先阐述了当前城镇职工多层次养老保险体系下政府、企业和个人三方责任主体仍存在的责任缺位、错位和责任逃避等方面的问题，同时，依据问题和我国经济发展现状，对政府、企业和个人在多层次养老保险体系中应承担的主要责任进行了阐释和界定。其次，通过构建多层次养老保险适度水平模型，进一步量化了政府应承担的财政支出责任、企业和个人的缴费责任，明确了多层次养老保险的支出、缴费和待遇的适度水平，并在此基础上提出了我国多层次养老保险体系的三大类改革方

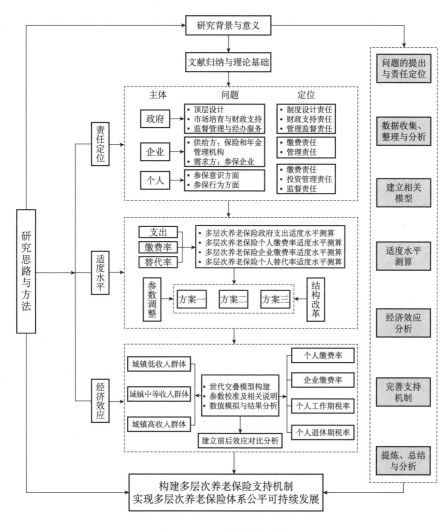

图1-1 本书的研究思路

案，方案主要在实施成本、个体收益和制度目标实现等方面存在差异，政府可依据其政策目标和预算约束加以合理选择。再次，为验证方案中相关参数设计的合理性，运用一般均衡理论构建两期世代交叠模型，模拟测算了多层次养老保险体系建立后将带来的一系列经济效应，研究提高或降低个人缴费率、企业缴费率、个人工作期税率和个人退休期税率分别会对经济发展带来哪些影响以及对不同收入群体的影响，其研究结论也为后续的政策制定提供了相关参考。最后，基于前文的测算和分析，建议从法律、制度、财政、技术与人才和社会保险体系内的配套支持等多方面入手，进一步完善我国城镇职工多层次养老保险体系，以期为构建更加公平和可持续的养老保险制度、促进全面小康社会建成和国家治理体系及治理能力现代化建设等提供相关建议。

本书各章具体研究思路如下。

第1章，绪论。本章主要是对研究背景与意义的介绍，对国内外既有文献的梳理，对研究内容和研究方法的阐释以及对本书创新与不足的概括。

第2章，基本概念及理论基础。本章首先对多层次养老保险体系的相关概念进行界定，并将其与多支柱概念进行了区分。其次对本书研究的理论基础进行了梳理，包括政府与市场关系理论、社会保障适度水平理论、生命周期理论和公平正义理论等。

第3章，责任分担下城镇职工多层次养老保险体系存在的问题。本章对我国多层次养老保险体系存在的问题进行分析，即从责任分担视角出发，分层次、分责任主体对我国多层次养老保险体系存在的各类问题进行梳理。首先，政府在制度的顶层设计、政策规范、财务可持续性以及管理体制等方面仍存在错位、缺位的问题，对第二、第三层次的财政税收优惠政策支持力度不够，市场培育仍不健全。其次，在企业方面，不论是养老保险服务供给方——保险和年金管理机构，还是需求方——参保企业，均存在责任弱化的问题。最后，在个人方面，个人仍存在参保意识不强，经常出现弃保、断保等不利于自身长远利益的参保行为等方面的问题。

第4章，城镇职工多层次养老保险体系下的责任主体定位分析。本章主要从责任定位与责任分担角度出发，梳理了政府、企业和个人在多层次养老保险体系中应承担的主要责任。政府应从制度设计、财政支持和管理监督三方面规范自身责任，并处理好历史责任与现实责任、中央政府责任与地方政府责任、东部地方政府责任与中西部地方政府责任之间的关系。企业应履行好第一、第二层次的缴费责任与第二层次企业年金基金的管理责任。个人不仅需要承担多层次养老保险的缴费责任，同时，在寻求更高层次养老保障水平的过程中，还需承担一定的投资管理责任和监督责任。通过各参与主体间责任的合理分担，进而减少"越位""缺位""错位"等情况的发生，同时也为后文的适度水平测算奠定基础。

第5章，责任分担下城镇职工多层次养老保险适度水平测算。多层次养老保险体系水平的确定，既要考虑与国民经济发展水平相适应，同时也需与各责任主体的经济承受能力相适应；既要能够保障城镇职工的基本生活，同时也需满足其更高层次的养老保障需求。本章结合前文对政府、企业和个人的责任定位分析，依据多层次养老保险体系构建过程中政府应承担的养老保险财政支出责任，个人、企业应履行的缴费责任以及各责任主体面临的约束条件，分别测算政府的多层次养老保险支出适度水平、个人养老保险缴费率适度水平、企业养老保险缴费率适度水平和个人养老保险替代率适度水平。同时，依据测算结果和我国的实际情况，在适当借鉴国外经验的基础上，提出我国多层次养老保险体系的三类改革方案，方案主要以每一层次的财政支出水平、缴费水平和待遇水平确定为核心内容，将政府的养老保险"支出"适度区间，个人、企业的养老保险"缴费率"适度区间和个人"替代率"适度区间作为表征，主张对政府、企业和个人的责任实现合理划分。

第6章，责任分担下城镇职工多层次养老保险体系的经济效应分析。为验证第5章方案中参数设计的合理性，本章在对政府、企业和个人责任定位及适度水平分析的基础上，运用一般均衡理论，构建起多层次养老保险体系框架下的两期世代交叠模型，依据当前我国政策实施的实际情况对相关参数进行校准，通过数值模拟和比较静态分析，着重探讨三类问题：一是构建政府、企业和个人责任共担的多层次养老保险体系是否必要？对经济发展会产生什么影响？二是提高或降低个人缴费率、企业缴费率、个人工作期税率和个人退休期税率分别会对经济发展带来哪些影响？三是多层次养老保险体系的建立对不同收入群体会产生哪些影响？通过回答以上问题，从全局性视角出发，探讨了多层次养老保险体系的整体经济效应，着重研究了多层次养老保险体系构建与缴费率、税收政策等变量间的相互作用，模拟了多层次养老保险体系建立后对不同收入群体的影响效果，进一步验证了各层次间存在的"替代效应"和对不同收入群体的"收入再分配效应"。这也为后文的政策制定提供了相应的参考依据。

第7章，构建城镇职工多层次养老保险体系的支持机制。为充分发挥企业和个人的积极性，构建起企业、个人和政府三方共担的多层次养老保险体系，本章提出从法律支持、制度支持、财政支持、技术与人才支持和社会保险体系内的配套支持等多方面入手，为构建多层次养老保险体系营造良好的市场氛围和政策环境。这在加强政府责任的同时，也有利于促进企业和个人履行相关责任。

第8章，结论与展望。主要从责任分担、适度水平、经济效应和方案设计四个方面归纳了本书研究得出的相关结论，并对我国未来多层次养老保险体系构建提出了展望。

1.3.2 研究方法

（1）文献研究法。本书分别从当前我国多层次养老保险体系存在的问题、养老保险制度中的责任定位与责任分担、养老保险制度的适度水平与经济效应、多层次养老保险体系的理想框架构建和支持机制四个方面对国内相关研究成果进行了归纳梳理，同时，也从养老保险制度的责任定位、养老保险制度的经济效应和多层次养老保险体系的构建路径三个方面对国外文献进行了回顾。从中发现，既有文献主要是从单一视角，对我国养老保险制度中政府、企业和个人应承担的责任、多层次养老保险的适度水平、经济效应和相关支持机制展开研究，缺乏从全局性视角切入，对多层次养老保险体系整体展开研究，而本书正是在过往研究的基础上，依据党的十九大报告中对社会保障体系构建的要求，在给定的现实经济环境、社会环境等条件下，以责任主体为视角，对我国多层次养老保险的适度水平和经济效应等进行综合测量，以期进一步丰富已有研究成果。

（2）规范分析法。本书以社会保障相关理论为基础，综合运用生命周期理论、政府与市场关系理论、社会保障适度水平理论和公平正义理论等诸多理论，结合我国多层次养老保险体系的实际情况，对当前我国多层次养老保险体系中责任主体的责任分担进行了规范性分析，同时，提出了促进多层次养老保险体系发展的支持机制，为推动我国多层次养老保险体系进一步完善和国家治理体系与治理能力现代化等提供有益借鉴。

（3）比较分析法。相比发达国家，我国的多层次养老保险体系发展仍不完善，尚处于第一层次基本养老保险"一枝独秀"、第二和第三层次企业年金以及商业养老保险发展缓慢的初级阶段。为提升民众参与多层次养老保险体系的积极性，促进第二、第三层次企业年金和商业养老保险的发展，有必要借鉴和吸收西方发达国家的有益经验。因此，书中采用了比较分析法，在法律法规完善、养老金支出水平、养老金替代率水平、养老金税收减免情况和养老金缴费率等方面与 OECD 国家、欧盟国家进行对比，这将有助于我国多层次养老保险体系的建立和进一步完善。

（4）实证分析法。在运用规范分析法的同时，本书第 5 章运用国家统计局的宏观数据，建立了多层次养老保险支出适度水平模型、个人缴费率适度水平模型、企业缴费率适度水平模型和在扩展线性支出模型（ELES）测量个人消费需求基础上的个人替代率适度水平模型，进一步量化了政府应承担的财政支出责任、企业和个人的缴费责任，明确了多层次养老保险的支出、缴费和待遇的适度水平。同时，第 6 章运用一般均衡理论，构建起多层次养老保险体系框架下的两期世代交叠模型，依据当前我国政策实施的实际情况对相关参数进行校准，通过数值模拟和比较静态分析，测算了多层次养老保险体系建立后将带来的一系列经济效应，研究提高或降低个人缴费率、企业缴费率、个人工作期税率和个人退休期税率分别会对经济发展带来哪些影响，以及多层次养老保险体系构建对不同收入群体的影响，测算结果进一步验证了第 5 章方案中相关参数设计的合理性，同时也为后文的政策制定提供了相应的参考依据。

1.4 本书的创新与不足

1.4.1 本书的创新

本书的创新主要有以下三点。

（1）拓展和深化了多层次养老保险体系的责任分担理论并展开实证研究。目前，学界对多层次养老保险体系的研究尚缺乏统筹考虑，主要是针对某一层次（基本养老保险和企业年金的关注度较高）或某一责任主体（对政府的责任定位研究较多）展开研究，较少关注多层次养老保险体系中不同层次间的关系以及政府、企业和个人等责任主体间的整体责任分担问题。基于此，本书在多层次养老保险体系框架下，详细阐述了政府、企业和个人应承担的具体责任，厘清了政府与市场关系的边界。同时，通过构建养老保险适度水平模型和世代交叠模型，进一步量化了多层次养老保险中的政府财政支出责任和企业、个人的缴费责任，明确了各层次应负担的待遇水平和多层次养老保险体系的经济效应。这在一定程度上突破了前期学者仅从某一层次或某一责任主体展开研究的局限，是对多层次养老保险体系责任分担相关理论的进一步拓展和深化。

（2）对多层次养老保险的适度水平进行测算并设计出相关改革方案。作为多层次养老保险体系责任量化的体现，本书进一步拓展了养老保险适度水平理论，依据多层次养老保险体系构建过程中政府应承担的养老保险财政支出责任，个人、企业应履行的缴费责任以及各责任主体面临的约束条件，分别构建相应的多层次养老保险适度水平模型加以测算。在此基础上，进一步提出我国多层次养老保险体系的三大类改革方案，方案主要以每一层次的财政支出水平、缴费水平和待遇水平确定为核心内容，将政府的养老保险"支出"适度区间，个人、企业的养老保险"缴费率"适度区间和个人"替代率"适度区间作为表征，主张对政府、企业和个人的责任实现合理划分，但在实施成本、个体收益和制度目标实现等方面存在差异。政府可依据其政策目标和预算约束，在三类方案中做出合理选择，这也为我国的多层次养老保险体系构建提供了新思路。

（3）多角度综合分析了多层次养老保险体系的经济效应。养老保险制度与经济发展的关系一直以来都是学界研究的热点问题。在已有学者研究的基础上，本书从我国的实际国情出发，在现有政策框架下，对多层次养老保险体系带来的经济效应展开综合分析，着重研究了多层次养老保险体系的构建与缴费率、递延纳税政策等变量间的相互作用，并且模拟了多层次养老保险体系建立后对不同收入群体的影响效果，进一步验证了多层次养老保险体系下，各层次间存在的"替代效应"和对不同收入群体的"收入再分配效应"。这不仅在一定程度上突破了前期学者对多层次养老保险体系研究只侧重基本理论、各层次协调发展、国外经验借鉴或侧重对某一层次具体研究的局限,避免了"就社保论社保"的问题,还从全局性视角出发,深化了多层次养老保险体系经济效应的研究路径。

1.4.2 本书的不足

第一,由于影响多层次养老保险体系经济效应的因素还有很多,包括人口老龄化、技术进步和生育率等诸多方面,本书出于研究目的和方便计算的需要,无法在理论模型构建中一一囊括并分析,这有待日后根据政策和环境的变化对理论模型加以改进和完善。

第二,由于多层次养老保险体系中的第二层次企业年金主要依托单位建立,需要企业的积极参与,而农村居民收入水平相对较低,主要是以政府补贴和个人缴费为主,其多层次养老保险体系的结构设计与城镇职工相比有所不同。因此,限于篇幅,本书仅探讨了城镇职工多层次养老保险体系的构建问题,对于农村居民的多层次养老保险体系路径设计问题尚未展开深入研究。同时,对于机关事业单位建立的职业年金制度,由于其建立时间尚短,且与企业年金制度在强制性、缴费对象和缴费比例方面有所差异,限于篇幅也未纳入本书的研究范围。整体而言,本书研究的广度有待日后进一步扩大。

第2章 /

基本概念及理论基础

2.1 基本概念

2.1.1 多层次养老保险体系

关于多层次养老保险体系的定义，应避免与世界银行 1994 年提出的"多支柱"（multi-pillar）概念混淆。所谓"支柱"，更侧重于描述养老保险制度的架构和稳定性，也即侧重由哪些主体来提供支撑，而"层次"侧重描述制度的待遇水平，更注重各个"柱"应发挥的功能（鲍淡如，2016；景天魁和杨建海，2016），因此，"多层次"（multi-tiered）更强调为不同收入层次的群体提供收入保障。结合当前我国各阶层收入水平差异现状，使用"多层次养老保险体系"概念更符合实际情况，它不仅能够体现国家对不同层次养老金应承担的不同责任，而且也能从中看出养老保险体系的水平和功能结构。同时，我国自 1991 年以来便已提出了多层次养老保险体系建设的构想，要"逐步建立起基本养老保险与企业补充养老保险和职工个人储蓄性养老保险相结合的制度"[①]，"十四五"规划中也提出要建立多层次社会保障体系，因而多层次养老保险体系的提法更具连续性。

结合林义（1992）、郑功成（2005）等学者对多层次养老保险体系概念的

[①] 参见《国务院关于企业职工养老保险制度改革的决定》。

界定，本书中对"多层次养老保险体系"的定义，主要是指为防范和抵御老年风险、满足劳动者差异性的养老需求，国家和社会综合运用各种养老保险形式，在劳动者退出劳动岗位后为其提供相应收入保障的制度安排，主要包括第一层次基本养老保险制度、第二层次企业年金制度和第三层次商业养老保险制度。在当前制度框架下，根据覆盖对象的不同，多层次养老保险体系可分为城镇职工多层次养老保险体系和城乡居民多层次养老保险体系，本书主要研究的是城镇职工多层次养老保险体系。

2.1.2　基本养老保险制度

基本养老保险制度，是依据国家法律法规强制建立和实施的一种社会保险制度，它由国家、雇主和个人三方共同出资建立基金，对达到法定退休年龄并退出劳动领域的劳动者提供经济补偿，以保障劳动者个人及其家庭基本生活需要的制度。本书中所指的基本养老保险制度主要指城镇职工基本养老保险制度，暂不包括城乡居民养老保险制度。

2.1.3　企业年金

企业年金是指企业及其职工在依法参加基本养老保险制度的基础上，自主协商建立的补充养老保险制度，属于我国多层次养老保险体系中的"第二层次"。《企业年金办法》规定，企业年金所需费用由企业和职工个人共同缴纳，具体所需费用由企业和职工一方协商确定，基金实行完全积累，为每个参加企业年金的职工建立个人账户，职工退休时的企业年金水平取决于资金积累规模及其投资收益。

2.1.4　商业养老保险

商业养老保险是依据"收益稳健、长期锁定、终身领取、精算平衡"的原则，由商业保险机构提供或参与的，以养老风险保障、养老金管理和养老金融服务等为主要内容的制度，它以人的生命或身体为保险对象，在被保险人年老退休或保期届满时，由保险公司按合同规定支付养老金，商业养老保险产品具有安全性、收益性和长期性等特点，属于多层次养老保险体系中的第三层次。由于商业养老保险主要涉及缴费、投资和领取三个环节，根据每个环节是否享受税收优惠政策，可将其分为 EEE、TEE、ETE、EET、ETT、TTE、TTT 和 TET 八种类型（E 代表该环节免税，T 代表该环节收税），其中，EET 即税收递延型商业养老保险。

2.2 理论基础

本节主要探讨多层次养老保险体系构建的理论基础，包括公平正义理论、政府与市场关系理论、养老保险适度水平理论和生命周期理论。这些理论层层递进，且与党的十九大报告中提到的"全面建成覆盖全民、城乡统筹、权责清晰、保障适度、可持续的多层次社会保障体系"理念一致，为本书研究多层次养老保险体系的构建提供了重要的理论支撑。其中，公平正义理论揭示了多层次养老保险体系构建时的一项重要原则，即保证制度的公平性，体现在养老保险制度建设领域中，即应强调多层次养老保险体系的广覆盖，保证人人享有养老保障权利。政府与市场关系理论则为养老保险制度中的责任分担问题提供了理论依据，政府应处理好与市场的关系，过多干预和放任都不可取，只有厘清多层次养老保险体系中政府与企业、个人应承担的责任，处理好政府与市场的关系，多层次养老保险体系的发展才能更加顺利。养老保险适度水平理论则为本书多层次养老保险适度水平的构建提供了科学参考，多层次养老保险体系水平确定既需考虑与国民经济发展水平相适应，同时也需考虑与各责任主体的经济承受能力相适应，既要能够保障城镇职工的基本生活，同时也需满足其更高层次的养老保障需求。生命周期理论为个人的养老保险选择和多层次养老保险体系经济效应分析提供了理论分析基石，个人要实现一生效用最大化，就要在工作期进行必要的养老保险缴费。

2.2.1 政府与市场关系理论

作为经济学中讨论的热点话题，对政府与市场关系问题的认识也经历了较长的发展历程，概括起来主要有如下两大类观点。

一是政府扮演的是"守夜人"角色，不应直接参与和干预市场经济活动。

亚当·斯密（Adam Smith）集中阐释了"守夜政府"的观点，他指出："由于市场本身具有调节利益关系的功能，所以把调节市场的权力交给任何一个自以为有资格行使的人都是一种危险行为。只有将其交给'看不见的手'去指引，才是最恰当、最有效的行为。在市场运作过程中，政府只能无为而治，充当自由经济的'警察'，不能也不应当去直接干预市场。"①

　　总结来看，"守夜人"角色论下，政府的职能主要集中在保护国家和人民安全、履行国家事务如建立并维持公共机关和公共工程建设以及行使公共管理服务方面，税收只是为了保障国家机器的正常运转，除此之外，政府没有其他经济职能，也不应当介入市场经济活动，政府只是充当"监护人"和"裁判"的角色，保证相关社会成员的权益不受侵犯。一旦政府介入，则会破坏市场原有的秩序，对经济产生一系列的负面效应。从亚当·斯密的自由市场理念到新古典主义，从以弗里德曼为代表的货币学派到公共选择学派，都反映出上述观点和思想倾向。

　　与"守夜人"角色论相对应，在多层次养老保险体系建设中，政府应树立"底线思维"，也即政府责任主要体现在建立普惠制国民养老金和为低收入等弱势群体提供缴费补贴和政策优惠方面，承担的是"有限责任"，对于第二、第三层次企业年金和商业养老保险，政府应避免对其进行直接干预，而是应充分发挥市场的功能和优势，依靠市场自身进行资源的合理配置。总结而言，依据"守夜人"角色论，政府在多层次养老保险体系建设中应主要发挥监督管理、风险防范作用，避免直接干预市场，如在当前企业年金信托管理模式下，政府应进一步健全企业年金管理机构的准入、风险补偿、退出机制和信息披露机制，加强对企业年金从业人员的监管和各监管机构的互相配合等，促进企业年金和商业养老保险运营流程的规范化和透明化。

　　二是政府应充分发挥"主观能动性"，在充当市场监护人的同时积极采取行动，克服市场存在的内在缺陷，解决"市场失灵"问题。凯恩斯在 1936 年发表的《就业、利息和货币通论》一书中运用总量分析方法阐述了有效需求原理，否定了"供给创造需求"的萨伊定律，并在此基础上，提出了一系列

---

① ［英］亚当·斯密. 国民财富的性质和原因的研究（下卷）［M］. 郭大力，王亚南译. 北京：商务印书馆，1974.

主张政府积极干预经济过程的反周期对策，包括积极运用财政和货币政策来刺激消费、增加投资，通过政府举债方式兴办大型工程项目以拉动投资并增加总就业量等，从而最终保证社会有足够的有效需求，实现充分就业的目标。萨缪尔森沿袭了凯恩斯的思路，同时将凯恩斯的宏观理论与新古典学派的微观理论加以结合，他将政府的经济职能概括为四个方面：确立法律体制、决定宏观经济稳定政策、影响资源配置以提高经济效率和建立影响收入分配的合理机制。① 以琼·罗宾逊为代表的新剑桥学派则将经济政策重点放在收入分配领域，他们认为市场机制无法改变不合理的收入分配格局，需要政府实施累进的税收制度和提高遗产税与赠与税等措施抑制高收入阶层收入水平，增加财政拨款对失业者进行技能培训，实行进出口管制等政策稳定国内经济，提高低收入群体的收入，进而改善收入不平等现状。

依据政府"主观能动"角色论，在多层次养老保险体系建设过程中，政府应充分发挥主观能动性。尤其是在当前人口老龄化以及经济发展进入新常态的背景下，政府应在第一层次基本养老保险基金投资运营、保值增值方面加大管理和扶持力度，明确在基本养老保险领域应承担的重要责任，对第二、第三层次企业年金和商业养老保险提供税收优惠，运用财政政策对不同收入群体实施差异化的补贴，充分发挥多层次养老保险体系在完善收入分配机制方面的作用。

总结政府与市场关系的一系列理论可以发现，政府与市场两者间的关系并不是静态不变的，而是随着经济的发展存在周期性的动态变化。政府既不能一直"守夜"，不对市场进行合理干预，也不能干预过度，妨碍市场的正常运行。因此，处理好政府与市场的关系，一方面，需要合理把握"度"的界限；另一方面，还需根据各国不同的经济发展模式、历史与文化传统等加以综合考虑，在不同的发展阶段，根据实际情况做出动态调整。当前，我国社会主要矛盾已经发生转变，为满足人民日益增长的美好生活需要，政府需协调好与市场的关系，充分发挥市场在配置资源方面的决定性作用。尤其是在第二、第三层次企业年金和商业养老保险的扩面上，政府可引入匹配缴费计划，加大税收优

---

① ［美］保罗·萨缪尔森，威廉·诺德豪斯. 经济学［M］. 萧琛译. 北京：商务印书馆，2013.

惠力度等措施，加强对市场行为主体的激励，在充分履行政府相关责任的同时，积极引导企业和个人责任的回归，实现政府与市场关系在新时期的合理调整。

2.2.2 养老保险适度水平理论

养老保险适度水平是养老保险制度运行的关键要素之一。养老保险待遇水平过高，将导致国家财政、企业和个人的缴费负担过重，阻碍经济发展；待遇水平过低则不利于个人退休后的生活保障，容易引发老年贫困问题。因此，我国养老保险适度水平应与经济发展水平和缴费能力相契合，与养老保险合理给付需求相适应，这也是多层次养老保险体系构建的重要目标之一。关于养老保险适度水平理论，穆怀中（2015）指出，养老保险适度水平主要可分为两大类指标来衡量：一是养老保险适度水平系数，即养老保险总支出占国内生产总值（GDP）的比重；二是养老保险给付适度水平，即养老金替代率的适度水平。同时，依据公平理论和生产理论，养老保险水平的确定还需达到两个维度的标准：一是要达到居民生存需要的生存公平标准，二是要达到养老金给付与贡献相对应的劳动公平标准，即养老保险适度水平应实现生存公平与劳动公平的和谐统一。

在满足居民生存需要的生存公平标准确定方面，穆怀中（2015）认为，居民的生存需求首先体现为恩格尔系数水平，也即日常居民生活消费中对食品消费的需求，它是个人维持生命的最低基本需求。其次，居民的基本养老需求还体现在对衣食住行、娱乐和教育等方面的消费需求，这属于生存需求的较高层次，也即居民养老金合意替代率水平。两者分别构成了居民微观养老保险适度水平的上下限区间。

在实现养老金给付与贡献相对应的劳动公平标准方面，首先，要明确劳动生产要素在 GDP 中的比重；其次，需明确养老保险支出占劳动生产要素所得的适度比重，也即需在 GDP 中分配劳动财富，然后依据老年人口占总人口的比例划分劳动财富中支付养老保障的份额。同时，还需注意的是，为保证对年轻人的激励性，老年人所获得的养老金不应高于在职劳动者的平均工资水平，而应按照一定的合意替代率水平作为养老金的给付标准。

可见，养老保险适度水平是一个区间概念，包括养老保险缴费适度下限和养老保险缴费适度上限。适度水平的确定需坚持生存公平与劳动公平两个方面的统一，养老保险适度水平作为参照指标，关系到多层次养老保险体系的结构安排、调整机制和管理体制等多方面的内容，是促进其有效运行和可持续发展的保证。根据养老保险适度水平理论，本书在多层次养老保险体系水平确定时，既考虑了与国民经济发展水平相适应，也考虑了与各责任主体的经济承受能力相适应；既考虑要能够保障城镇职工的基本生活，也考虑需满足其更高层次的养老保障需求。结合对政府、企业和个人的责任定位分析，本书将养老保险"支出""缴费率""替代率"作为核心参数，依据多层次养老保险体系构建过程中政府应承担的养老保险财政支出责任，个人、企业应履行的缴费责任以及各责任主体面临的约束条件，通过测算政府的多层次养老保险支出适度水平、个人养老保险缴费率、替代率适度水平和企业养老保险缴费率适度水平，来整体表征多层次养老保险的适度水平。这也是对养老保险适度水平理论的进一步拓展和应用。

2.2.3　生命周期理论

生命周期理论由美国经济学家莫迪利安尼（Modigliani Franco）、布伦博格（Richard H. Brumberg）和安多（Albert Ando）共同提出。该理论认为，理性的消费者会根据一生预期得到的劳动收入和财产收入来平滑其一生的消费，以期达到效用最大化。该理论有两个假设前提：一是假定消费者是理性的，会采用合理的方式安排收入与消费的比重；二是假设消费者行为的唯一目标是实现效用最大化。因此，在生命周期理论框架下，消费者的消费行为并不仅仅取决于现期收入，还取决于其一生的收入水平。

生命周期理论的核心，是理性消费者的财富在生命周期内的收入再分配问题。生命周期理论将人的一生主要分为三个阶段，即青年阶段、中年阶段和老年阶段。其中，青年阶段主要是人力资本积累时期，该阶段由于家庭收入较低，但预期未来收入会增加。因此，在这一阶段，家庭的消费支出会大于收入。中年阶段则主要是积累财富、展开工作的阶段，该阶段家庭的收入会增加，但消费的比重会有所降低。一方面，主要是为了偿还青年阶段的负债；另一方面，还要为老年阶段积累储蓄以防范老年风险。前两个阶段均属于工作期。老年阶段则由于退休后收入降低，消费支出又将大于收入，该阶段主要是逐渐消耗前期积累的资本。在生命周期理论框架下，为实现效用最大化目标，人的一生必须在工作期多储蓄，以备在老年阶段进行消费。整体而言，生命周期理论揭示了个人和家庭在消费、储蓄方面的函数关系。相较于凯恩斯消费函数理论强调的当前消费支出与当前收入的关系，生命周期理论更强调当前消费支出与家庭整个生命周期内全部预期收入间的关系，这对于消费者合理安排其一生的消费计划、鼓励其参加养老保险制度具有积极的意义。

生命周期理论的一大假设前提是消费者是理性人，会采用合理的方式安排收入与消费的比重，然而，在现实生活中，部分消费者由于短视，会出现非理性的行为特征，如过晚开始进行老年期的储蓄、在积累期过度消费导致储蓄不足等，导致其无法负担老年阶段的全部消费支出，容易陷入老年贫困境地。因此，出于个人和社会发展的目的，多层次养老保险体系的建设就很有必要，国家需强制消费者加入第一层次基本养老保险制度，督促其在工作期按时缴费以保障退休期的基本生活，同时，积极引导其加入第二、第三层次企业年金和商业养老保险制度，通过市场提供灵活多样的保险产品帮助消费者进一步提升老年生活品质。整体而言，依据生命周期理论，通过养老保险制度的收入再分配和储蓄功能，可以将工作期的消费通过养老保险缴费部分转移至退休期，帮助参保者实现生命周期内的消费跨期平滑，进而达到个人一生效用最大化并增进社会福利的目标。生命周期理论也是本书测算多层次养老保险体系经济效应时描述个人行为方面的重要理论基础之一。

2.2.4　公平正义理论

自 20 世纪 50 年起，约翰·罗尔斯（John Rawls）便开始研究公平正义问题，并于 1971 年出版《正义论》一书，提出了有别于功利主义的公平正义理论。罗尔斯指出："正义是社会制度的首要价值，……某些法律和制度，不管它们如何有效率和有条理，只要它们不正义，就必须加以改造或废除。"[1] 可

---

① ［美］约翰·罗尔斯. 正义论［M］. 何怀宏，何包钢，廖申白译. 北京：中国社会科学出版社，1988.

见，罗尔斯将公平正义作为社会制度的首要价值，他认为只有在实现制度正义的基础上才能实现社会正义，从而保证每个社会成员都能受到公正的待遇。罗尔斯强调的制度正义优先性，对我国多层次养老保险体系建设同样具有较高的理论指导意义，尤其是在当前我国养老保险法律制度仍不完善、立法层次较低、缺乏包括企业年金制度在内的系统性法律体系的情况下，需进一步完善制度顶层设计，保障全体居民共享发展成果。

在强调制度正义优先性的同时，罗尔斯还提出了"正义两原则"。其内容概括起来主要有以下三点：第一，罗尔斯认为每个公民都应享有充分的基本自由的权利，只要这些权利并不妨碍他人的类似权利，能与之和谐共处。第二，所有人获得社会地位和职位的机会是平等的，相同天赋的人应得到相同的资源和社会条件的保障。第三，财富、自尊等好处理应被平等地分配，除非一种不平等的分配方式使得处于最不利地位的人获得了最大的好处。其中，罗尔斯对"最少受惠者"即社会弱势群体尤为关注，他认为在符合代际公平正义原则的条件下，应使最少受惠者得到最大利益，这也被称之为"差别原则"。

罗尔斯的公平正义理论对我国的多层次养老保险体系构建具有重要的理论指导意义。首先，实行"差别原则"意味着不仅处于社会有利地位的人群能够获益，同时，处于社会不利地位的弱势群体也应享受到社会发展成果，因而符合社会大部分人的利益，能普遍改善社会成员的福利状况，最大程度满足其基本需求，使社会成员产生较强的社会凝聚力，保持社会稳定。多层次养老保险体系的建设也应坚持"差别原则"，根据经济发展水平和社会成员不同类型的养老保障需求，对各层次进行合理定位，设计出不同的养老保险产品，满足不同收入水平群体的养老需求。其次，罗尔斯提到公民具有基本自由的权利，尤其是保障财产的自由，当前我国的多层次养老保险体系，尤其是第一层次基本养老保险制度，由于养老保险统筹层次低下，农民工群体在跨省流动时，其转移接续手续较为烦琐，个人账户资金虽然能随之转移，但是统筹账户却有一部分需留存在当地，这实质上是对农民工等流动性大的群体养老保险财产自由权利的侵害，违背了罗尔斯的公平正义原则，需要进一步完善制度设计。最后，当前我国城乡差距、区域差距和收入差距依然较大，体现在养老保险制度层面，主要有养老保险基金收支区域不平衡，养老保险待遇在不同人群、不同地域间的巨大差异，以及国有企业、中小企业建立企业年金数量、规模上的差距等诸多方面，罗尔斯公平正义理论中涉及机会平等和对弱势群体的关怀问题，在逐步实现基础养老金全国统筹、建立普惠制国民养老金和对低收入群体实行匹配缴费计划等政策支持下，需要充分借鉴吸收公平正义理论的内涵，改革我国养老保险制度，规范政府在多层次养老保险体系中的法律完善和制度设计责任，为社会成员提供全方位的、公平的养老保障。

第 3 章

责任分担下城镇职工多层次养老保险体系存在的问题

在我国经济发展进入新常态、人口老龄化和人口结构发生巨变以及"新业态"蓬勃发展的背景下，建立完善的城镇职工多层次养老保险体系已迫在眉睫。然而，当前我国城镇职工多层次养老保险体系仍面临诸多挑战，政府、企业和个人在多层次养老保险体系中应承担的责任定位不清，尤其是在制度顶层设计、政策规范、财务可持续性以及管理体制等方面存在较多问题，我国的城镇职工多层次养老保险体系仍面临着参数改革、结构调整以及各项配套制度都必须尽快建立的巨大挑战。

3.1　第一层次基本养老保险存在的问题

当前，我国仍处于第一层次基本养老保险"一枝独秀"，第二、第三层次补充养老保险发展停滞不前的局面。第一层次基本养老保险承担了较多的责任，而社会保障的刚性原则使得职工对未来基本养老保险待遇的要求越来越高。因此，有必要首先梳理第一层次基本养老保险中的政府、企业和个人责任定位问题，进而为下一步充分厘清责任奠定基础。

3.1.1　政府责任错位

在基本养老保险领域，政府作为责任主体之一，承担着不可推卸的责任。目前，我国政府在第一层次基本养老保险建设中仍面临着制度设计、监督管理、政策规范与执行等方面的各类问题。

3.1.1.1　制度顶层设计方面

自 1997 年我国正式建立"统账结合"的基本养老保险制度以来，我国基本养老保险制度不断发展和完善，覆盖范围逐步扩大，待遇水平也逐年提升。然而，随着人口老龄化程度的加深，制度本身的内在矛盾开始逐渐暴露，政府作为基本养老保险制度的责任主体，在制度顶层设计方面仍主要面临以下一些问题。

（1）基本养老保险相关法律仍不完善。在基本养老保险法律制度方面，我国已于 2010 年颁布了《中华人民共和国社会保险法》（以下简称《社会保险法》），作为社会保障领域最为重要的法律之一，《社会保险法》弥补了我国社会保险法律方面的空白。然而，在实施过程中，《社会保险法》也存在不少问题。

一方面，《社会保险法》的制度授权过多，可操作性不强。在法律文本中，涉及需由国务院加以另行规定的就有十多处，包括公务员的养老保险办法、个人养老保险转移接续、社会保险费征收和养老保险基金管理等多个方面的内容，基本已涵盖养老保险制度的核心内容。《社会保险法》权力授权过多将导致法律的权威性下降，需由国务院的各类配套政策加以完善。然而，相对法律，政府的政策制定变动时有发生，政策的不确定性相较法律来说更强，这也影响了《社会保险法》的可操作性，进而降低了《社会保险法》的法律地位。

另一方面，《社会保险法》的一些条款与当前的改革理念存在背离。例如，《社会保险法》第六十八条规定：社会保险基金应存入财政专户。然而，当前我国对社会保险基金的改革趋势是对其加以投资运营，促进基金的保值增值。又例如，《社会保险法》第十六条规定：参保个人累计缴费满十五年即可按月领取基本养老金。然而，随着人口预期寿命的增加以及养老金财政收支不平衡现象的加剧，这与未来延迟退休的改革趋势相悖。

可见，我国现行《社会保险法》存在的各类问题已成为我国养老保险体系进一步深化改革的一大法律障碍，未来在基本养老保险相关法律的改革上，包括社会保险基金投资运营、养老金全国统筹等在内的法律法规以及实施细则都应进一步完善和加强。

（2）制度转型成本问题。在 1995 年前，我国第一层次基本养老保险制度主要实行的是现收现付制，随着 1995 年国务院印发《关于深化企业职工养老保险制度改革的通知》，基本养老保险制度从现收现付制逐渐过渡到统筹账户与个人账户相结合的部分积累制。然而，针对新制度实施前已经退休的"老人"以及新制度实施时尚未退休仍在工作的"中人"，制度改革过程中产生的转轨成本问题在当时并未得到妥善解决。同时，随着国企改革引发的提前退休潮以及人口老龄化形势的日益严峻，社会统筹账户部分的资金越来越难以支付当期的养老金支出。为应对养老保险基金收支缺口，加之基本养老保险基金实行混账管理模式和养老保险统筹层次低下等因素，地方政府在财力不足的情况下，只能通过借用个人账户资金填补养老金缺口，造成部分地区支付困难。

（3）全国统筹尚未实现，费率费基等参数难以统一。近年来，我国基本养老保险制度仍呈现出地区分割统筹的碎片化状态，为改变该现状，实行基础养老金全国统筹的呼声渐高。2018 年 3 月 20 日，国务院总理李克强在全国"两会"闭幕后会见中外记者时提到："基本养老保险中央调剂金制度将于年内实施，中央收取 3% 比例用于调剂，以后还会有所提高，以弥补有些省份养老金可能会发生的不足。"然而，中央调剂金制度并不是真正意义上的全国统筹，它只是在省级统筹的基础上由中央向各省区市负责收取一定的养老保险基金比例用于调剂，在养老保险制度、缴费、待遇、核算、预算和业务规程等方面却尚未实现真正统一。

基本养老保险的地区分割状态不仅阻碍了市场经济的公平发展，造成东部地区与中西部地区企业在劳动力成本和投资环境方面的差异，同时也阻碍了劳动力的流动和养老保险互助共济功能的发挥，养老保险基金无法在全国统一范围内调度使用，导致一方面基金结余省份面临基金保值增值难题，另一方面，基金入不敷出省份则需政府的巨额财政补贴才能维持养老金发放。如图 3 - 1 所示，2006 ~ 2017 年，全国各级财政补贴基本养老保险基金由 971 亿元上升至 8004 亿元，2017 年的增长率为 22.93%，累计总额已达 37883 亿元，年均增长率为 21.35%。城镇职工基本养老保险基金总收入主要包含征缴收入和财政补贴收入两大类，自 2011 年起，征缴收入所占比例呈逐步下降趋势，从

82.65%下降至77.13%，财政补助占比则连年上升，从13.45%增加至18.48%。

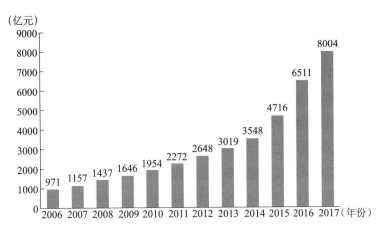

图3-1 2006~2017年我国各级财政补贴基本养老保险基金情况

资料来源：各年度《人力资源和社会保障事业发展统计公报》。

（4）参数调整、精算平衡等配套机制尚未建成。在养老保险制度的构建过程中，需要对缴费率、替代率和退休年龄等参数进行合理设计。然而，当前我国对这三个主要的参数设计仍存在较多问题，尚未建立起与人口赡养率挂钩的参数自动调节机制。在缴费率方面，随着国家出台阶段性降低缴费率的政策，各地区政策实施情况不一，尤其是社会统筹部分的缴费率，最低的如广西，对29家重点产业园区内的企业，缴费率由19%再降至14%，最高的如黑龙江，仍然是20%。未来缴费率的合理下探区间到底是多少，当前并没有一个科学合理的调整机制予以说明。在替代率方面，我国基本养老保险制度的目标替代率为58.5%左右，然而，近年来我国的替代率水平不断下降。如图3-2所示，由2006年的50.30%降至2017年的45.34%，虽然近两年有所回升，但替代率水平总体未达到制度设计的58.5%的标准。替代率水平的高低不仅直接影响职工领取的养老金水平，同时也会影响养老保险制度的公平性和可持续性发展，需要合理的调整机制加以确定。

根据制度安排，我国法定的企业职工退休年龄为男性60周岁，女工人50周岁，女干部55周岁，该退休年龄自1978年经全国人大常务委员会批准以来一直未做更改。对比OECD国家水平，随着预期寿命的延长，当前我国法定退

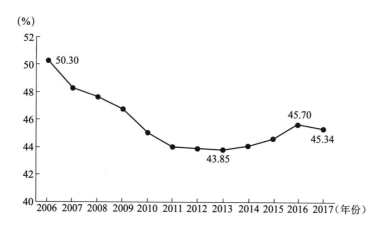

图 3 - 2   2006 ~ 2017 年我国基本养老保险替代率情况

注：替代率的计算方法是：替代率 = 人均养老金支出/城镇单位在岗职工平均工资，其中，人均养老金支出 = 当年城镇职工基本养老基金支出总额/当年离退休人员参加养老保险人数。由于没有替代率的相关数据，因此由此方法近似得出。

资料来源：国家统计局官网。

休年龄水平较低，且男女差异较大。如表 3 - 1 所示，OECD 国家中，挪威退休年龄标准最高，男女均为 67 岁，东亚国家如韩国和日本，男女退休年龄一致，分别为 61 岁和 65 岁，其标准均高于我国当前标准；从平均水平来看，OECD 国家男性平均法定退休年龄为 64.3 岁，女性为 63.5 岁，男女退休水平趋于一致。因此，为应对人口老龄化挑战，未来须通过建立科学的退休年龄调整机制对我国的退休年龄水平加以适当调整，然而，目前我国在延迟退休方面的具体政策尚未出台，养老保险制度的可持续性面临巨大挑战。

表 3 - 1   2016 年 OECD 国家男女退休年龄情况

单位：岁

国家	男性	女性	国家	男性	女性
意大利	66.6	65.6	加拿大	65.0	65.0
比利时	65.0	65.0	瑞典	65.0	65.0
波兰	66.0	61.0	美国	66.0	66.0
奥地利	65.0	60.0	爱尔兰	66.0	66.0
西班牙	65.0	65.0	瑞士	65.0	64.0
德国	65.4	65.4	卢森堡	60.0	60.0
荷兰	65.5	65.5	爱沙尼亚	63.0	63.0

续表

国家	男性	女性	国家	男性	女性
芬兰	65.0	65.0	以色列	67.0	62.0
法国	61.6	61.6	斯洛文尼亚	60.0	59.3
丹麦	65.0	65.0	冰岛	67.0	67.0
斯洛伐克	62.0	62.0	葡萄牙	66.2	66.2
拉脱维亚	62.8	62.8	新西兰	65.0	65.0
挪威	67.0	67.0	日本	65.0	65.0
捷克	63.0	62.3	智利	65.0	60.0
英国	65.0	63.0	土耳其	60.0	58.0
希腊	62.0	62.0	墨西哥	65.0	65.0
澳大利亚	65.0	65.0	韩国	61.0	61.0
匈牙利	63.0	63.0	平均值	64.3	63.5

资料来源：OECD 官方网站。

在养老保险精算制度建设方面，我国尚未建立精算报告制度。作为一种政府信息披露机制，精算报告制度的建立将有利于促进养老保险制度的公开化和透明化，保障公众的知情权和监督权，更好地维护养老保险基金的安全性和可持续性发展。然而，我国精算人员十分缺乏，数据显示，截至 2018 年 4 月底，我国有 978 名精算师，1123 名准精算师，精算从业人员共 3843 人，主要集中于保险行业。① 作为一个人口大国，我国精算人员数量存在明显不足，且机构和人员配置也严重滞后，各地社保部门均较为缺乏精算人员及精算部门，精算能力十分有限，难以发挥出精算在养老保险制度建设、相关政策评估、养老保险基金财务预算以及风险警示等方面的作用，不利于养老保险制度的可持续发展。

3.1.1.2 基金管理及投资运营方面

（1）基金投资效率低下，保值增值困难。相较发达国家，当前我国的养老保险基金投资体制仍然较为落后。由于全国统筹尚未实施，基金分散在全国 2000 多个省市县统筹单位，难以形成规模效应。数据显示，2019 年末，我国城镇职工养老保险基金累计结存已达 54623 亿元②，这些资金大部分都存在银

---

① 湖南日报. 紧缺的精算人才如何培养 [EB/OL]. 新华网，2020 - 12 - 22.
② 数据来源于《2019 年度人力资源和社会保障事业发展统计公报》。

行或者购买国债，收益率十分低下，平均水平仅在2%左右，而1993～2017年的CPI年均复合增长率高达4.18%①，基金投资收益率难以跑赢通货膨胀水平，城镇职工养老保险基金处于不断贬值风险中。

回顾我国基本养老保险制度的发展历程，我国基本养老保险基金投资管理体制正式建立的时间较晚，基金管理的法律化程度较低，在《社会保险法》中关于基金管理方面的规定也较为笼统，只在2015年由国务院颁布了《基本养老保险基金投资管理办法》，仍主要停留在政策性文件和行政性法规方面，而投资体制的落后会阻碍我国养老保险基金保值增值的能力。

城镇职工养老保险基金作为职工的"保命钱"，其投资运营必须将"安全性"放在首要位置。目前，我国主要采取委托投资模式，即将各省区市的养老保险基金统一委托给全国社保基金理事会投资运营，但是由于当前全国统筹尚未能得到实施，基金分散程度较高，难以一步到位上解到中央，尤其是一些基金结余较多省份，考虑到地方利益，仍处于观望和谨慎态度，在与全国社保基金理事会签订合同后，实际到位资金只有合同规定额度的一半左右。② 总结来看，受限于资本市场的发育程度，当前我国城镇职工养老保险基金投资体制也仍处于发展完善阶段，如何平衡基金安全性以及基金的收益性、提升投资效率，成为城镇职工基本养老保险基金必须面临的一个难题。

（2）基金监管体制仍不完善，挪用、流失等风险加剧。自2015年国务院颁布《基本养老保险基金投资管理办法》（以下简称《办法》）以来，2017年2月，第一单养老金成功入市进行投资，我国基本养老保险基金正逐步进入资本市场开始投资运营。然而，当前我国基本养老保险基金的监管体制仍不完善，仍处于制度的初步建立阶段，在监管主体、市场准入、基金运营等领域仍存在诸多问题。

首先，在监管主体方面，《办法》第九章规定："人社部、财政部依法对受托机构、托管机构、投资管理机构及相关主体开展养老基金投资管理业务情况实施监管，加强投资风险防范。人民银行、银监会、证监会、保监会按照各自职责，对托管机构、投资管理机构的经营活动进行监督。"该办法虽然明确

---

① 根据中经网统计数据库历年消费价格指数计算得出。
② 金融读书会. 郑秉文：中国养老金投资政策与制度改革［EB/OL］. 凤凰财经，2017－06－22.

了监管主体，但在表述上仍然不够清晰，对于各监管主体具体应承担的监管职责尚无明确描述，容易造成各部门间分工不明，形成监管的真空地带或者双重征管，不利于监管效率的提高和监管人员的合理配置。

其次，在市场准入机制建设方面，由于信息不对称，我国对养老保险基金受托人、托管人和投资管理人的资质审查制度仍有欠缺。例如，《办法》第四章对托管机构资质的规定："具有全国社会保障基金、企业年金基金托管经验，或者具有良好的基金托管业绩和社会信誉，负责安全保管养老基金资产的商业银行。"针对"良好的业绩和社会信誉"，其衡量标准尚未统一，可操作空间较大，制度存在漏洞，容易被申请机构加以利用。

最后，在基金运营方面，当前我国养老基金仅限于境内投资，不允许境外投资，这虽然在一定程度上保障了基金的安全性，但受限于国内资本市场的不完善，基金的投资收益性可能会有所降低。同时，我国养老保险基金投资运营情况的信息披露制度仍不完善，发达国家如加拿大的信息报告制度充分将公众的知情权纳入，建立了一整套的报告内部审查机制，同时，加拿大养老保险基金投资理事会（CPPIB）每两年会举办一次公开汇报会，由不同高级管理人员在不同省市举行，邀请市民参加，向公众报告最近的投资和财务状况，以接受公众监督①。而我国的《办法》规定的信息披露对象主要是委托人和国务院有关主管部门，对公众只负责每年一次披露基本养老基金资产、收益等财务状况，信息披露的频率和丰富程度都略有不足，难以起到有效的社会监督。

鉴于当前我国养老保险基金监管体制的不完善，加之统筹单位的分散化，养老保险基金挪用、流失风险也会加剧。2010～2015年，全国企业部门城镇职工基本养老金支出占总支出的比例连续四年下滑，然后小幅反弹，绝大部分省份企业部门城镇职工基本养老金支出占总支出的比例有所下降，一些省份出现较大幅度下降，如新疆下降了4.40%。② 这说明我国城镇职工基本养老保险基金近年来正越来越多地被用于基本养老金发放之外的其他用途，基金被挪作他用、基金流失风险加剧，需要引起有关部门更多的重视。

---

①② 郑秉文. 中国养老金发展报告（2016）——"第二支柱"年金制度全面深化改革［M］. 北京：经济管理出版社，2016.

3.1.1.3　机构管理体制和经办服务方面

（1）垂直经办尚未实现，部门间职责定位不清晰。目前，我国的养老保险管理体制主要有两种模式：一种是垂直管理模式。即在省、市、县分别设置行政管理、经办和监督机构，人权、事权和财权都由省一级统一垂直化管理，下级对上级负责，责任主体在省一级。另一种是属地化平行管理模式。该模式与垂直管理模式最显著的区别是，上一级与下一级间是政策法规领导和业务指导关系，不存在直接的行政隶属关系。平行管理模式以险种为主线设置经办机构，形成"条块结合，以块为主"的扁平化治理结构。目前，我国大部分省份采用平行管理模式。该模式虽然一定程度上增加了地方在社保相关政策制定中的权利，调动了地方的积极性，但同时也造成了社保机构与地方政府部门的职责交叉现象。由于社保机构隶属于地方，其业务经费需要部分依赖地方政府支持，管理权限也受到地方制约，因此，各地社保经办的服务质量存在较大差别。例如，经济较发达地区，由于地方财政雄厚，可以享受到较好的服务质量。此外，由于实施平行管理，地方政府在养老保险政策制定上也存在较多差异，政策难以实现全国统一，这也进一步导致了我国养老保险制度的碎片化。

自2018年全国"两会"发布《国务院机构改革方案》后，在对养老保险方面的管理，尤其是养老金方面的管理上，主要有人社部、财政部、税务总局、银监会、证监会、国有资产监督管理委员会、民政部、退役军人事务部、全国社保基金理事会九个部门参与管理，主要在行政事务管理、财政转移支付、养老金征缴、待遇领取、基金投资运营与监管、养老产业管理和特殊人群养老保障事务等方面发挥出不同的作用。但这在一定程度上也造成了养老保险管理"九龙治水"，各部门间各自为政的局面，提高了养老保险的管理成本，降低了管理效率，同时，这种多头、分散管理模式容易造成部门间职能重叠和交叉，不仅影响养老保险制度的可持续性发展，同时也影响养老保险制度的公平性。

（2）经办人员和经费保障不足，服务质量有待提升。近年来，我国对养老保险经办服务的需求不断提高，尤其是随着传统正规就业群体减少，新业态的出现导致了新的工作方式，灵活就业群体、个体工商户等以个体身份参保的群体规模正不断扩张，加之人口老龄化带来的养老保险待遇给付服务需求增加，以及城镇职工基本养老保险制度覆盖面的逐步扩大，都对我国的养老保险经办服务体系提出了新的挑战。如图 3－3 所示，1997～2017 年，我国城镇职工基本养老保险参保人数从 11204 万人增加至 40293 万人，增长近 3.6 倍，其中，参保职工从 8671 万人增加至 29268 万人，参保离退休人员从 2533 万人增加至 11026 万人，分别增长 3.38 倍和 4.35 倍。城镇职工基本养老保险覆盖面的不断扩大，对我国的养老保险经办服务体系也提出了新的要求，经办机构面临需求扩张、人员培训、服务质量提升和信息联网升级等诸多挑战。

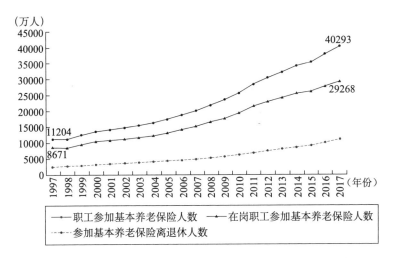

图 3－3　1997～2017 年我国城镇职工基本养老保险参保人数情况

资料来源：国家统计局官网。

然而，当前我国养老保险经办服务水平处于超负荷运载状态，经办人员和经费保障不足。由于我国社保经办机构及其人员大多属于参公管理（即参照公务员法管理）和事业单位编制类型，社保经办机构的经费主要来源于财政拨款以及部分专项经费支出，采取按机构行政编制人数和人均办公经费定额来确定经费的实际拨付款项。因此，经办机构人员数量和经费受到地方财政一定程度的限制。为解决该问题，一些地区只能聘用编外人员，如临时工、合同工和劳动派遣人员等，导致服务人员素质参差不齐、流动性较大，经办机构的服务质量难以有效提升，信息化服务的进程受到阻碍，经办机构建设的可持续性发展受到影响。

（3）信息化建设尚未统一，转移接续仍较为困难。近年来，学界主张实现养老保险全国统筹的呼声渐高,然而就现阶段状况而言,全国统筹的目标仍未实现,养老保险制度处于碎片化状态,经办服务体系仍处于属地化管理模式,而该模式导致的其中一个弊病,就是养老保险信息化建设难以统一,参保职工养老保险转移接续困难。

一方面,由于地区分割统筹的现状,各地养老保险信息系统处于分散建设和分散管理的状态,各省区市之间难以实现养老保险信息的互联互通,在灵活就业人员日趋增多、人口流动性增加、养老保险转移接续需求日益增多的情况下,我国各地养老保险的技术手段和信息系统却难以满足业务发展的进一步需要,给流动群体进行养老保险转移接续造成障碍。

另一方面,信息壁垒提高了养老保险的管理成本。社保基础数据管理和维护主要集中在市级经办层次,由于软件使用和数据存储格式方面的不同,各省区市间养老保险参保缴费信息尚不能实现共享,因而在面对职工养老保险转移接续要求时仍需要花费较高成本展开信息核查,待遇认证等方面的基础性、重复性工作,大大提高了的养老保险经办服务的管理成本。此外,地区分割统筹局面的存在还会导致各地信息系统建设的重复投入,资源未能得到最有效的整合和利用,地区间服务水平差异性较大,从而造成社保经办服务体系区域不平衡等问题。

3.1.2 企业责任逃避

在基本养老保险企业缴费与责任履行方面,由于我国养老保险企业缴费率偏高,同时各地方政府出于招商引资的需要,为企业降费的动机较为突出,因此,各地企业实际缴费率和实际缴费基数低于名义缴费率和名义缴费基数的现象较为普遍,企业逃避缴费的行为较多,主要表现为以下两种形式。

(1)实际费率、费基均低于规定的费率和费基。近年来,我国城镇职工基本养老保险征缴收入虽连年增加,从 2006 年的 5215 亿元增加至 2017 年的 33403 亿元,但基金征缴收入占基金总收入的比例却呈现不断下滑趋势,尤其是 2013~2016 年,每年下滑将近 3 个百分点。如图 3-4 所示,养老保险征缴收入占总收入的比重由 2006 年的 82.65% 下降至 2017 年的 77.13%,而征缴收入相对减少的其中一个原因,就是我国企业存在养老保险实际缴费率和缴费基数低于制度规定的缴费率和缴费基数的问题，且该问题近年来呈现加剧迹象。

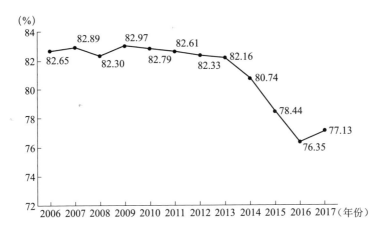

图 3 - 4 2006 ～ 2017 年我国城镇职工基本养老保险征缴收入占基金总收入的比例

资料来源：各年度《人力资源和社会保障事业发展统计公报》。

一方面，实际费率低于规定费率。为吸引企业到本地区投资，地方政府对部分企业开出各种优惠费率，有些地区甚至发布文件予以指导和保护，这也导致这些地区企业的实际缴费率要低于养老保险制度规定的缴费率，并使得缴费率呈现出明显的地区差异。例如，广西 2016 年就出台规定："对本行政区域内的所有企业，其单位缴费比例全部由 20% 降低至 19%。同时，对工商注册登记和税务登记在产业园区内、并在产业园区内从事生产经营活动且已实现全员参保缴费无历史欠费的企业，再分两类情况进行降费：对于自治区内 29 家重点产业园区内的企业，企业缴费率由 20% 降至 14%；其余 84 家其他产业园区参保企业，企业缴费率由 20% 降至 16%。"[1] 这相当于为促进产业园区的发展，在一个省内就有三套养老保险缴费率标准。可见，实际费率远低于制度规定费率的现象在我国仍普遍存在，出于理性经济人的考虑，企业也倾向于到低费率地区投资，通过损害参保人养老金权益为代价的方式降低企业成本，同时也对基本养老保险制度可持续性造成损害。

---

① 广西壮族自治区人力资源和社会保障厅《关于贯彻落实阶段性降低社会保险费率等有关问题的通知》。

另一方面，实际费基小于真实费基。为降低企业负担、增加职工现期收入，部分企业在缴费基数的申报、确认过程中，并不按照职工的实际工资总额来确定养老保险缴费基数，而是通过刻意压低职工的缴费基数加以申报，从而造成了职工实际缴费基数小于真实缴费基数的情况。而由于部分职工的短视行为，默许了企业该种行为的发生，导致企业和职工合谋降低缴费基数的行为普遍存在。此外，企业还通过财务部门的操作，如通过"其他应付款"科目发放一次性的年终综合和年薪，通过"管理费用"项目列支水电、交通、医疗、话费补助等各类方式，进一步漏报、瞒报职工的真实工资，逃避基本养老保险缴费。

（2）欠缴、漏缴基本养老保险费用。除了故意降低职工养老保险缴费率和缴费基数外，企业还存在刻意欠缴、漏缴养老保险费用的问题。例如，随着近年来新业态的发展，基于互联网平台发展起来的分享经济和电商经济等从业者增加，用工形式趋于多样化和复杂化。一方面，在新业态和观念变化等因素的影响下，员工流动性增强，这也使得企业聘用短期合同制的员工较多，为节省成本，企业一般不为其办理养老保险参保手续，员工养老保险漏保现象较为突出。另一方面，一些生产性企业为节省开支，聘用季节性合同工，采取支付劳务报酬的形式对其加以管理，并未严格按照《中华人民共和国劳动法》的规定与劳动者签订劳动合同并按时缴纳养老保险。而这部分劳动者尤其是农民工等灵活就业群体，由于自身文化素质较低、维权能力和维权意识薄弱、工资议价能力低下，为确保顺利就业往往不敢要求企业为其办理养老保险缴费，这也进一步加剧了企业欠缴和漏缴养老保险的行为，对基本养老保险制度和职工权益造成了损害。

3.1.3 个人责任模糊

在基本养老保险个人缴费方面，由于受到自身教育水平和收入等方面的影响，个人履行参保缴费责任的积极性也会受到不同程度的影响，这在不同收入群体间表现得尤为明显。

根据中山大学"2016年我国劳动力动态调查（CLDS）"的数据，如表3-2所示，在不同的收入群体中，城镇低收入群体各个层次参保率均较低，参与第一、第二和第三层次的比率分别为 13.28%、1.07% 和 3.01%，远低于高收入群体各层次的参保比率，城镇低收入群体受到的养老保障十分有限，个人缴费意识模糊。整体上看，各收入群体参与第一层次基本养老保险的比例相对较高，但总体水平仍然偏低，尤其是低收入群体的断保、弃保现象较多，个人责任履行不到位。

表 3 - 2　　　　　　　2016 年不同收入群体多层次养老保险参保率

单位:%

分类	城镇职工基本养老保险参保率	企业年金参保率	商业养老保险参保率
城镇低收入群体	13.28	1.07	3.01
城镇中等收入群体	27.02	2.99	6.44
城镇高收入群体	48.78	7.14	15.38

资料来源：根据中山大学"2016 我国劳动力动态调查（CLDS）"数据整理。

各群体间的参保差异，一方面，受到参保者教育水平和流动性的影响。根据中山大学"2016 年我国劳动力动态调查（CLDS）"的数据整理显示，2016 年城镇低收入群体初中文化程度占总数的 41.71%，小学文化占比 22.34%，未上过学占比 4.16%。受限于自身教育水平，城镇低收入群体对我国养老保险制度并不熟悉，很多人都抱着"养儿防老""注重当下"的观念，主要依靠子女等家庭养老模式，不仅没有意识去缴纳城镇职工养老保险，而且对企业年金和商业养老保险也缺乏了解和信任，工作所得一般以存入银行或个人持有为主。同时，城镇低收入群体相对中高收入群体而言，其流动性较大。CLDS 数据显示，城镇低收入群体中离开户口所在地超过半年的人数占其总数的 79.90%，较强的流动性就需要多层次养老保险的可携性和透明性强，否则难以做到真正的公平公正，而当前我国多层次养老保险体系在这方面仍有欠缺。另一方面，多层次养老保险体系的参保意愿也直接受到参保群体个人经济状况的影响。高收入群体收入来源和投资渠道广泛，投资理财意识相对较强，购买和参加各类养老保险只是其理财和养老保障手段之一。中等收入群体由于收入相对高收入群体有限，因此，递延型商业养老保险和企业年金等可适当减免税收的养老保险类型对其有较大吸引力，参保积极性也较高。低收入群体则因为收入有限，若无相应的政策支持，参加第一层次基本养老保险的意愿都会偏低。

3.2 第二、第三层次企业年金和商业养老保险存在的问题

作为第二和第三层次，企业年金和商业养老保险将在未来发挥出日益重要的作用。因此，必须清楚认识到当前我国企业年金和商业养老保险仍存在的一系列问题，尤其是政府和市场在其中责任履行不到位，功能发挥不完善的地方，需要政府和市场加以合力解决。

3.2.1 政府责任缺位

（1）法律监管体系仍不完善。企业年金资产作为职工退休后的收入来源之一，其安全性是企业年金管理的首要任务。同时，还需在此基础上逐步实现保值增值的目标，从而促进企业年金的健康和可持续发展。自2004年颁布《企业年金试行办法》和《企业年金基金管理试行办法》以来，我国企业年金已历经15年的发展历程，2008年的金融危机、2011年的"股债双杀"等都对我国企业年金的投资收益率产生较大的影响。如图3-5所示，自2007年以来，我国企业年金投资收益率波动幅度较大，最高时曾达41%的投资收益率，最低则为-1.83%，出现了亏损现象。相较过往年度，近年来的企业年金投资收益率趋于稳定状态，但投资收益率水平基本不高，2017年投资收益率为5%，2016年仅为3.03%，而2016年的居民消费价格指数已达2.1%，投资收益率只稍微跑赢通货膨胀水平。面对当前存在的各类系统风险和非系统性风险，如何帮助企业年金管理机构规避和预防风险、提升投资收益率，构建合理的监管体系就十分必要。然而，就我国目前现状而言，企业年金监管体系仍不完善，存在较多问题。

首先，在立法层次上，当前我国企业年金的立法层次较低，企业年金政策多为部门规章，其形式以行政主管部门出台的"办法"和"通知"居多，如《企业年金办法》《企业年金基金管理办法》《关于企业年金养老金产品有关问题的通知》等，这也使得企业年金制度与第一层次基本养老保险制度相比，在法律地位和重要性方面处于劣势。由于缺乏全国性的统一法规，企业年金管理在涉及国家部门间、中央与地方间、国有企业和民营企业间等各主体利益时

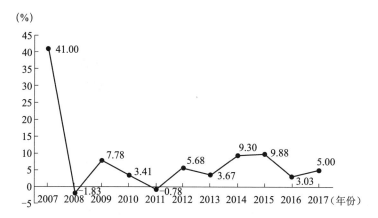

图 3 - 5　2007～2017 年我国企业年金加权平均收益率情况

资料来源：《中国养老金发展报告（2016）》及人社部基金管理局发布的历年《全国企业年金基金业务数据摘要》。

的权威性和执行力就会下降，不利于企业年金的长远发展。

　　其次，企业年金管理机构的准入、风险补偿和退出机制等仍不完善。在准入机制方面，当前到底设置多少家受托人、账户管理人、托管人和投资管理人在数目上并无明确规定，相关机构符合要求均可向人社部门提出申请，并无明确的数量限制，这就有可能造成其中一部分市场出现过度竞争或竞争程度不够等局面，政府的自由裁量权较大。在风险补偿机制方面，根据《企业年金基金管理办法》第六十条的规定："投资管理人从当期收取的管理费中，提取20% 作为企业年金基金投资管理风险准备金，专项用于弥补合同终止时所管理投资组合的企业年金基金当期委托投资资产的投资亏损。"实际操作中，若投资管理人所管理投资组合的企业年金基金财产净值低于当期委托投资资产，投资管理人将用风险准备金弥补该时点的当期委托投资资产亏损，直至该投资组合风险准备金弥补完毕。从中可发现，我国企业年金的风险补偿机制只有计提风险准备金这一项内容，资金的唯一来源只有投资管理人管理费的一部分，当亏损额度超过计提的风险准备金额度时，损失只能由职工自行承担。可见，我国企业年金的风险补偿机制与其差距较大，存在较多漏洞。在退出机制方面，作为控制和减少企业年金基金管理和运营损失、保护企业年金计划委托人和受益人利益、恢复基金管理市场秩序的重要举措，年金退出监管机制的建立和完善越来越重要。然而，我国尚未形成系统的退出监管法律体系，《企业年金基金管理办法》中对相关退出情形的表述也较为笼统，该办法第二十五条规定了七大类法人受托机构职责终止的情形，其中第二条的规定为："利用企业年金基金财产为其谋取利益，或者为他人牟取不正当利益的。"其中的"利用"两字缺少更为详细的描述，是违法利用还是合法利用，并没有详细规定清楚，缺乏相应的可操作性。

最后，还存在企业年金从业人员监管力度较弱，信息披露机制等不健全的问题。作为企业年金投资运营的主要执行和操作者，年金投资从业人员对企业年金的安全运营也起到十分重大的作用。在《企业年金基金管理办法》中，主要有对年金从业人员不得相互兼任的规定，此外，该办法对企业年金管理机构应当具备的条件中还规定："取得企业年金基金从业资格的专职人员达到规定人数。"即相关从业人员需有企业年金基金从业资格。除此之外，该办法对从业人员的从业资格再无其他规定。同时，当基金发生亏损或流失，对相关管理责任人的责任追究制度也尚未建立，从业人员违法成本较低。可见，在对从业人员的要求上，我国的相关法律规定仍较为欠缺，还需进一步细化并增强可操作性。在信息披露机制建设方面，公众监督机制尚未发挥出重要作用，《企业年金基金管理办法》中只提到各企业年金管理机构应向委托人和受托人提供季度和年度报告，但对公众参与监督并没有相关规定。

在第三层次商业养老保险法律和监管体系方面，目前，我国商业养老保险仍处于试点摸索阶段，各项法律法规及政策还不完善，其问题主要集中在以下几个方面。

首先，缺乏专门针对商业养老保险方面的法律法规。由于我国商业养老保险规模不大，一方面，保险密度较小，2017 年我国寿险公司原保险保费收入为 26039.55 亿元[1]，总人口数为 139008 万人，即人寿保险密度为 1873.24 元/人[2]，若按照养老保险占寿险 20% 的比例来推算收入结构[3]，则 2017 年我国养

---

① 数据来源于保监会《2017 年保险统计数据报告》。

② 人口数据来源于国家统计局《2017 年国民经济和社会发展统计公报》，保险密度的计算公式为：保险密度 = 总保费收入/总人口数。保险深度 = 当年保费收入/GDP。

③ 20% 的比例推算法借鉴了《中国养老金发展报告（2015）》第 11 页的推算办法。

老保险密度仅为 374.65 元/人。相比之下，2017 年美国 IRA 收入为 11200 亿美元，保险密度为 3438.75 美元/人①。另一方面，保险深度较低，2017 年我国国内生产总值为 827122 亿元，人寿保险深度仅为 3.15%，按照 20% 的比例推算，养老保险深度约为 0.63%。与美国相比，2017 年美国 GDP 总量为 19.39 万亿美元，IRA 保险深度为 5.77%②。不论是保险深度还是保险密度，两国差距均较为明显。而市场规模差异如此巨大的其中一个原因，就是我国在商业养老保险法律法规建设方面依然落后。早在 1974 年，美国就出台了《雇员退休收入保障法》，从筹资方式、信息披露和资产管理与投资等多方面对私人养老金进行了规范，从法律形式上确定了第三支柱个人退休账户 IRA 的合法性，从而为后期的私人养老金市场发展提供了充足的保障。但我国在该领域的法律法规仍处于空白状态，对商业养老保险制度的规定多以国务院或其下属部门出台的通知、办法居多，尚缺乏对商业养老保险市场的统一规范。

其次，在监管体系建设方面，我国的监管体系仍处于不断探索和完善之中。2018 年 6 月，银保监会印发了《个人税收递延型商业养老保险资金运用管理暂行办法》的通知（以下简称《通知》），《通知》第六章规定了对个人税收递延型商业养老保险相关的监督管理规定，但其监管效果仍未可知。例如，其中第三十五条规定："保险公司和保险资产管理机构违反保险资金运用有关规定和本办法规定的，由我国银行保险监督管理委员会依法依规对公司和责任人实施行政处罚。"可见，《通知》对于违反资金运用规定的行为，处罚力度仅限于行政处罚范畴，处罚力度较轻，违法成本小，难以形成对商业养老保险公司较高的约束力。

最后，在监管机构互相配合方面，由于对商业养老保险的监管涉及多个方面，财政、税务、保监会、证监会、银监会和人社部门等部门对其均具有一定的监管责任。因此，对商业养老保险的监管必然涉及多头监管、互相配合的问题。目前，我国对商业养老保险的监管仍主要处于分业监管状态，没有建立明确的主监管人制度，因此，在监管时难免处于监管真空或监管重叠的状态，需要各部门加强协调和配合。

---

①② 美国 IRA 数据来源于美国投资公司协会网站，人口数据来自世界银行官网，GDP 数据摘自中经网统计数据库 OECD 年度数据。

（2）财政税收优惠政策存在漏洞且支持力度不足。税收优惠政策作为政府调控工具，在企业年金的发展方面发挥着不可忽视的作用。在我国企业年金税收优惠政策的制定方面，当前政府的投入力度还略显不足。依据制度规定，我国企业年金税前列支比例分别为雇主5%、雇员4%，相较美国401K计划中规定的企业和个人税收优惠递延比例分别为6%和15%，税收优惠水平仍然较低。

不仅税收优惠水平低，我国企业年金税收优惠政策还存在以下几个方面的问题。

一是税收优惠政策的实施细则尚未出台，各省区市在具体执行上仍存在一定差异。纵观我国企业年金税收政策的发展历程，随着企业年金规模的逐步扩大，税收优惠政策的出台却存在滞后现象。在2013年前，我国对企业年金在缴费、投资和领取环节的征税问题一直没有明确，直到2013年12月财政部、人社部和国家税务总局联合下发《关于企业年金、职业年金个人所得税有关问题的通知》，企业年金税收优惠政策才开始逐步规范。历经多年的实践和发展，企业年金税收优惠政策取得了一定的成绩，但在实际操作过程中仍存在一些问题，需要出台实施细则加以规范和解决。例如，2013年底前历史缴费已税认定、缴费时可税前扣除个人缴费额度确认、2014年后个人缴费超出税优部分已完税的领取时重复计税问题和纳税申报的具体税务机关、申报明细接口没有明确等问题都尚未解决。[①] 这些问题使得各地在执行税收优惠政策过程中存在不规范和不统一情况，造成了我国企业年金制度新的不公平。

二是税收优惠政策成为部分企业的避税工具，仍存在监管盲区及漏洞。在制度设计上，企业年金账户主要包括企业账户和个人账户两部分。根据《企业年金办法》第十七条、第十九条和第二十一条的规定："个人账户用于记录单位缴费划入职工个人账户部分、个人缴费以及对应的投资收益；企业账户用于记录企业年金暂时未分配至职工企业年金个人账户的企业缴费及其投资收益，以及职工企业年金个人账户中未归属于职工个人的企业缴费及其投资收益。"然而，在制度实际运行过程中，账户管理人还会在企业账户下设置一个

---

① 郑秉文. 中国养老金发展报告（2016）——"第二支柱"年金制度全面深化改革［M］. 北京：经济管理出版社，2016.

公共账户，用来存放企业历年计提列支并缴存的但尚未真正计入职工个人账户的企业年金供款和收益，这就带来了税收监管的真空地带。一方面，为享受5%的企业年金企业所得税税前扣除额度，一些企业可能存在虚设企业年金为自身谋利的现象。另一方面，在企业会计成本核算上，计入企业账户的企业年金已被计提到成本费用当中，享受税前扣除优惠，但却未能及时分配到个人账户中去，事实上仍由企业所控制，这部分"账外资产"的规模有多大，一般只有人社部门及相关管理人员才知晓，而随着人员的流动和时间的推移，较为容易出现监管真空地带，甚至变相成为企业挪用资金的首选来源之一。①

　　三是税收优惠政策对不同收入群体存在不同的效应，即不公平问题。在当前企业年金递延纳税的政策背景下，从企业年金各个环节来看：首先，在缴费环节，我国企业年金税收优惠采取的是根据职工缴费工资基数进行比例扣除，以上一年度职工月平均工资 300% 封顶。因此，在该区间内，高收入群体缴费工资基数越高，则相应享受到的税收扣除额也越多，收入相对较低者尤其是工资水平低于个税免征额 5000 元以下的群体，由于本来在该环节就无需纳税，因而无法享受到递延纳税带来的税前扣除优惠。可见，递延纳税在缴费层面仍然对高收入群体较为有利，而这在一定程度上造成了"马太效应"，加剧了高、低收入群体间的收入分配两极分化。其次，在投资环节，由于高收入群体每月积累的资金较多即本金较多，在资本市场运行环境良好的情况下，在生命周期内将会积累更多的收益，从而逐步拉大与低收入群体的差距。最后，在待遇领取环节，《关于企业年金、职业年金个人所得税有关问题的通知》规定：个人达到国家规定的退休年龄，在本通知实施之后按月领取的年金，全额按照"工资、薪金所得"项目适用的税率，计征个人所得税，也即全额征税。因此，对低收入群体而言，在领取阶段也不可避免需要缴税，其实际税负不减反增，难以起到真正鼓励低收入群体参与企业年金的作用。整体而言，我国在企业年金税收政策优惠的设计上仍然不够完善，缺乏针对不同收入群体、不同企业类型的专门性税收优惠政策，递延纳税使高收入群体享受到更多实惠，但

---

①　李荣生，朱志钢. 企业年金税收政策：缺陷与完善 ［J］. 税务研究，2016（5）：81 - 85.

中、低收入群体可能由于缴费时收入达不到免征额，领取时却需要缴纳税费而产生负向激励效果，只有将税收优惠政策更加灵活运用，才能更好地平衡不同群体之间的养老金利益。

在商业养老保险税收优惠政策方面：2018年4月，财政部出台《关于开展个人税收递延型商业养老保险试点的通知》，规定自2018年5月1日起，在上海市、福建省（含厦门市）和苏州工业园区实施为期一年的个人税收递延型商业养老保险试点。这标志着我国第三层次个人税收递延型商业养老保险制度开始稳步实施，第三层次商业养老保险发展赢来了新的机遇。虽然政策利好不断，但当前我国的商业养老保险税收优惠政策也仍存在较多问题，主要有以下几个方面。

一是税收优惠政策采取何种方式的问题。由于商业养老保险主要涉及缴费、投资和领取三个环节，根据每个环节是否享受税收优惠政策，可将税收优惠模式分为 EEE、TEE、ETE、EET、ETT、TTE、TTT 和 TET 八种（E 代表该环节免税，T 代表该环节收税）。从目前趋势来看，我国主要实施的仍是税收递延型商业养老保险模式，即 EET 模式。该模式的特点主要是在缴费环节和投资环节免税，而在养老金领取时缴纳相关税费，即将本来应该当期缴纳的税收递延到退休领取养老金时缴纳。EET 模式下，职工商业养老保险缴费可由企业代扣代缴，在一定范围内，收入越高，享受到的税收优惠比例也越高。因此，EET 模式更适合高收入群体和在岗职工。对于低收入群体和部分灵活就业人员来说，由于其收入尚未达到个人所得税免征额，EET 模式在领取阶段缴税的方式实质上增加了其缴费负担，因而对低收入群体的吸引力十分有限。整体上看，目前我国的商业养老保险税收优惠政策较为单一，缺少专门针对低收入群体的税收优惠模式和相关补贴政策。

二是相关配套税收政策还需完善。当前，我国的第三层次个人商业养老保险之所以吸引力不大，其中一个原因就是配套政策问题。一方面，资本利得税尚未开征，个人在从事不动产和有价证券买卖时，无需缴纳资本利得税，并且可随时变现和赎回。与商业养老保险相比，投资股票与基金在流动性方面占据优势，同时纳税也相对较少，对个人而言也不失为一种较好的投资选择，这也使得商业养老保险的税收优惠政策缺乏吸引力。另一方面，我国个人所得税免征额处于上调趋势，2018 年 8 月 31 日，十三届全国人大常委会第五次会议表决通过关于修改个人所得税法的决定，将个税免征额点提高至 5000 元/月。这一政策的实施，对我国个人递延型商业养老保险的发展并非利好，尤其对于中低收入群体而言，个人能享受到的递延纳税优惠额度将有所减少，制度激励性进一步下降，并不利于递延型商业养老保险的长期发展。

三是商业养老保险与企业年金的税收优惠政策衔接问题。当前，企业年金和商业养老保险的税收优惠政策实行的是分开运作方式，即个人既可以享受企业年金的税收优惠，同时也可享受商业养老保险的递延纳税优惠。这就造成了高收入群体和低收入群体在税收优惠政策享受方面的差距问题。高收入群体两类优惠政策均有能力享受，但低收入群体受限于自身收入水平和工作稳定性状况，难以全部享受到税收优惠额度。企业年金和商业养老保险在税收优惠政策方面缺乏衔接，缺乏统一的个人账户管理制度，税收优惠政策分散，不仅将拉大收入分配差距，同时也难以起到真正的激励效果。尤其对广大中低收入群体而言，可能无法同时参加企业年金和商业养老保险。因此，若能做好企业年金和商业养老保险的税优政策衔接工作，当只参加其中一种时，允许其叠加享受优惠，将会大大提高中低收入群体的参与热情，并促进多层次养老保险体系的公平性。

（3）企业年金准入门槛过高，运作主体和流程复杂。当前，我国企业年金整体发展水平依然较低，覆盖范围有限，企业年金发展陷入停滞状态。2017 年末，全国共有 80429 个企业建立了企业年金，总覆盖参保职工人数为 2331.39 万人，分别比上年末增长 5.41% 和 0.29%，年末总计积累基金 12879.67 亿元，当年加权平均投资收益率为 5%，当年领取额仅有 345.40 亿元，占全部积累基金总额的 2.68%。① 同时，在企业和行业类型分布上，建立企业年金的大多数为国有企业和具有较高实力的垄断行业，私营企业占比则相对较小。造成以上局面的原因之一，就是当前我国企业年金的准入门槛过高。主要体现在以下两个方面：一方面，企业想设立企业年金，需满足一定的条件。《企业年金办法》第六条和第七条规定："企业和职工建立企业年金，应

---

① 数据来源于《2017 年度全国企业年金基金业务数据摘要》。

当依法参加基本养老保险并履行缴费义务，企业具有相应的经济负担能力。建立企业年金应当与职工一方通过集体协商确定。"而当前，我国很多中小企业存活期限较短，员工流动性大，企业盈利程度不高，内部治理结构也不完善，没有民主决策机制，很难同时满足以上三项要求，这相当于将众多中小企业和小微企业排除在外。另一方面，企业年金备案程序复杂，政府监管较为严格。《企业年金办法》第九条规定："企业应当将企业年金方案报送所在地县级以上人民政府人力资源社会保障行政部门。中央所属企业的企业年金方案报送人力资源社会保障部。"同时，第十一条规定："变更后的企业年金方案应当经职工代表大会或者全体职工讨论通过，并重新报送人力资源社会保障行政部门。"可见，不管是方案建立还是变更，企业想要建立企业年金都需要报送人社部门备案、审核和批复，程序复杂烦琐，限于自身财力、人力以及外部市场集合年金计划供给等方面的限制，很多中小企业建立企业年金的积极性并不高。

我国现行企业年金的运营模式主要是信托型，如图 3-6 所示，涉及委托人、受托人、投资管理人、账户管理人、基金托管人和受益人六大角色，通过各角色间的分工协作、相互制衡和监督，来降低企业年金运营的风险。除以上角色之外，还包括一些外部中介服务机构如投资顾问公司、信用评估公司、精算咨询公司等。虽然信托模式在一定程度上增强了企业年金运营的安全性，可以控制企业年金运营的风险，但由于市场参与主体过多，主要包括了商业保险机构、商业银行、证券公司、信托机构以及基金管理公司等，导致运作流程也相对复杂，管理成本较高。同时，在实际运营过程中，容易引发委托—代理风险，尤其是在当前信息披露机制和企业年金相关法律机制还不完善的背景下，在委托人与受托人之间，受托人与投资管理人、账户管理人、基金托管人之间，由于信息不对称都容易产生逆向选择和道德风险问题，从而一定程度上造成企业年金基金的流失。

（4）基本养老保险缴费负担重，企业参与能力不足。由于我国企业年金制度实行的是自愿机制，因此，企业在自身能力不足的情况下很难主动为员工设立企业年金。制约企业自身能力的因素有很多，其中一点就是企业的用工成本，包括企业在员工"五险一金"上的投入。当前，我国第一层次基本养老

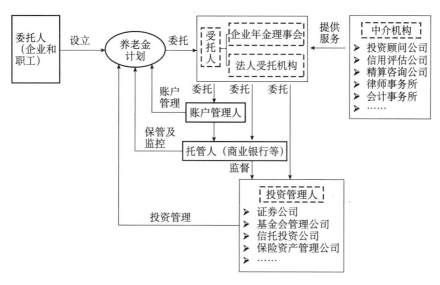

图3－6 企业年金运作流程

资料来源：海富通基金管理有限公司官网。

保险缴费率依然较高，根据城镇职工基本养老保险的相关制度规定，2019 年企业缴费率下调至 16%①，职工个人缴费率则为 8%，总计缴费率为 24% 左右。相较国外，在公共计划中，如表 3－3 所示，OECD 国家雇主平均缴费率为 5.99%，雇员为 9.45%，私人计划雇主和雇员的缴费率则分别为 5.42% 和 5.92%，均低于我国现行水平。综合来看，OECD 国家强制性养老金总计缴费率平均值为 18.41%，除了匈牙利（30.75%）、意大利（33.00%）、法国（25.40%）、芬兰（25.20%）和以色列（25.00%），其余国家均低于我国 24% 的养老金缴费率水平。可见，与其他国家相比，我国第一层次基本养老保险承担了过多"保基本"以外的责任，缴费率水平较高，尤其是企业缴费率远高于 OECD 国家，这就给我国企业带来不小的压力，同时挤压了企业年金的发展空间。特别是对广大中小微企业而言，在融资困难等情况下，社保缴费负担偏重将影响中小企业的用工成本和利润水平。在基本养老保险缴费率水平较高的情况下，企业也很难有动力再为员工缴纳企业年金。

---

① 相关规定参见《国务院办公厅关于印发降低社会保险费率综合方案的通知》。

表 3 – 3 　　　　OECD 国家 2016 年普通职工强制性养老金缴费率情况

单位:%

国家	公共计划缴费率		私人计划缴费率		总计缴费率
	雇主	雇员	雇主	雇员	
澳大利亚	0.00	9.50	—	—	9.50
比利时	7.50	8.86	—	—	16.40
加拿大	4.95	4.95	—	—	9.90
智利	—	—	11.23	1.15	12.38
丹麦	0.26	0.52	4.00	8.00	12.80
芬兰	7.20	18.00	—	—	25.20
法国	7.25	10.40	3.10	4.65	25.40
德国	9.35	9.35	—	—	18.70
匈牙利	10.00	20.75	—	—	30.75
冰岛	0.00	7.35	4.00	8.00	19.35
以色列	3.75	3.75	5.50	12.00	25.00
意大利	9.19	23.81	—	—	33.00
日本	8.914	8.914	—	—	17.828
韩国	4.50	4.50	—	—	9.00
卢森堡	8.00	8.00	—	—	16.00
荷兰	4.90	0.00	16.00	—	20.90
墨西哥	—	—	1.125	5.15	6.275
波兰	9.76	9.76	—	—	19.52
斯洛伐克	4.00	14.00	—	—	18.00
瑞典	7.00	11.40	0.00	4.50	22.90
瑞士	4.20	4.20	3.90	3.90	16.20
土耳其	9.00	11.00	—	—	20.00
平均值	5.99	9.45	5.43	5.92	18.41

资料来源：OECD 官方网站。

（5）市场培育不健全，集合年金计划等发展滞后。我国企业年金计划主要分为单一计划和集合计划两大类，其中，单一计划又包括法人受托和理事会受托两种类型。单一计划主要适用于企业年金基金规模较大（如我国太平养老保险股份有限公司规定企业年金单一计划的首期缴费规模需在 2000 万元以上），对企业年金管理有特殊性要求的企业。与单一计划不同，集合计划主要面向中小型企业，其特点是手续相对简便，流程简化，企业间可通过分摊费用降低企业年金管理成本，汇聚资金达到资产规模效应，进而更好地平衡基金风险和收益。截至 2017 年末，参与我国企业年金集合计划的企业数量已达 25590

个，职工数 321.14 万人，资产金额达 11927442.03 万元，组合数 307 个。① 虽然企业年金集合计划优点众多，但受限于当前的政策环境和资本市场状况，集合计划的发展处于相对停滞状态。2016 年末，集合计划资产规模只占企业年金资产总规模的 9.09%，已连续三年下滑。

导致集合计划发展停滞局面的原因众多。从供需角度分析，在企业需求方面，数据显示：2016 年 12 月，中小企业国内、国外订单指数分别为 47.7% 和47.0%，仍处于收缩区间，小型企业采购经理指数（PMI）为 47.2%，连续29 个月处于收缩区间。中小企业原材料购进价格指数为 59.4%，比上年同期提高 9.4 个百分点，已连续 12 个月上升。在融资方面，银行惜贷、压贷等现象时有发生，对中小企业的贷款利率普遍上浮 30% 以上。② 因此，我国中小微企业在税费负担沉重、市场竞争激烈、融资困难、经营成本持续上升以及员工流动性大的情况下，很难有足够动力去建立企业年金。在市场供给方面，由于缺少专门针对企业年金集合计划的配套税收优惠政策，同时也没有专门针对中小企业加入集合计划的专项补贴，政府对企业年金计划的市场培育力度不足，税收优惠政策环境较差，其预期投入产出比较低，导致企业年金集合计划市场规模依然较小。在企业利润最大化目标的驱使下，企业年金管理机构对开发集合计划的积极性并不高，尤其是商业银行系法人受托机构开发的集合计划产品较少，商业银行并不依赖于企业年金市场加以创收。数据显示，2016 年，在55 个企业年金集合计划中，只有 9 个是商业银行系法人受托机构开立，其计划覆盖总职工数为 24.29 万人，占比 1.04%，企业数 1555 个，占总数的2.04%，资金规模 68.01 亿元，仅占全部规模的 0.61%。③ 可见，商业银行在企业年金集合计划产品方面的动力不足，所管理的集合计划规模远不及养老保险公司。

（6）个人投资选择权缺失，企业年金投资激励体系尚未建成。企业年金市场的发展，不仅取决于企业年金市场宏观环境的改善，如第一层次基本养老保险缴费率的下降、资本市场的成熟完善等，还取决于企业年金制度自身

---

① 数据来源于《2017 年度全国企业年金基金业务数据摘要》。

② 数据来源于《中国中小企业年鉴（2016）》。

③ 根据《2016 年度全国企业年金基金业务数据摘要》相关数据整理。

的吸引力，尤其是在投资激励体系的建设方面。然而，我国目前的企业年金投资激励体系建设仍处于起步阶段，企业年金个人投资选择权尚未放开。《企业年金办法》第七条规定："建立企业年金，企业应当与职工一方通过集体协商确定，并制定企业年金方案。企业年金方案应当提交职工代表大会或者全体职工讨论通过。"但其中并未规定职工的个人选择权问题，这就导致现实中绝大多数建立年金计划的企业都由单位集体代表职工作出决策，选择计划的受托人和投资管理人等企业年金管理机构，为企业制定相应的投资策略，个人实际上的投资选择权被剥夺。而个人投资选择权的缺失，又会带来以下一系列问题。

一方面，它会造成企业年金治理结构失衡，投资行为短期化。依据产权理论，在一个有效的企业年金计划中，财产所有人应享有最终决策的权利，从而实现权利与责任、收益与风险的对等关系。个人选择权的缺失使得企业被迫承担了企业年金的投资责任以及投资风险。在职工压力下，企业只能选择较为保守的投资策略，不允许企业年金出现亏损，并进一步向投资管理人施加压力，使得企业年金出现投资短期化行为。该短期化行为主要体现在合同签订和绩效考核两方面。在合同签订上，很多企业签订的企业年金投资管理合同不超过3年，甚至很多企业是一年一签。在考核方面，大多数委托人会在季度和半年度时对投资管理人进行排名考核，有的甚至一个月考核一次，同时还存在考核设定多重目标的问题，既要求绝对收益，与投资管理人约定固定的业绩标准，又要求相对收益，对投资管理人的业绩加以排序。种种制约限制了企业年金市场的健康发展，投资管理人疲于应对企业客户的各类要求，投资选择倾向趋于保守，投资策略变化频繁，容易出现非理性的投资行为，难以实现企业年金的长期投资目标和更合理的资产配置，进而难以获得更高的投资收益率。

另一方面，个人投资选择权的缺失也会造成个人企业年金缴费意愿的下降，影响企业年金制度的可持续发展。当前，我国企业年金制度由于覆盖面较小，建立的企业又多是国有企业，企业年金更多地作为一种企业福利而存在，由企业主导并实施，统一为员工提供单一的低收益回报，员工的知情权和参与权受到一定程度的剥夺。这也造成员工对企业年金了解不足和不信任，整体参与意识不强。同时，员工也无法根据自身风险偏好和所处年龄段选择合适的资产配置组合，从而获得更高的投资收益率，进而难以真正发挥员工的主观能动性和培养个人参与养老金投资的良好习惯。制度的激励作用难以有效发挥，导致企业年金制度的发展处于相对停滞状态。

（7）企业年金投资范围较窄，年金收益率水平不高。投资作为企业年金保值增值的重要手段，在企业年金运营中处于核心环节，需要政府加以重视。2011 年，人社部等四部门出台了《企业年金基金管理办法》，对企业年金的投资范围和投资比例作出了详细的规范。2013 年，人社部又在该文基础上出台了《关于扩大企业年金基金投资范围的通知》，进一步扩大了企业年金的投资范围（见表 3 - 4）。

表 3 - 4　　　　　　　　　　企业年金投资范围变动情况

政策文件	《企业年金基金管理办法》（2011 年 11 号令）	《关于扩大企业年金基金投资范围的通知》（2013 年 23 号文）	变动情况
投资范围	企业年金基金财产限于境内投资，投资范围包括银行存款、国债、中央银行票据、债券回购、万能保险产品、投资连结保险产品、证券投资基金、股票，以及信用等级在投资级以上的金融债、企业（公司）债、可转换债（含分离交易可转换债）、短期融资券和中期票据等金融产品	企业年金基金投资范围在第 11 号令第四十七条规定的金融产品之外，增加商业银行理财产品、信托产品、基础设施债权投资计划、特定资产管理计划、股指期货	新增了五类投资品种，包括：商业银行理财产品、信托产品、基础设施债权投资计划、特定资产管理计划、股指期货

然而，与社保基金和保险公司的投资范围相比，当前我国企业年金的投资范围仍相对较小，主要表现在以下几个方面。

一是企业年金基金在地域上仅限于境内投资。目前，根据《企业年金基金管理办法》的相关规定，我国企业年金尚未获准展开境外投资，只能开展境内投资业务，投资产品种类主要为境内的权益类资产、固定收益类资产、流动性资产和其他投资资产。相比全国社保基金理事会管理运营的社保基金，其于 2006 年 5 月就已批准可开展境外投资①，经批准的境外投资范围包括银行存款、银行票据、债券、股票、证券投资基金，以及用于风险管理的掉期、远期

---

① 相关规定参见全国社会保障基金理事会 2006 年发布的《全国社会保障基金境外投资管理暂行规定》。

等衍生金融工具等八大类，境外投资比例按成本计算不得超过全国社保基金总资产的20%。截至2019年，社保基金境外投资资产已达2616.97亿元，占社保基金资产总额的9.96%。① 适度的境外投资，有利于企业年金规避单一市场风险，通过跨地区的资产配置实现收益与风险的平衡，提高企业年金的收益率，而当前企业年金境外投资权限尚未放开，将难以享受到其他国家的改革和发展红利。

二是企业年金在基金投资产品范围上仍然较为有限，不能投资地方政府债券，不能直接投资资产证券化产品、不动产和开展股权投资。相比之下，全国社保基金投资范围不断扩大，不仅可以直接投资资产证券化产品，在2015年李克强总理召开的国务院常务会议上，还决定适当扩大全国社保基金投资范围，将社保基金债券投资范围扩展到地方政府债券，投资比例从10%提高到20%；还将社保基金直接股权投资范围从中央管理企业的改制或改革试点项目，扩大到中央企业及其子公司，以及地方具有核心竞争力的行业龙头企业包括优质民营企业；同时，还允许社保基金加大对城市基础设施等项目的参与力度。相比之下，企业年金只能通过基金公司发行的特定资产管理计划间接投资资产证券化产品，并且尚未有明确规定准许企业年金基金投资地方政府债券，企业年金股权投资也仍处于试点状态，实际运作项目有限，投资其他优质股权或优先股项目试点，尚需人社部批准。②

随着我国互联网经济的蓬勃发展，新业态不断涌现，包括云计算、人工智能在内的高新技术企业成为股权投资的热门。2015年，社保基金参与蚂蚁金服的融资，市场估计该项投资浮盈已超100%③，投资回报喜人，而资产证券化产品更是具有风险低、流动性强，收益高等特点。目前，我国企业年金在这些投资领域尚未得到彻底放开，不利于我国企业年金投资收益率的提高和基金投资风险的分散。数据也显示：2020年企业年金投资收益率为10.31%，低于

---

① 数据来源于《全国社会保障基金理事会社保基金年度报告（2019年度）》。

② 相关规定参见人力资源和社会保障部2014年发布的《关于企业年金基金股权和优先股投资试点的通知》。

③ 数据来源于《社保基金王忠民谈投资蚂蚁金服：浮盈已超过100%》，证券时报网，2017年8月7日。

全国社保基金的投资收益率 15.84%。① 因此，还需政府完善相关配套政策，进一步放开企业年金的投资范围。

（8）商业养老保险个人账户制尚未建成。在当前我国多层次养老保险体系框架下，第一层次基本养老保险采取的是统账结合模式，包括统筹账户和个人账户两部分。同时，第二层次企业年金也存在个人账户部分，未来随着第三层次商业养老保险的发展，也会设置商业养老保险个人账户。就目前情况而言，三个层次间的个人账户存在着功能重叠问题，同时资金也无法归集到同一个个人账户中，三者存在着互相挤出的竞争性关系，不利于个人养老保险权益的保障以及纳税政策的合理实施。例如，当职工在工作一段时间后从企业辞职，其企业年金账户应当如何处置？虽然《企业年金办法》中第二十二条规定："职工变动工作单位时，新就业单位已建立企业年金的，原企业年金个人账户权益应当随同转入，新就业单位没有建立企业年金的，可以由法人受托机构发起的集合计划设置的保留账户暂时管理；原受托人是企业年金理事会的，由企业与职工协商选择法人受托机构管理。"但是，对新单位未设置企业年金的职工来说，办法中规定的方法并非长久之计，不到退休年龄其企业年金仍需由原单位选定的受托人暂时保管，存在个人企业年金权益可能流失的风险。

此外，养老保险三层次间的个人账户无法对接，不仅造成了个人养老金权益的流失，同时也会限制个人的投资选择权，造成制度运行效率的低下，难以充分发挥个人的积极性。根据《关于开展个人税收递延型商业养老保险试点的通知》的规定："个人递延型商业养老保险试点期间使用我国保险信息技术管理有限责任公司建立的信息平台（简称"中保信平台"）。个人商业养老资金账户在中保信平台进行登记，校验其唯一性。中保信平台与税务系统、商业保险机构和商业银行对接，提供账户管理、信息查询、税务稽核、外部监管等基础性服务。"然而，该平台是相对独立的系统，只承担第三层次商业养老保险的基础性服务，当前并未实现与第一和第二层次的对接，企业年金个人账户的资金在归属个人后也无法转账至该平台实现统一的投资和管理。我国建立商业养老保险个人账户制度，统一归集养老保险资金的道路任重道远。

① 数据来源于《2020 年度全国企业年金基金业务数据摘要》和全国社保基金官网。

3.2.2 市场责任弱化

除了政府的引导，市场的需求也是企业年金和商业养老保险发展的动力之一。因此，本书从供需视角入手，先分析市场中企业年金和商业养老保险的供给方，如商业养老保险公司、年金管理机构等角色在责任履行方面存在的问题，然后分析需求方，即企业和职工个人对企业年金和商业养老保险在需求方面的倾向和问题，从中发现市场各主体间存在责任弱化趋势，若无政府的大力推动，第二、第三层次企业年金和商业养老保险将仍处于一个相对停滞状态。

3.2.2.1 供给方：保险和年金管理机构存在的问题

在企业年金和商业养老保险的供给上，企业年金的各类管理机构如银行、证券公司、基金公司和商业养老保险公司仍是主体。根据人社部的统计数据显示，在 11 家企业年金基金法人受托机构中，来自保险系统的共计 5 家，此外，还新成立了国内首家专业养老金管理机构——建信养老金管理有限责任公司，这 6 家机构受托管理的企业年金资产份额占据了全行业的 82.34%。整体而言，各类供给主体在企业年金和商业养老保险的管理上仍有较多问题，主要体现在以下方面。

（1）企业年金市场竞争激烈，存在受托人"空壳化"现象。2017 年，我国企业年金累计积累基金达 12879.67 亿元，占 GDP 的比重为 1.56%，而美国企业年金的比重则高达 80% 左右。[①] 比较而言，目前我国企业年金市场的总体规模十分有限。依据企业年金基金投资运营过程中涉及的四种业务类型，企业年金市场主要分为受托人市场、托管人市场、账户管理人市场和投资管理人市场。数据显示，在这四种市场中，投资管理人市场竞争最为激烈，其次是受托人市场，账户管理市场和托管人市场竞争程度相对较低。[②]

如表 3-5 所示，在人社部基金监管局公布的企业年金基金管理机构名单中，共有受托人 11 家，类型分别是养老保险公司（5 家）、银行（3 家）、信托（2 家）和养老金管理公司（1 家）；托管人 10 家，均为银行；投资管理人

---

① 数据来源于《全国企业年金基金业务数据摘要（2017 年度）》和 OECD 官网。

② 郑秉文. 中国养老金发展报告（2016）——"第二支柱"年金制度全面深化改革 [M]. 北京：经济管理出版社，2016.

21家，包括养老保险公司（4家）、基金管理公司（11家）、资产管理公司（3家）、证券公司（1家）、投资银行（1家）和养老金管理公司（1家）；账户管理人18家，主要是养老保险公司（5家）、银行（10家）、人寿保险公司（1家）、信托公司（1家）和养老金管理公司（1家）。可见，当前获得投资管理人资格的机构数最多，其市场主要由养老保险公司和基金管理公司占据。如图3-7所示，4家养老保险公司管理的组合资产金额占到企业年金投资管理总资产的37.88%，11家基金管理公司的份额则达到36.89%，略低于养老保险公司。

表3-5　　　　　　　　　企业年金基金管理机构各行业分布情况

单位：家

行业	受托人	账户管理人	投资管理人	托管人
银行（包括投行）	3	10	1	10
养老保险公司	5	5	4	0
人寿保险公司	0	1	0	0
基金公司	0	0	11	0
证券公司	0	0	1	0
信托公司	2	1	0	0
资产管理公司	0	0	3	0
养老金管理公司	1	1	1	0
总计	11	18	21	10

资料来源：人力资源和社会保障部官网。

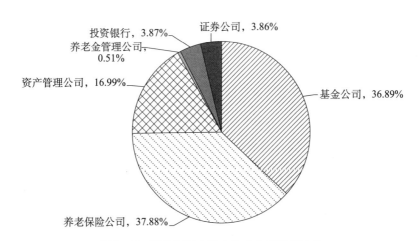

图3-7　投资管理人组合资产金额份额占比

资料来源：人力资源和社会保障部官网公布的《全国企业年金基金业务数据摘要（2017年度）》。

在当前企业年金存量规模有限、增量市场增长乏力的情况下，企业年金投资管理人市场竞争尤为激烈。数据显示，2017年，在21家企业年金投资管理机构中，只有3家企业管理的企业年金资产金额超过1000亿元，它们分别是平安养老保险股份有限公司（1839.45亿元）、泰康资产管理有限责任公司（1796.14亿元）和中国人寿养老保险股份有限公司（1415.75亿元），其余大部分投资管理机构多在百亿元左右，还有3家管理的金额只有几十亿元。① 企业年金投资管理人市场处于分散式、"僧多粥少"的局面。一些机构为抢占客户，竞相压低管理费率，而管理资金规模的有限又使得成本难以尽快收回，业务收入不抵支出，市场发育缓慢，投资管理人市场甚至处于恶性竞争状态，进而对企业年金的长远发展造成不利影响。

此外，在当前企业年金市场上，仍缺乏拉动和撬动年金行业的旗舰型企业。截至2017年末，人社部发放的60个企业年金管理机构牌照被36家机构获得，但是在这36家机构中，除建信养老金管理有限责任公司和其他一些养老保险公司之外，其余企业均未把企业年金业务当作主营业务，尤其是银行业和一些基金管理公司，只将年金作为其一个"副业"来经营。因此，在对待企业年金业务上，无法做到精细化和专业化管理，对企业年金业务的人力、物力、财力投入以及开发市场的动力、创新产品的能力均显现出不足，而这也导致了受托人"空壳化"现象的出现。由于受托人前期投入的平台建设和运营成本较大，在市场的恶性竞争和规模有限情况下，难以实现收支平衡和专业化经营，受托人的专业性和权威性受到一定质疑，甚至出现企业年金市场其他三类管理机构主体撇开受托人，直接与年金发起人对接的趋势，受托人的实际权力被架空，"空壳化"问题突出。

（2）企业年金产品单一，投资管理和创新能力不强。2013年3月，人社部出台《关于企业年金养老金产品有关问题的通知》，标志着我国企业年金投资开启了产品化时代。作为企业年金基金投资管理人发行的标准投资组合，近年来养老金产品实现了快速发展。如图3－8所示，2014～2017年，企业年金养老金产品累计已备案产品数由2014年的148只上升至2017年的549只，累计实际运作产品数则由2014年的62只上升至2017年的268只，增速较快。

---

① 数据来源于《全国企业年金基金业务数据摘要（2017年度）》。

在养老金产品类型上，主要有股票型、混合型、固定收益型和货币型等产品种类。其中，产品数最多的是固定收益型，其主要投资于银行定期存款、国债等安全性较高的理财产品，2014～2017 年，实际运作的固定收益型养老金产品数从 27 只增加至 109 只，数量上翻了 4 倍，增长速度也较快；其次在产品数量上较多的是股票型和混合型，2017 年两者的产品数分别为 79 只和 55 只，货币型养老金产品数量相对较少，近年来的增长幅度变化也不大，每年维持在 10～20 只，2017 年的产品数为 17 只。① 整体上看，我国企业年金养老金产品数量呈现每年递增趋势，为企业年金基金资产配置开拓出新的局面。

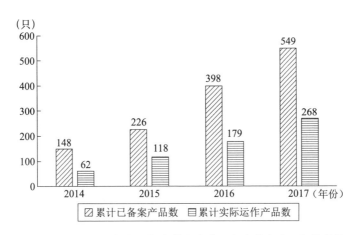

图 3－8　2014～2017 年企业年金养老金产品备案数和实际运作数情况

资料来源：《全国企业年金基金业务数据摘要（2017 年度）》。

　　然而，在产品开发与创新上，当前我国企业年金产品开发仍存在较多问题。首先，企业年金养老金产品存在同质化现象，有自身特色和优势的养老金产品较少。养老金产品仍以固定收益类为主，投资管理人的投资策略趋于保守，投资风格和投资特点差异不明显，对企业年金基金的投资运营仍主要以保障本金、适当盈利为目标，这就很难满足风险偏好、年龄、家庭财富结构，以及收入状态各不相同的职工需求。而未来随着人口老龄化问题的加剧、新业态的发展、个人投资选择权的放开以及税收政策的进一步调整，个人对养老金产品的需求也会日趋多样化，生命周期基金（TDF）、FOF 基金、保本类以及 DB

---

① 数据来源于《全国企业年金基金业务数据摘要（2017 年度）》。

类养老金产品都有可能得到较好的发展，需要企业年金管理机构加以产品创新和产品完善。

其次，养老金产品还存在备案数多，但实际运作数较少的问题。如图3－8所示，2014～2017年，我国企业年金养老金产品实际运作数始终为备案数的一半左右，2017年，累计实际运作产品数只占累计总备案数的48.82%。可见，各投资管理人对养老金产品的实际运作仍持比较谨慎态度，由于存在较多潜在困难，养老金产品市场潜力尚未被真正激发。

最后，采取受托直投方式的养老金产品较少，产品配置缺乏灵活性。自《关于企业年金养老金产品有关问题的通知》颁布以来，我国企业年金基金的投资运作方式不再局限于在组合投资层面进行，还可通过受托直投方式，由受托人在计划层面直接配置养老金产品。相比组合投资，受托直投方式增强了受托人直接进行战略资产配置的能力，提高了资产配置的灵活性。同时，受托直投方式使受托人可在更大市场范围内选择合适的养老金产品，有利于分散投资风险。然而，当前我国企业年金市场上采取受托直投方式的养老金产品规模不大。数据显示，2017年末，我国养老金产品的总规模为3502.44亿元，其中，受托直投的养老金产品规模仅为146.26亿元，即计划层面投资的养老金产品市场占比仅为4.18%。①

此外，我国还存在当前企业年金投资组合数多、投资效率低下的问题。截至2017年底，我国企业年金投资组合数共计3568个，平均每个组合管理的资产金额为3.51亿元，每个投资管理人平均管理170个投资组合，相比较我国公募基金的规模，2017年底，公募基金管理资产规模为11.6万亿元，基金组合数4841个，平均每个组合管理的资产约为24亿元。② 可见，我国企业年金单个组合的资产规模仍然较小，这会进一步导致两方面的问题：一是投资组合管理规模小，难以形成资金规模效应；二是由于每个投资组合均需要配备相应的投资经理加以管理，管理成本高的同时投资效率却相对低下。

（3）账户管理服务水平参差不齐，系统维护运营成本高。在企业年金基金账户管理方面，目前担当我国账户管理人角色的运营机构主要为银行和保险

---

① 数据来源于《全国企业年金基金业务数据摘要（2017年度）》。
② 数据来源于《全国企业年金基金业务数据摘要（2017年度）》和中国证券投资基金业协会官网。

公司，其中银行所占份额最高。如图3-9所示，2017年银行管理的企业账户数占总数的74.97%，个人账户数占比则为79.22%，保险公司份额次之，管理的企业账户数和个人账户数比例分别为21.04%和13.45%。相比之下，信托公司和专门的养老金管理公司份额仍相对较小，占比有待提高。

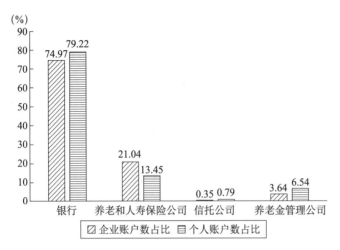

图3-9 2017年账户管理人管理的企业、个人账户数占比情况

资料来源：《全国企业年金基金业务数据摘要（2017年度）》。

虽然账户管理服务主要集中在银行和保险公司，但每家公司自身账户管理的服务系统、服务标准和服务质量等方面都不尽相同，服务水平有高有低，行业内缺少对账户管理系统的相关规范和指导。各机构在建设自身企业年金账户管理系统时主要依据自身软件兼容性、运营传统等实际情况，同时依照客户个性化需求等方面加以建设和运营，并未详细考虑与受托人、其他投资管理人等的系统对接问题。加之各运营机构取得资质牌照上的时间差异，其系统运营起止时间各不相同，各机构在账户管理功能、业务流程、信息披露方面也有诸多差异，这也造成了企业年金整体运营成本的提升以及运营效率低下的矛盾。

同时，虽然我国《企业年金基金管理办法》第五十六条规定："账户管理人的管理费按照每户每月不超过5元人民币的限额，由建立企业年金计划的企业另行缴纳。"并且在2012年就已出台《企业年金基金管理机构基本服务和收费标准行业自律公约》，规定账户管理人基本服务收费标准每户每月不低于人民币1元，但仍避免不了当前市场上的恶性竞争：各账户管理人为争取客户，制定的费率较低，有的甚至不足 1 元。相比之下，账户管理人运营系统的建设成本和维护成本却处于较高水平，企业年金账户管理人处于收不抵支状态。

（4）商业养老保险市场规模较小，专业化水平不足。我国的商业养老保险市场发展尚不完善，市场规模较小。根据中国社科院世界社保研究中心的统计和前文推算，我国寿险资产中 80% 属于理财产品，只有 20% 属于传统的养老保险。按照此比例，2017 年我国商业养老保险密度为 374.65 元/人，商业养老保险深度为 0.63%，而美国 2017 年 IRA 的保险密度为 3438.75 美元/人，保险深度为 5.77%。与发达国家相比，我国商业养老保险市场规模较小，仍处于起步发展阶段。

在多层次养老保险体系内，2017 年我国第一层次基本养老保险参保人数为 91548 万人，其中，参加城镇职工基本养老保险的人数为 40293 万人，基金累计结存 43885 亿元，基金总收入与总支出则分别为 43310 亿元和 38052 亿元。在第二层次企业年金方面，参加企业年金职工人数为 2331.39 万人，累计基金为 12879.67 亿元，当年领取额为 345.40 亿元。与第一、第二层次相比，我国商业养老保险占养老保险总体比例依然较低，2017 年我国商业养老保险整体市场规模达 10254 亿元，其中，退休后分期领取的养老年金保险原保费收入仅为 469 亿元，与基本养老保险规模差距较大。①

在商业养老保险的专业化运作方面，由于年金化性质的商业养老保险要求较高的收益率，资金的保值增值压力较大，这就对商业养老保险公司的资金运作能力提出了较高的要求。当前，我国共有 8 家专业养老保险公司，但其多以企业年金业务、传统保险业务和资产管理业务等为主，在商业养老保险的专业化供给上仍存在较多不足，商业养老产品多以短期理财产品为主，投资品种大多局限于银行存款、保证收益类和收益浮动类银行理财产品，收益水平相对较低，缺乏具备养老功能的长期理财产品。

（5）商业养老保险产品存在结构性失衡现象。一般而言，真正意义上的商业养老保险需具备养老功能，也即需具备退休后方可领取，且需分期领取的特征。然而，在人寿保险中，具备养老功能的养老保险占比仍然较低，在寿险

_____

① 冷翠华. 养老年金保险原保费收入仅 469 亿　仅覆盖 0.35% 企业 ［N］. 证券日报. 2017－12－21.

资产中只占 20% 的比例。同时，随着政策规范的调整，2017 年 5 月，保监会出台了《关于规范人身保险公司产品开发设计行为的通知》，其中规定了"两全保险产品、年金保险产品，首次生存保险金给付应在保单生效满 5 年之后，且每年给付或部分领取比例不得超过已交保险费的 20%"。这一政策也导致了大批不符合规定的养老年金产品停售。数据显示，2017 年前三季度各险企共停售 54 款保险产品，其中，年金保险停售数量达到 41 款，且有 40 款属于非养老年金保险。同时，2017 年前三季度新推出的年金产品达到 203 款，虽然延长了期限，但和真正的养老年金产品相比，仍有较大差距。数据显示，203 款新增年金保险产品中 90% 属于非养老年金保险①，新推出的年金产品依然较为缺乏养老保障功能。

可见，我国商业养老保险仍存在结构性失衡的问题，真正具备养老功能的商业养老保险产品不多。商业养老保险公司为追求短期利益，通常更愿意去做期限短、见效快的业务，对养老年金类保险的产品开发力度不足，产品同质化现象严重，在投保年龄、保险给付方式、保障范围等方面的规定都趋于雷同，难以满足多样化市场的需要。

3.2.2.2　需求方：参保企业及个人存在的问题

在需求方面，从国家制度规定和留住、吸引人才两方面考虑，我国企业对养老保险产品具有一定的需求，但是其需求程度会随经济、政治、文化以及企业经营情况等的变化而产生变化，这就与个人要求的养老保险福利刚性产生了矛盾，进而引发一系列的问题。

（1）年金激励功能发挥有限，企业有更多替代产品。近年来，随着经济的发展和劳动力流动性的增强，企业在激励和留住人才方面也做出了许多创新和改变，企业年金作为企业激励的一种手段，逐渐受到企业重视。然而，由于我国企业年金制度仍有诸多不完善之处、企业年金税收优惠政策激励不明显、企业年金收益率不高等原因，近年来企业年金的吸引力有所下降，一些企业尤其是大中型企业开始采取其他一系列福利计划作为激励员工和留住人才的替代

---

① 冷翠华. 养老年金保险原保费收入仅 469 亿　仅覆盖 0.35% 企业［N］. 证券日报. 2017 - 12 - 21.

手段。例如，一些高新技术企业和外资企业，为留住人才，采取企业长期服务奖励计划，通过在员工退休时一次性支付其一笔奖励金来代替企业年金，以此长期计划来吸引员工继续为企业服务。此外，一些企业还通过股权、期权激励、忠诚计划和奖金延后支付计划等形式来留住核心员工，替代企业年金。其中，奖金延后支付是指企业与高管约定，将高管年度奖金的一部分提取出来，待高管在规定期限内（一般期限是 3 年以上）完成经营业绩和经营目标，再予以发放该部分奖金。该方式一方面可留住高管人才，另一方面还可激励高管注重企业长期发展战略，而不仅仅是追求短期效益从而做出重业绩轻风险的行为。同时，对普通员工，企业的福利形式也多种多样，如为员工购买各类商业医疗、健康保险、完善带薪休假制度和注重情感激励等各类方式，全方位激励员工。面对企业激励机制多样化的现状，企业年金制度亟待完善和变革，从而避免企业年金业务空间被进一步挤压和缩小。

对于中小企业主来说，由于难以提供有竞争力的薪酬，本身企业员工流动性就较大。数据显示，2016 年我国员工整体流动性明显上升，平均离职率为 20.1%，其中，高科技、制造业和消费品行业的员工离职率较高，分别为 25.1%、24.4% 和 21.1%。① 随着产业结构调整和升级，经济下行压力的加大，新生代员工对企业各项条件要求的提高等原因，企业尤其是中小企业面临着较大的人员流动压力。企业年金作为一种长期激励政策，员工短期难以看到收益，因而对企业年金的满意度不高。加之对企业年金制度的不信任因素，企业年金激励性功能发挥有限，这也使得中小企业难有动力设置企业年金，而更倾向于增加现金收入等方式激励员工。

（2）个人企业年金一次性领取占比较高，难以防范各类风险。依据《企业年金办法》，我国企业年金的领取方式主要有按月领取、分次领取、一次性领取和转换为商业养老保险年金产品领取四种办法。近年来，我国企业年金领取人数和领取金额均逐年增多，领取人数从 2012 年的 50.55 万人增加至 2019 年的 180.46 万人，领取金额则从 2012 年的 148.94 亿元增加至 2019 年的 492.39 亿元。② 然而，

---

① 郑勇 . 2017 离职与调薪调研报告：员工流动明显加快［N］. 北京晚报，2016 - 12 - 28.

② 数据来源于《全国企业年金基金业务数据摘要（2012 年度）》和《全国企业年金基金业务数据摘要（2019 年度）》。

由于 2013 年《关于企业年金职业年金个人所得税有关问题的通知》的公布，我国企业年金税收模式被正式确立为 EET 后端征税模式，每月领取或一次性领取金额需"全额"按照"工资、薪金所得"项目适用的税率，计征个人所得税。随着该政策的出台，2014 年领取人数和领取金额均有所下降，如表 3 - 6 所示，2014 年领取金额比 2013 年减少 54.78 亿元。一次性领取金额占比也下降明显，从 2013 年的 86.21% 迅速下降至 2014 年的 64.84%，政策效应较为明显。到 2015 年，一次性领取金额数又有所回升，提高至 111.31 亿元，近两年则又有所回落，但回落金额数不大。整体而言，我国企业年金一次性领取占比仍然较高，尤其是在领取金额上，2019 年仍占到总金额数的 21.10%，处于较高的水平。相比分期领取，一次性领取难以发挥分担老年风险和平滑老年期收入的作用，企业年金财产变成一笔退休时一次性领取的个人财产，年金功能发挥有限。

表 3 - 6　　　　　　　　　2012 ~ 2019 年企业年金领取情况

年份	当年领取金额（亿元）	一次性领取金额（亿元）	占比（%）	分期领取金额（亿元）	占比（%）
2012	148.49	127.59	85.92	20.90	14.08
2013	196.05	169.01	86.21	27.04	13.79
2014	141.27	91.60	64.84	49.67	35.16
2015	260.57	111.31	42.72	149.26	57.28
2016	295.95	103.44	34.95	192.51	65.05
2017	345.40	108.86	31.52	236.54	68.48
2018	438.86	117.23	26.71	321.63	73.29
2019	492.39	103.89	21.10	388.50	78.90

资料来源：人社部基金管理局发布的历年《全国企业年金基金业务数据摘要》。

未来，随着互联网技术的发展，互联网金融诈骗的发生频率也将逐步提高，诈骗手段层出不穷。由于老年人群体防范意识和风险识别意识相对年轻人偏低，知识结构老化，对新诈骗技术不甚了解，容易陷入电信诈骗、理财诈骗等各类诈骗陷阱当中，一些骗子群体也专门针对老年群体下手，"骗老族"现象愈演愈烈。因此，未来我国老年人退休时一次性领取企业年金风险较大，难以应对长寿风险以及各类欺诈风险。同时，受限于自身的理财水平，一次性领取后企业年金难以实现保值增值功能。

（3）个人的养老需求与养老投资理财水平脱钩。近年来，随着人民生活水平的日益提高和我国资本市场的完善，投资理财产品逐渐呈现多样化趋势，个人对养老理财产品的关注度和重视程度也日渐提高。然而，在面对各类养老产品时，我国消费者仍存在诸多问题，主要体现在以下方面。

一是投资理财知识水平有限。问卷调查的结果显示，我国消费者在贷款、投资和保险等方面的理财知识还较为薄弱，全部金融知识问题的平均正确率分别为 52.72%、49.08% 和 53.82%，仅有半数左右的人能答对全部题目；在理财产品的比较和知识储备方面，17.09% 的消费者在选择金融产品或服务时"不知道如何进行比较"，14.51%"没有足够的信息进行比较"。17.49% 的消费者不能正确辨别合法与非法的投资渠道和产品服务，还有 13.03% 的消费者对金融产品或服务的风险和收益没有清晰认识。而对于金融产品或服务的合同条款，也仅有 19.48% 的消费者表示完全理解，65.48% 的消费者大致理解，13.88% 的消费者不太理解，还有 1.16% 的消费者完全不理解。① 据此推测，我国消费者在养老理财产品的知识储备上仍较为有限，对养老理财产品的内容和条款尚未有清晰明确的认识，难以选择和自身需求匹配的各类养老理财产品。

二是盲目追求高收益，但又对风险控制有较高要求。由于对养老金融知识仍缺乏较为清晰的认识，在资产配置上，我国居民仍主要以实物资产配置为主，如投资房地产、黄金等，偏好持有现金。同时，随着互联网金融的兴起，还流行购买如"余额宝"等货币基金型理财产品。整体上看，我国居民更偏好短期见效快、收益稳定的理财产品，尤其是年轻人，由于还得承担结婚生子、购房购车和子女教育等方面的家庭开支，对未来的养老退休计划尚无暇顾及，因此退休计划开展得都普遍较迟。而随着年龄的增长，收入来源减少，个人承担风险的能力也在下降，对养老产品的需求却日益迫切，这就产生了高收益和低风险之间的矛盾。这不仅抑制了商业养老产品的健康发展，同时也容易促使消费者个人"误入歧途"，购买一些承诺高收益、低风险，资质存在问题的理财产品。如 2018 年 6 ~ 7 月我国互联网金融点对点借贷平台（P2P）集中引发的"爆雷潮"，很多消费者因为理财平台的国资背景而放松警惕，盲目信

---

① 数据来源于人民银行《消费者金融素养调查分析报告（2017）》。

任 P2P 公司承诺的低风险、高回报承诺，其养老钱因此损失巨大或血本无归，从而对消费者个人及其家庭产生诸多方面的影响，容易引发家庭矛盾和社会危机。

三是对未来的养老生活盲目乐观。在 2018 年 8 月蚂蚁金服和富达国际联合发布的《中国养老前景调查报告》中显示，我国的年轻人将目标退休年龄设定在 57 岁左右，并认为届时自身将会有 163.4 万元的储蓄以迎接养老生活。然而，在养老储蓄的准备上，报告显示，我国 35 岁以下的年轻人中有超过半数还未准备养老储蓄。从一线城市到四线城市，尚未开始储蓄的总人数比例为 53%～55%。在养老收入来源上，如图 3-10 所示，在所有调查对象中，26% 的人预期通过现金储蓄或存款养老，32% 的人预期依赖政府养老金养老，只有 16% 人预期依赖年金保险养老。可见，通过投资方式来进行养老储蓄的人较少，居民仍较为认可传统的现金储蓄等方式。此外，报告还指出，依据年轻人每月平均储蓄 1339 元的额度计算，如果没有投资，仅靠储蓄，调查对象需要花费至少 61 年才能达到 163.4 万元的退休储蓄目标。在养老代际支持方面，数据显示，只有 5% 的人认为其在晚年会得到子女支持，1% 的人认为会从父母处得到遗产支持。整体上看，我国居民未来实际上面临着较为严峻的养老挑战，尤其是年轻一代，棘轮效应的存在，老年期消费难以大幅度下降，盲目乐观只会导致其开始储蓄的年龄较晚，养老计划开展过迟。加之家庭规模缩小、家庭代际养老功能弱化等问题，如不尽早开展储蓄和理财，新的年轻一代将面临老无所养的困境。

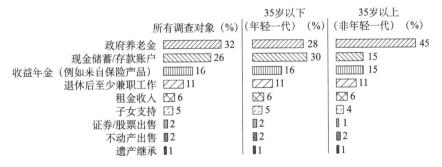

图 3-10 选择不同养老收入来源的调查对象分布比例

资料来源：富达国际官网。

（4）对养老保险制度和商业养老保险机构的不信任。由于我国商业养老保险的发展历程较短，商业养老保险在20世纪90年代底才被陆续推出，只经历了短短二十几年的发展历程。因此，我国商业养老保险的发展仍不够完善，民众对其接受程度也十分有限。同时，随着老龄化程度的不断加深、生育率的持续低迷，延迟退休势在必行，养老保险制度转型成本问题迟迟不能解决，基本养老保险制度内的一系列问题也使得公众对法定基本养老保险产生不信任感，这势必也会对商业养老保险的公信力造成影响。加之保险机构自身存在的诸多不足，一些保险公司存在产品开发过度、盲目夸大产品功能、理赔不及时等诸多问题，为了迎合消费者需求，推出的产品过于注重短期投资和快速返现功能，不注重开发长期的商业养老产品。这不仅误导了消费者的保险偏好，降低消费者对商业保险公司的信任感，还使得商业养老保险市场发展长期处于停滞和结构扭曲状态，从而产生了恶性循环，使真正注重长期投资的商业养老保险产品发展缓慢。

商业养老保险产品的发展缓慢与消费者对商业养老保险产品的不了解、不信任也直接相关。一些消费者在购买商业养老保险产品时容易受到保险代理人误导，盲目购买不适合自身实际情况的保险，或是购买后理赔时才发现与之前承诺不符，理赔遭遇困难，代理人和消费者之间的信息不对称使得消费者容易上当欺骗。同时，由于未来的不确定性，受经济的波动和通货膨胀的影响，消费者对于买入的商业养老保险收益状况存疑，未来可领取的收益到底是多少仍是未知数，这也进一步加剧了消费者对商业养老保险的不信任感。商业养老保险的个人市场难以进一步开拓。

第 4 章 /

城镇职工多层次养老保险体系下的
责任主体定位分析

针对当前我国城镇职工多层次养老保险体系下政府、企业和个人三方责任主体仍存在的责任缺位、错位和责任逃避等方面的问题，进一步对政府、企业与个人责任进行合理划分就十分必要，这也是多层次养老保险体系可持续发展的必要条件之一。本章主要从责任定位与责任分担角度出发，梳理了政府、企业和个人在多层次养老保险体系中应承担的主要责任。政府应从制度设计、财政支持和管理监督三方面规范自身责任，并处理好历史责任与现实责任、中央政府责任与地方政府责任、东部地方政府责任与中、西部地方政府责任之间的关系。企业应履行好第一、第二层次的缴费责任与第二层次企业年金基金的管理责任。个人则不仅需要承担多层次养老保险的缴费责任，同时在寻求更高层次养老保障水平的过程中，还需承担一定的投资管理责任和监督责任。通过各参与主体间责任的合理分担，减少"越位""缺位""错位"等情况的发生，同时，这也为后文的养老保险适度水平测算奠定了基础。

4.1 政府责任定位

纵观国内外养老保险体系建立和完善的历史进程，政府在多层次养老保险体系中主要承担包括制度设计及政策规范、财政支持、行政管理和监督等方面的职责。当前，我国政府在以上几方面的责任定位尚须加强，为早日建成党的十九大报告中提出的多层次社会保障体系，还需进一步明晰以下责任。

4.1.1 制度设计责任

科学的制度设计是制度良好运行的基础。当前，在制度设计责任方面，我国政府仍需明确制度参数设计与结构改革两大类问题，通过参数调整和结构改革，维护我国养老保险制度的公平和可持续发展。

首先，在制度的参数设计方面，如表 4 - 1 所示，当前我国仍存在较多问题。第一层次基本养老保险缴费率过高，给企业尤其是中小企业带来较大的劳动力成本压力；基本养老保险缴费基数不实，实际缴费额小于制度规定的缴费额，造成地区和行业间的不公平现象，也损害了参保者的利益；第一层次基本养老保险 58.5% 的目标替代率过高，随着人口老龄化的发展，过高的替代率将使政府的财政压力逐步加大；退休年龄偏低，2019 年我国人口预期寿命已达 77.3 岁[①]，与我国预期寿命和国际平均水平相比，男性 60 岁、女干部 55岁、女职工 50 岁的退休年龄已属偏低水平；基本养老保险最低缴费年限设计偏低，很多人达到制度规定的最低缴费年限 15 年后便不再缴费；养老金待遇计发办法设计仍不够合理，参数设计存在的一系列问题使得养老保险制度激励性不强，制度的公平性和可持续性受到影响。

表 4 - 1　20 世纪 90 年代改革以来我国多层次养老保险制度设计方面存在的问题

类别	存在问题	可能的后果
参数设计	缴费率过高	企业劳动成本过高，缴费积极性下降
	缴费基数不实，依据标准过高	出现地区、行业等不公平现象，损害参保者利益
	第一层次目标替代率过高	政府财政压力过大，第二、第三层次难以发展
	退休年龄过低，男女差异较大	加重养老保障制度财务负担，性别不公
	最低缴费年限过短	个人积累不足，待遇较低，加重制度负担
	待遇计发方式不够合理	制度激励性不强，难以应对人口老龄化挑战
结构改革	统筹层次过低，制度碎片化	管理、转移接续困难，地区基金收支差异大，企业劳动力成本负担不均，加重财政负担等
	个人账户历史债务问题	影响制度可持续性和养老保险公信力
	基本养老保险"一枝独秀"，第二、第三层次发展不足	政府承担的财政压力过大，个人和企业参保第二、第三层次积极性不高
	立法层次低，法律体系不完善	制度权威性不足，影响执行效果
	养老保险基金管理仍不完善	养老保险基金存在贬值、挪用和流失风险

因此，在对养老保险制度进行改革时，参数的科学、合理设计将是政府在

---

① 数据来源于国家卫生健康委员会发布的《2019 年中国卫生健康事业发展统计公报》。

养老保险制度顶层设计上需要重点承担的责任之一。在参数改革方面，根据当前以及未来一段时间内的经济形势和人口老龄化形势，政府应采取适度降低基本养老保险企业缴费率、适时调整缴费基数上下限以及缴费基数确定需依据的职工工资标准、渐进式延迟退休年龄、提高最低缴费年限水平和通过调整待遇计发方式等措施鼓励参保者多缴费、长时间缴费，增加基金积累。通过各类参数的修正，采取精算平衡的方式，努力在现有制度框架下修正养老保险体系中存在的不合理、不公平的公共政策、规范和相关做法。

其次，在结构改革方面，当前我国的养老保险制度也亟待调整。第一层次基本养老保险统筹层次过低，阻碍劳动力流动，同时还造成区域间养老保险基金收支余缺两极分化、企业劳动力成本负担不均等问题。在由现收现付制转向部分积累制的改革过程中，因转轨成本问题迟迟未能得到解决，制度可持续性受到挑战。同时，养老保险体系内部结构仍不完善，第一层次基本养老保险"一枝独秀"，第二、第三层次发展相对不足，企业年金和商业养老保险所占比例仍然较小，难以对个人养老金形成有力补充。在法律体系完善和基金管理体制建设等方面，也仍存在立法层次不足，多以规范、通知、决定等形式为主，基金保值增值能力差，存在挪用流失风险等问题。

因此，在未来的制度顶层设计中，政府应同时履行好结构改革的责任，慎重选择我国养老保险制度的结构性调整方案，合理调整政府、市场与个人间的责任分担比例，尤其应注重统筹层次的提高以及三个养老保险层次间比重的合理分配。尽早实现基本养老保险基金的全国统筹，采取税收优惠和税收补贴等多种方式，鼓励商业养老保险机构和各类金融机构开发养老金产品及商业养老保险产品。鼓励企业建立企业年金计划，引导个人参与企业年金和商业养老保险计划，通过扩大投资范围、加强监管等多种举措，确保养老保险基金的安全性，实现基金的保值增值。同时，进一步完善养老保险制度方面的法律法规，增强法律的可操作性和实用性。

总体而言，政府需结合当前的经济形势和人口老龄化形势，将参数改革与结构改革综合、灵活地加以运用，形成两者互相支持和互相补充的局面，正确履行制度设计责任，进一步完善我国的多层次养老保险体系，维护养老保险制度的公平和可持续发展。

4.1.2 财政支持责任

在多层次养老保险体系中，政府对不同养老保险层次应承担不同的财政支持责任。对第一层次基本养老保险，由于该层次强制性、互济性和普遍性的特征，政府据此应承担的财政支持责任主要表现在对基本养老保险基金的征缴、预算管理、保值增值责任，以及"兜底"责任和财政补贴责任方面；对第二、第三层次的企业年金和商业养老保险，由于主要是市场化运作，在财政支持方面则主要承担税收优惠政策支持责任。整体上看，政府的财政支持责任以财政预算为主要载体，以一般税收为特征，以促进多层次养老保险体系公平和可持续发展为目标，是我国养老保险制度得以运行的核心环节。

在第一层次基本养老保险改革过程中，为进一步明晰和完善其应承担的财政支持责任，当前我国政府仍需处理好以下几对关系。

（1）历史责任与现实责任。20 世纪 90 年代以来，随着我国经济体制改革的深入，养老保险制度也经历了深刻变革，城镇职工基本养老保险筹资模式由原来的现收现付制转向部分积累制。1995 年，国务院颁布了《关于深化企业职工养老保险制度改革的通知》，我国"统账结合"部分积累模式的基本养老保险制度开始确立。然而，在制度转轨过程中，第一层次基本养老保险制度事实上的筹资方式仍然是现收现付制，在制度实施之前，"老人"与"中人"并没有个人账户。因此，制度实施后其个人账户中并无资金的实际积累。为保证这部分群体养老金的及时、足额发放，政府不得不挪用个人账户养老金，从而造成了养老金个人账户的历史债务问题。随着人口老龄化趋势的不断发展、制度赡养率的提升，基本养老保险制度将面临"新账与旧债"的双重压力，隐性债务问题迟迟得不到解决，制度的激励功能和可持续性下降。

对于养老保险制度的历史债务问题，由于给付的长期性，允许制度本身在较长的时间段内进行分摊和消化。郑功成（2009）指出，我国基本养老保险缴费率居高不下，有 50% 以上是为消化历史责任。然而，寄希望于通过养老保险制度本身"自主消化"历史债务仍存在一定困难。尤其对于广大中小企业而言，与改革开放前国有企业产生的养老保险历史债务并无直接关联，让其承担较重的历史债务有损公平。尤其是在当前我国经济面临下行压力、企业养老保险缴费率高企、劳动力成本负担较重的情况下，再度提升企业缴费率的空间不大。同时，未来我国人口老龄化形势将日趋严峻，其中的一个突出特征就是"未富先老"。因此，未来将产生对养老保险基金支出巨大需求和财政支付能力下降之间的矛盾。从养老保险财务可持续性上看，继续依赖制度本身消化全部历史债务将造成养老保险基金收不抵支局面，对未来政府的财政支出造成巨大压力。

因此，当前我国政府应在人口老龄化压力和财政压力尚轻阶段，进一步厘清应承担的历史责任与现实责任。针对需要补偿的对象群体，确定补偿的基本政策和补偿标准，明确旧制度下的隐形债务总量，并将其在政府、企业和个人间进行责任合理分担与补偿。通过精算分析查清需要政府承担的补偿基金缺口并采取有效措施逐步解决，如通过划转国有资产、国有股减持、发行长期特种国债和建立专项偿还基金等多种方式，承担起历史责任。

除了时间维度，第一层次城镇职工基本养老保险的财政责任还需在不同财政主体间进行合理配置，主要是中央与地方的纵向财政责任配置以及地方政府间的横向财政责任配置。

（2）中央政府责任与地方政府责任。近年来，我国政府对第一层次城镇职工基本养老保险承担的财政责任呈现扩大趋势。如图 4－1 所示，2006～2017 年，我国各级财政对城镇职工基本养老保险基金的补贴金额逐年增长，2017 年已达 8004 亿元。同时，财政补贴占养老保险基金总收入的比重、财政补贴占政府当年财政总收入的比重均在逐年增长，2017 年两者的比重分别为18.48% 和 4.64%。此外，从图 4－1 中也可发现，每年各级财政补贴的比例并非固定，随着年份的不同而有所波动。整体上看，当前我国政府在第一层次基本养老保险财政责任承担方面仍存在随意性和不规范的问题，尚未有明确的制度规定政府补贴的具体比例以及中央与地方在财政补贴方面的具体分担比例，各级政府财政支持的方式、比例和原则也没有法律制度加以规范。

在央地财政责任分担方面，中央财政对城镇职工基本养老保险基金（以下简称"城职保"基金）的补贴比例要显著高于地方政府。数据显示，2009年以来，中央财政补贴占养老保险基金总收入的比例维持在 12%～13%，地

图 4 - 1   2006～2017 年我国各级财政补贴城镇职工养老保险基金情况

资料来源：各年度《人力资源和社会保障事业发展统计公报》和中经网统计数据库。

方财政占比则维持在 1% ~3% ，两者差距较为明显。① 同时，中央与地方政府对"城职保"基金的补贴比例每年并不固定，人社部的统计公报中只报告每年各级财政补贴金额，但并未列明中央与地方财政各自的具体补贴额度，央地在"城职保"基金的财政补贴责任划分上呈现出非规范性、临时性和随意性特点。地方政府在出现基金缺口时通常选择依赖中央政府拨款，央地间关于"城职保"基金的补贴机制和分担机制尚不明晰。

中央和地方养老保险财政补贴的非制度化进一步导致了政府财政责任的"隐性化"问题。名义上，在基本养老保险缴费领域我国政府不承担出资责任，但实际上却为制度提供了较多的财政补贴。而非制度化式的财政补贴也导致了政府在财政责任承担上的隐性化特点，进而导致民众错误认为政府在基本养老保险领域的"财政缺位"。

根据当前我国中央与地方在"城职保"基金方面财政责任分担不清晰和隐性化的状况，有必要进一步明确两者的具体责任，处理好央地间的财政责任分担关系。

首先，应用法律形式固定中央与地方政府在"城职保"基金方面的财政

---

① 数据来源于人社部社会保险事业管理中心发布的《中国社会保险年度发展报告（2015）》。

补贴比例，并在政府工作报告中加以披露，促进政府财政责任承担的"显性化"。财政补贴比例的选取需参考地方经济发展水平、地方"城职保"基金收支情况以及人口老龄化情况等多个方面。同时，当前央地责任划分不清的两个主要原因是"城职保"基金统筹层次低下和1994年分税制改革以来导致的财权和事权划分不清晰问题。因此，改革还需契合基础养老金全国统筹以及国家财税体制改革的整体趋势，促进中央与地方在"城职保"基金方面的共同财政事权和支出责任的合理划分。

其次，要促进政府财政调整责任的规范化和制度化，建立起政府财政补贴的科学调整机制，综合考虑当前经济的发展水平、通货膨胀水平、工资水平以及人口结构等因素，确保财政补贴规模适度，各级政府的财政分担合理。

最后，在养老保险历史债务方面，也应明确中央与地方各级财政的分担比例。在计算总的历史债务并厘清中央与地方各自欠债比例的基础上，将历史债务按比例分配给各级政府，各级政府将应付的历史债务纳入本级财政预算，进行有序、分期偿还，逐步解决历史债务问题。同时，这也能适度降低企业的缴费比例，避免企业负担过重。

（3）东部地方政府责任与中、西部地方政府责任。由于当前我国城镇职工基本养老保险尚未实现全国统筹，各地区"城职保"基金累计结余和当期结余存在明显的差异化现象，尤其是东部地区与中、西部地区差异十分明显。如表4-2所示，养老保险基金累计结余与当期结余排名前三的省份均在东部，分别是广东（7652.56亿元、1140.05亿元）、北京（3566.23亿元、769.66亿元）和江苏（3402.65亿元、238.94亿元），养老保险基金累计结余排名靠后的则主要集中在中、西部地区，末尾三位分别是黑龙江（-196.09亿元）、青海（63.03亿元）和西藏（77.53亿元）。不同地区之间的养老保险基金积累差异，与各地的人口结构和经济发展状况也密切相关。东部地区赡养率水平明显较低，超过半数的东部地区省份赡养率明显低于全国平均水平，尤其是广东省，赡养率仅为10.78%。与之相比，中部地区赡养率偏高，除河南外，其余省份的赡养率水平均高于全国平均水平，尤其是中部地区的黑龙江和吉林，赡养率分别为74.52%和68.24%，养老保险基金承担着较大的支出压力。

表 4 - 2   2016 年我国东、中、西部地区城镇职工基本养老基金结余和赡养率情况

地区		累计结余 （亿元）	当期结余 （亿元）	赡养率 （％）	地区		累计结余 （亿元）	当期结余 （亿元）	赡养率 （％）
全国		38580	3203.7	36.31	中 部	河南	1050.48	52.99	32.21
东 部	北京	3566.23	769.66	21.66		湖北	822.31	-28.17	51.05
	天津	397.73	1.30	48.47		湖南	1006.98	67.70	44.05
	河北	707.63	-48.17	38.67		山西	1305.55	41.15	39.85
	广东	7652.56	1140.05	10.78	西 部	广西	460.38	3.84	47.08
	海南	134.35	20.17	56.49		内蒙古	458.88	-15.29	56.49
	辽宁	916.62	-254.17	60.66		重庆	834.81	79.40	57.16
	福建	701.14	103.66	21.60		四川	2226.31	59.95	56.37
	山东	2385.68	152.28	30.85		贵州	527.83	47.42	30.76
	上海	1872.50	421.52	45.32		云南	813.67	163.16	40.61
	江苏	3402.65	238.94	33.89		西藏	77.53	27.76	39.66
	浙江	3293.47	201	36.02		陕西	474.48	12.72	36.99
中 部	安徽	1185.23	142.84	40.66		甘肃	375.99	10.20	56.77
	黑龙江	-196.09	-327	74.52		青海	63.03	-13.38	45.60
	江西	526.69	27.76	42.30		宁夏	196.07	23.87	43.96
	吉林	342.83	-40.31	68.24		新疆	979.45	118.09	45.86

资料来源：根据《中国统计年鉴（2017）》整理。

通过比较发现，经济状况较好的东部地区拥有比中、西部地区更多的养老保险基金结余，更低的老年人口赡养率。政府对养老保险的财政支出压力因而相对较小，可将更多财政投入用于地方经济发展和投资就业，为企业和人才的发展创造良好的环境，而这会导致"强者愈强"的马太效应，从而进一步加剧东部与中、西部地区的发展差距，使得地方政府间在承担养老保险责任方面呈现出较大的差异化现象。

为促进地区间公共服务均等化、缩小区域间差异、平衡区域间地方政府的财政责任，促进区域间政府财政责任的公平性和合理化分担就很有必要。一方面，中央政府需在合理评估地方政府经济发展情况、财政实际收支情况的基础上，建立中央向地方转移支付的科学管理机制，合理确定转移支付的比例，兼顾效率与公平原则；另一方面，基本养老金全国统筹需尽快推行，当前的中央调剂金制度也需进一步完善，从而通过地区间养老保险基金的横向调剂提高养老保险基金使用效率，平衡区域间政府的财政责任差距。

整体而言，第一层次城镇职工基本养老保险作为政府强制推行的社会养老保险制度，不仅需要强调效率，同时还需兼顾公平，从而发挥其社会养老保险

制度的收入再分配作用，有效调节代际、性别、城乡、不同收入群体和地区间的收入差距。因此，对政府财政责任的合理设计就很有必要，尤其是要厘清历史责任与现实责任、中央责任与地方责任，以及东部地方政府责任与中、西部地方政府责任的关系，促进各级政府责任的合理分担。

在助推第二、第三层次企业年金和商业养老保险发展方面，政府主要通过税收优惠和财政补贴方式承担相应的财政责任。

一方面，通过制定税收优惠政策，政府可以激励企业和个人参与企业年金和商业养老保险的购买。在承担制定税收优惠政策的责任上，由于当前我国的税收优惠政策仍不完善，领取企业年金需全额纳税，税收优惠力度较小，税收激励效果并不明显。因此，政府需对税收优惠政策加以重新评估，尤其需要在对多层次养老保险体系各层次合理定位的基础上，为第二、第三层次提供合适的税优税率水平，采取多种税收优惠模式，多渠道、分不同收入群体提供税收优惠，真正发挥出税收优惠政策的收入再分配和激励作用，承担起通过税收优惠政策引导第二、第三层次发展的责任。

另一方面，政府需承担财政补贴责任。为防止第二、第三层次建立后，进一步拉大高收入群体与中、低收入群体的收入差距，使得税收优惠政策成为富人避税的工具，令企业年金和商业养老保险沦为"富人俱乐部"，政府在承担财政支持责任时还需考虑公平问题。例如，可以参考德国里斯特养老金计划，为低收入群体参与商业养老保险提供相应的财政补贴。与税收优惠政策相比，财政补贴往往更具针对性和灵活性，通过对特殊群体实施财政补贴政策，可引导更多中小微企业和中、低收入群体加入多层次养老保险体系中，促进政府真正承担起促进多层次养老保险体系发展的财政责任。

综上所述，在多层次养老保险体系中，我国政府在财政支持责任方面应主要扮演好以下三类角色。

一是第一层次基本养老保险基金筹集和待遇发放者。当前，我国城镇职工基本养老保险仍属于强制性的社会保险，主要由地方政府负责养老保险基金的统一征收、统一管理和统一发放，中央政府则进行适当的转移支付，并将其纳入财政预算管理。同时，为保证养老金待遇的稳定，政府还需承担起养老金待遇适时调整责任，根据当年的工资、通货膨胀因素、人口老龄化情况和消费等因素综合调整养老金待遇，确保调整规模适度、调整时间适时。此外，养老保险基金作为职工退休后的重要收入来源之一，政府对其的安全性和收益性负有不可推卸的责任。因此，政府还需承担养老保险基金安全运营、保值增值的责任。

二是促进第二、第三层次发展的税收优惠政策支持者。在当前我国第一层次基本养老保险"一枝独秀"的背景下，第二、第三层次企业年金和商业养老保险发展受阻，仅仅依靠市场难以发展壮大。尤其是养老金作为一项长期投资，需要民众足够的信任和支持才能维持运营。因此，政府在促进第二、第三层次发展时需充分承担起政策引导和政策激励责任，通过税收优惠政策，刺激居民对补充养老保险的购买需求，扩大我国第二、第三层次养老保险覆盖面。

三是养老保险制度的最终担保人。第一层次基本养老保险作为社会养老保险，其本身具有强制性、互济性和普遍性的特点，这也决定了政府在其中承担着制度最终担保人的角色，也即需要政府承担财政"兜底"责任，包括养老金担保、养老金缺口弥补、养老金基本投资回报率的保障等方面。尤其是当养老保险基金未来出现给付危机时，需要政府承担相应的资金给付责任，兑现制度承诺，维持制度的稳定可持续发展。同时，为避免未来因人口老龄化等因素导致的养老保险基金财务兑付危机，避免城镇职工基本养老保险制度失灵进而完全依赖政府财政资助，最终陷入无限财政责任当中，政府还需对其财政责任承担的比例和额度进一步明晰化和制度化，对未来养老保险基金是否充足作出充分预估，并做好充足的资金储备。

4.1.3　管理监督责任

对于多层次养老保险体系，政府对其的行政管理涉及多个方面，具体到不同层次，其责任又有所区别。概括来看，由于第一层次属于强制性的社会养老保险，更需要政府进行全方位的监督管理，包括组织管理、法律监督、财务监管和搭建监督平台等多个方面，进而保障基本养老保险基金的安全性和收益性。对于第二、第三层次企业年金和商业养老保险而言，由于其市场化运营的特征，政府主要承担对其信息披露、投资范围和偿付能力等方面的监督管理。

　　当前，我国政府在履行养老保险管理监督责任方面仍存在较多的问题。首先，如前文所述，我国养老保险经办服务体系仍不完善，垂直经办尚未实现，各部门间职责定位不清晰，多头、分散管理模式造成部门间职能重叠和交叉，且存在养老保险服务供给能力不足问题，表现在经办人员和经费保障不足、服务质量水平不高、信息化建设尚未统一和转移接续仍较为困难等多个方面。其次，政府在行政立法方面仍存在滞后现象，尤其是对于政策执行中出现的新情况和新问题难以做到及时应对，多层次养老保险法律体系仍不完善。最后，在监管领域方面，政府对第一层次城镇基本养老保险基金的监管仍存在分工不明、基金挪用和流失风险加剧等问题；对第二、第三层次企业年金和商业养老保险的从业人员、投资范围、信息披露、风险补偿和退出机制等方面的规范也仍存在不完善问题，尚未充分发挥社会监督的力量。

　　据此，下一步应重点从以下四个方面促进政府履行起管理监督责任。

　　一是政府需承担起法律监督责任。完善的法律体系是政府履行养老保险监管责任的重要前提和依据。如表 4 - 3 所示，各国在建设多支柱养老保险体系过程中均颁布了诸多法律，包括税法等相关一系列的配套措施，且立法历史普遍较长，法律处于不断修订和完善之中。例如，美国早在 1974 年就颁布了《雇员退休收入保障法》，并通过《国内税收法》等相关配套法律法规对美国版企业年金即 401K 计划的发起、缴费、投资和领取等各环节都制定了明确规定，形成了一整套完备的运行管理和法律监管体系，这也一定程度上促进了401K 计划覆盖率与参与率的显著提升。因此，借鉴发达国家经验，我国政府首先应推动多层次养老保险体系立法工作的全面开展与建设，不仅需明确各层次下各主体的权利与义务，而且需要对中央政府与地方政府的立法权限进行划定，对各级政府应承担的责任、监管的目标、范围和方式作出明确的规定，规范政府的监管行为，避免政府既是"裁判员"又是"运动员"的现象。同时，对于当前法律中存在的不合理以及不符合实际情况之处，应及时加以修订和完善。通过建立起一整套完善的多层次养老保险法律体系和配套税收法律体系，强化政府的法律监督责任意识。

表 4 - 3 国外多层次养老保险体系立法情况

国家	立法内容与时间
美国	《社会保障法》（1935），《雇员退休收入保障法，ERISA》（1974），《国内税收法》（1978），《小企业就业保护法》（1996），《经济增长和税收减缓减免协调法，EGTRRA》（2001），《养老金保护法》（2006）
英国	《老人年金保险法》（1908），《公务员退休年金法》（1972），《社会保障法案》（1975，1986），《养老金法案》（1986，2002，2004，2008）
德国	《残障和老龄保险法》（1889），《社会法典第六编——法定养老保险》（1992），《老年财产法》（2002），《老年收入法》（2005）
日本	《雇员年金保险法》（1941），《厚生年金保险法》（1954），《国民年金》（1959，1985，2000），《退休储备和退休津贴法案，RRRA》（1936）

注：表格中的年份如只有一个表示该法案正式颁布年份，多个则表示该法案做出了多次修订，本书列示的年份为该国对多层次养老保险体系改革做出较大修改的年份。

资料来源：笔者根据各国养老保险体系法律整理。

二是促进政府履行组织监督责任。作为养老保险法律、政策的主要执行机构，对社会保险经办服务部门进行组织管理监督很有必要。具体在责任履行方面，政府应致力于构建垂直经办的养老保险服务体系，合理划分中央、省、市和县级以下经办机构的职责，具体的职责分工如表 4 - 4 所示。综合来看，中央管理局主要负责整体的全行业统筹协调管理，将上报的基金和数据信息进行集中管理，统一业务规范和行业标准；省、市、县级养老保险经办机构则主要负责地方业务的指导和具体执行工作。通过服务的下沉和信息的向上集中，整合业务经办流程，理顺各级管理机构的关系，合理划分事权，最终形成中央和地方各经办机构职责明确、分工合理，政策上传下达通畅的局面。

表 4 - 4 垂直管理体制下各级社会保险经办机构的职责分工

级别	责任分工
中央	主要承担行业管理和监管作用，并承担基金和数据信息的集中管理
省级	退出具体的经办业务，主要负责组织规划、基金结算、信息统计以及对市县社保机构的业务指导
市级	主要承担重要业务的复核、审批、基金结算、统计、稽核监督等管理和监督工作
县级	主要负责前台操作，直接向参保对象提供服务，承担起具体的经办服务业务，并对上级经办机构负责。包括基金收支、信息记录和待遇核发等

三是强化政府的财务监督责任，尤其是基金监管责任。对于第一层次"城职保"基金，由于其社会养老保险的属性，政府需对基金的日常监管和运营监管负起主要监督职责，通过会计监督、预决算监督、运营机构资格管理、投资决策监督、财政监督和审计监督等内外部监督方式，及时发现"城职保"

基金在基金征缴、给付、运营和结余等资金形态下潜在的挪用、流失等各类风险因素和违法违规行为，并积极采取措施化解风险，确保"城职保"基金的稳健运行。对于第二、第三层次企业年金和商业养老保险，由于其主要由市场组织运营，因而政府主要承担外部监督责任，包括运营机构资格审查、投资限制、信息披露和外部审计等方面。首先，在运营机构资格审查上，政府需对养老金运营机构进行严格的资质审查，在确保其拥有良好的业务能力以及诚信记录的基础上方能为其发放经营牌照，对不符合要求的运营机构则要及时收回运营牌照，从而保证基金运营的有效性和安全性。其次，在投资限制方面，政府需具体规定投资管理人可使用的投资工具、需遵守的投资比例以及投资范围，将投资管理人的投资风险控制在一定程度内。再次，政府需强制要求企业和基金管理人等企业年金管理主体进行公开信息披露。企业需披露企业年金方案、年度基金报告和企业年金缴费、投资、运营管理和选择机构等方面的情况；基金管理人则需定期披露基金净值、基金投资收益以及财务报告、投资管理报告等。对于信息披露不完整、不及时、不规范的行为，应加大处罚力度，并将该违规行为记录到企业年金管理机构的年度考核及资格延续审核当中。最后，政府还需加强对基金管理机构的外部审计工作，通过查看基金披露报告，接受独立外部审计和现场审计等多种方式，对基金运营机构进行监督管理。

四是搭建监督平台责任。由于政府能力的有限性，管理监督难免存在一定的漏洞。因此，政府应大力发挥社会监督的作用，搭建起社会监督平台。一方面，主动督促企业和基金管理人及时公布年度会计报告和投资管理报告；另一方面，也应及时在政府网站发布相关信息，对"城职保"基金运行和企业年金管理情况等进行公开披露，并定期面向公众进行公开汇报，保障公众的知情权和参与权。

总结来看，如表 4-5 所示，政府对多层次养老保险体系建设需承担起制度设计、财政支持和管理监督三大类责任。其中，财政支持是核心环节，制度设计需科学合理，管理监督重点在于提高效率。同时，由于各层次本身的作用不同，政府还需对多层次养老保险体系进行合理定位，明确各层次下政府应承担的主要责任。

表 4-5   多层次养老保险体系中的政府责任框架

界定标准	类型	整体定位	具体责任
分类	制度设计	科学合理	通过起草、拟定相关法规、出台各类养老保险政策等形式进行参数改革和结构改革，维护养老保险制度的公平性和可持续性
	财政支持	核心环节	承担养老保险基金的征缴、预算管理、保值增值责任，保障待遇的科学调整，并承担财政"兜底"责任，提供财政补贴和税收优惠等
	管理监督	提高效率	管理并合理配置人、财、物等资源，主要承担组织管理、法律监督、财务监督和搭建监督平台责任
分层	第一层次	政府主导	在主要承担制度设计、财政支持责任的基础上实现全民覆盖，保障居民基本生活目标
	第二层次	政策支持	主要承担财政支持责任，提供税收优惠，并承担外部监督职责
	第三层次	大力引导	主要承担财政税收优惠政策支持和外部监督职责，与商业养老保险公司合作开发产品，大力引导个人参保

对于第一层次城镇职工基本养老保险，由于其属于强制性的社会养老保险范畴，同时，基于当前我国经济发展水平、人口年龄结构和政治因素等方面的现状，政府的主要职责应是促进城职保覆盖面的进一步扩大，实现制度上的全面覆盖，并为养老金的待遇调整和正常发放提供财政支持和担保，其目标主要是保障职工年老后的基本生活需要，预防老年贫困。整体而言，由于社会保障的刚性发展特征，同时也出于为第二、第三层次发展预留空间考虑，第一层次的待遇水平不宜过高。

对于第二层次企业年金，作为员工福利的一种，主要由职工和雇主共同缴费，采取市场化运营管理模式。因此，政府主要承担外部监督职责以及税收优惠政策支持责任，尤其是在当前我国企业年金发展停滞、发展结构呈现地区、行业和企业间差异的情况下，政府的政策引导和税收优惠政策支持将是企业年金下一步发展的动力。作为员工补充养老保险的一种，基于其与收入挂钩的缴费方式，企业年金将是未来职工年老后退休收入的重要来源之一。

对于第三层次个人储蓄型商业养老保险，与社会养老保险相比，其特点是更具自愿性和灵活性，主张权利与义务的对等，同时面向的覆盖群体也更为广泛。基于其自愿性、市场化运作的模式，政府的职责主要是对第三层次商业养老保险加以政策引导，积极开展与商业养老保险公司的合作，通过财政补贴和税收递延优惠等多种方式，鼓励其开发适合不同人群的新产品，扩大商业养老保险产品供给规模，积极促进第三层次的发展壮大。

4.2　企业责任定位

在多层次养老保险体系中，企业责任主要由缴费责任和管理责任两部分构成。对于第一层次基本养老保险，企业需承担一部分缴费责任，缴费比例为职工缴费基数的 20%。对于第二层次企业年金，则不仅需要承担一部分缴费责任，同时还需担负起企业年金计划的制定和科学管理职责，保证企业年金运作的规范性与安全性，使企业年金能真正成为职工退休后收入的重要补充。

4.2.1　缴费责任

鉴于我国企业在履行养老保险缴费责任时仍存在较多问题，如养老保险实际缴费率和缴费基数均低于政策缴费率和缴费基数，存在为降低企业人力成本，漏报、瞒报职工真实工资，以及和职工合谋降低缴费基数的行为。此外，为逃避缴费，企业还存在聘用短期合同制员工，且不为其办理养老保险参保手续等问题，员工养老保险漏保、弃保现象突出。为加强养老保险费用的征缴，2018 年 3 月两会期间，中共中央印发的《深化党和国家机构改革方案》中提到："要改革国税地税征管体制，社会保险费交由税务部门统一征收。"这在一定程度上也是为了督促企业缴费职责的履行，促使其承担养老保险缴费责任。

督促企业切实履行缴费责任，不仅有利于基本养老保险基金的长期可持续发展，保障个人退休后有稳定的收入来源，同时，出于企业自身利益考虑，也有一定的必要性和积极作用。主要体现在两个方面：一方面，有利于减轻企业的养老负担。改革开放前，我国主要以国有企业为主，主张"企业办社会"，即由企业负责与员工密切相关的各类服务、福利与社会保障，这其中自然也包括职工的养老保障。随着改革开放以来市场经济体制改革的不断推进，企业开始分离办社会的职能，这虽然一定程度上降低了企业整体的生产经营成本，激发了企业活力，但同时原本应由企业承担的职工社会保障职责也开始发生变化，市场经济下，企业开始采取缴纳"五险一金"的模式来为职工提供更多福利保障，其中就包括养老保险。因此，企业为职工缴纳养老保险，实际上减轻了企业的养老负担，由原来的企业一方承担转变为当前由企业、个人和政府三方共同分担的局面。另一方面，企业为职工缴纳基本养老保险还有利于激励员工，提高员工的生产效率，进而提升企业效益。根据生命周期理论，理性行为人会根据自己一生的劳动和财产所得安排其一生的消费。鉴于未来收入和预期寿命的不确定性，企业为职工缴纳部分养老保险将有助于减少员工的不确定感，增强员工当前的消费信心和安全感，从而更有动力为企业工作，激发出员工的工作热情，进而提升企业绩效。

据此，在多层次养老保险体系构建过程中，企业应积极履行缴费责任。首先，在第一层次城镇职工基本养老保险方面，应重点履行以下两个方面的责任。

第一，缴费规范化责任。企业依据规定应主动办理社会保险登记手续，并及时向有关部门申报单位工资总额和职工工资收入，每月如实足额代扣代缴职工的基本养老保险费用，不得虚报、漏报和瞒报。在年度汇总结算时，如单位计税工资总额低于其申报核定的职工缴费基数之和的，不足部分企业应及时按规定进行补缴。

第二，管理透明化责任。为规范企业养老保险缴费责任的履行，企业应设立专门的部门或相关岗位，聘请具备社会保障专业知识的人才进行社会保险缴费和管理的相关工作，通过制度相应的考核标准、信息上报制度和业务交流活动，提升企业的社保服务水平。此外，企业还应健全信息公开制度，每月向员工及时告知本月养老保险缴费的相关情况，每年及时向职工公布本单位全年各项社会保险费用的缴纳情况，接受职工和工会组织的监督。

其次，在企业年金缴费方面，与职业年金不同，当前我国企业年金由于还不具备强制性特点，仍属于企业自愿为员工提供的福利项目，因此该责任承担不具备普遍性。针对设立了该项目的企业，应按照企业公布的《企业年金方案》中规定的缴费比例，承担为员工及时、足额匹配缴费的责任。同时，对制度实施前已临近退休的职工也应及时履行补偿性缴费责任，保证职工间养老保险水平待遇的相对公平。

4.2.2 管理责任

企业作为社会性的组织，在追求自身经济利益的同时，也需要承担一定的社会责任。对于本企业职工，企业不仅负有改善职工工作环境、保护职工健康方面的责任，同时，也应当尽可能为职工提供相应的生活保障和企业福利。具体到养老保险领域，则主要表现为不仅为员工缴纳基本养老保险费用，同时也会依据本企业经济实力，为员工提供企业年金计划，努力为员工构建多层次的养老保险体系。

据此，针对建立了企业年金计划的企业，企业不仅需及时承担缴费责任，同时还需履行好管理责任，主要表现在以下两个方面。

第一，制定合理的企业年金计划责任。在制定企业年金计划之初，企业领导层需充分考虑本企业的经济实力状况以及人员构成情况，依据实际情况合理制定企业年金计划，保障企业年金计划的公平性和科学性。一方面，企业需要召开职工大会或职工代表大会，由大会讨论决定、选举产生受托人，履行程序规范职责；另一方面，对于员工极其关心的企业年金归属问题，企业应在企业年金方案中作出明确的解释和安排，制定企业年金企业缴费部分的个人归属细则。严格依照《企业年金办法》第十九条的规定，对于职工企业年金个人账户中企业缴费及其投资收益部分，企业应与职工约定好归属方式和归属期限，即一次性归属还是随工作年限增加逐步归属，最长归属期不得超过 8 年。同时，对于变动工作单位的职工，企业不得无故扣留其企业年金权益，应配合职工随其工作变动转出或采取设置保留账户、与职工协商选择法人受托机构等方式暂时代为管理。整体而言，企业在制定企业年金方案时需充分考虑到各类可能发生的情况，尽可能制定出公平合理的企业年金计划，维护职工的合法权益。

第二，保证企业年金运作的规范性与安全性责任。由于企业年金是通过建立个人账户的方式，由企业和职工定期按一定比例缴纳保险费，待职工退休时方可领取的积累制养老金计划。因此，保障年金的安全性、收益性和管理的规范性就非常必要。具体责任履行上，需要注意以下三点。

一是企业需保障企业年金的规范化管理。在当前我国企业年金制度实际运行过程中，仍存在一定的监管真空地带，如企业设置公共账户存放历年计提列支并缴存的但尚未真正计入职工个人账户的企业年金供款和收益，形成账外资产，或存在虚设企业年金以享受5%的企业所得税税前扣除额度等问题。针对此类现象，企业自身应及时自我纠正，保障企业年金运营的规范化，坚决杜绝账外资产等不合规现象。

二是企业需履行监督职责，保障年金的安全性与收益性。企业年金作为职工年老后收入的重要来源之一，其投资具有长期性，并且要求一定的收益率。这也决定了在信托模式下，企业以及相应的受托人、账户管理人、投资管理人和托管人等角色都需履行好各自的职责，通过分散管理、相互制约的方式来保障企业年金资产的安全性和收益性。而职工和企业作为委托人，也即源头决策者，是企业年金基金治理结构的基础，在其中也承担着重要的职责。一方面，企业需充分配合受托人，进行期望收益、风险承受能力等方面的评估，以便受托人能根据企业实际情况制定企业年金基金战略资产配置策略；另一方面，企业还应当履行监督职责，对受托人和投资管理人的工作展开考核和监督，定期接受受托人的汇报。在考核方面，需要建立科学合理的企业年金基金考核体系，避免过度干涉产生"越位"现象，避免过度注重短期利益，忽视长期利益，通过将中长期资产配置效率和投资业绩相结合，综合考察受托人和投资管理人的服务和业绩情况，承担起保障企业年金基金安全性和收益性的责任。

三是企业要保障员工的知情权和选择权。当前，绝大多数建立年金计划的企业都由集体代表职工作出决策。企业年金更多地作为一种企业福利而存在，由企业主导并实施，统一为员工提供单一的平均的低收益回报率，员工的知情权和参与权受到一定程度的剥夺，这也造成员工对企业年金了解不足和不信任，整体参与意识不强。基于此，企业在对企业年金计划进行管理时，应适当尊重职工的个人选择权，由职工依据其个人风险偏好进行投资选择。同时，企业可加强对员工的投资者教育，积极为员工普及企业年金投资理财方面的知识，帮助员工作出合理的选择，增强员工参与企业年金计划的积极性。

4.3　个人责任定位

养老保险作为现代社会保险制度的核心内容，其本质在于防范和化解人们年老后的生活风险和不确定性，为其提供基本的生活保障。与工伤、医疗和失业等保险不同，衰老是一种较为确定的风险和不可抗拒的自然规律，任何一个理性行为人都需认真规划其生命周期内的收入和消费支出，统筹安排自己的老年生活，通过个人养老和家庭养老等方式，承担相应的养老责任。随着我国多层次养老保险体系的逐步建立，个人需承担的养老责任也趋向多元化，不仅需要承担第一层次基本养老保险的缴费责任，同时在寻求更高层次养老保障水平的过程中，还需承担一定的投资管理责任和监督责任。

4.3.1 缴费责任

第一层次城镇职工基本养老保险作为由政府、企业和个人三方承担的准公共物品，个人在其中也承担着较为重要的责任。当前，我国城镇职工基本养老保险覆盖面虽然在逐步扩大，但仍有部分非正规就业群体尚未加入。同时，还存在部分城镇低收入群体因每年不断上涨的缴费基数、工作流动等因素断保、弃保现象。受自身教育水平和收入水平的限制，部分群体对我国养老保险制度并不熟悉，很多人都抱着"养儿防老""注重当下"的观念，主要依靠子女等家庭养老模式，个人养老责任意识不强，参保缴费积极性不高。

针对个人养老保险缴费责任履行不积极的问题，应进一步明确个人应当承担的缴费责任，主要有以下两个方面。

第一，承担足额缴费责任，即个人需按照其工资水平8%的比例及时、足额缴纳基本养老保险费用。第一层次基本养老保险作为个人、企业与政府三方责任共担的强制性社会养老保险，主张个人权利与义务的对等，只有个人依据规定及时、足额缴费满规定年限，且达到法定退休年龄时才能领取养老金。同时，个人的养老金水平还与个人的缴费水平挂钩，依据个人的缴费年限和缴费档次等因素综合计算，具有多缴多得的激励机制。因此，为保障个人老年退休的基本待遇，个人应积极缴纳养老保险费，适当延长自身的缴费年限，提高其缴费水平，充分承担起缴费责任。

第二，承担补充缴费责任，即个人可根据自身经济状况合理安排，购买并缴纳补充养老保险。随着经济的发展和人民生活水平的不断提高，基于更高水平的养老生活目标，个人对各类补充养老保险的需求也正日益增加。在当前我国密集出台完善多层次养老保险体系的各类政策背景下，个人也可借此契机购买商业养老保险，同时加入单位的企业年金计划，适时享受各类税收优惠政策，积极为自身提供各类补充养老保障。尤其是在未来人口老龄化程度不断加剧、人口预期寿命延长、传统的家庭养老模式将难以为继的情况下，个人通过工作期购买补充养老保险增加退休储备将愈发重要，这也是个人为实现更高水平的养老待遇应承担的补充缴费责任。

4.3.2 投资管理责任

近年来，随着人民生活水平的日益提高和我国资本市场的不断完善，补充养老保险产品也呈现出日益多样化的趋势，职工不仅可以通过单位参加企业年金计划，同时也能自行购买各类商业养老保险。但是，由于个人投资理财知识储备的有限性，对商业养老保险产品的内容和条款尚未有清晰明确的认识，个人较难选择和自身需求相匹配的各类商业养老保险产品，存在对产品盲目追求高收益，同时又对风险控制有高要求的内在矛盾。此外，一些民众对未来的养老生活保持着盲目乐观态度，尤其是部分年轻群体，尚未有意识通过购买商业养老保险等方式开展养老储蓄工作，对自身应承担的投资管理责任不明。

随着老龄化社会的到来和养老保险市场的日益多样化，为应对长寿风险和高龄少子化风险，个人应逐渐承担起相应的自我养老责任，这其中就包括加入企业年金计划或购买商业养老保险产品，并承担一定的投资决策责任。尤其是企业年金个人账户的本质属于私有产权性质，其所有权属于职工个人，投资选择权是建立在个人产权基础上的一种派生权利。因此，对于补充养老保险计划，职工应既享有投资决策权和收益权，同时也承担相应的投资风险，从而实现权利与义务、收益与风险的对等。

为使职工的养老保险个人账户拥有一个相对理想的收益率，职工应充分评估自身的风险偏好和风险承受能力，根据自身的收入层次、生活成本、年龄段、职业退休规划和家庭需要等因素作出理性的年金投资决策安排，承担起补充养老保险的投资管理责任。如若对投资决策缺乏相应的知识储备和经验，一方面，应加强对养老金融知识的学习，提升自身对退休储蓄和养老金理财方面的知识水平，坚持收益与风险对等原则，树立年金长期投资理念；另一方面，在未来建立了养老金合格默认投资工具的条件下，个人可适当选择默认投资工具，进而一定程度上避免信息不对称情况下的决策失误。

4.3.3 监督责任

不论是第一层次"城职保"个人账户，还是企业年金和商业养老保险，它们共同的一个特征就是强调养老保险的私有产权属性，而这也决定了个人一方面享有投资选择权，同时也享有一定的监督权以防范风险。尤其在一个完整的养老金计划中，不论是在缴费阶段、投资阶段还是待遇领取阶段，都需要个人的积极参与，承担一定的监督责任，从而保障自身的养老金权益。

首先，在缴费阶段，个人可能面临用人单位"未缴纳""未足额缴纳""未及时缴纳"养老保险费用的情况。而《社会保险法》第四条规定："用人单位和个人依法缴纳社会保险费，有权查询缴费记录、个人权益记录，要求社保经办机构提供社会保险咨询等相关服务。个人依法享受社会保险待遇，有权监督本单位为其缴费情况。"因此，在缴费阶段，个人如果遇到用人单位缴费不及时或少缴、漏缴等情况时，应积极履行监督责任维护自身权益，搜集好相关证据，通过向劳动部门投诉、举报等手段维护自身的合法权益，要求用人单位以实际工资作为缴费基数缴纳劳动者的养老保险费用，同时补缴未依法缴纳期间的费用差额。

其次，在投资阶段，个人主要面临投资风险，尤其当个人参与了企业年金计划或购买了商业养老保险产品时。基于补充养老保险市场化运营的特征，个人既享受收益也需要承担相应的投资风险。因此，个人需履行或督促用人单位履行监督责任，尤其在当前企业年金实行信托管理模式的情况下，委托人与受托人、投资管理人间是委托—代理关系，委托人与代理人间的信息不对称会造成基金运营管理过程中的道德风险和逆向选择问题，需要通过完善监督管理机制加以防范。这其中就包括个人监督环节，个人可通过充分了解、阅读《企业年金方案（实施细则）》《商业养老保险合同》等，明晰自身的权利和义务；同时，根据方案、合同约定，及时了解、查询企业年金基金个人账户等的基本情况和收益情况；定期查看商业养老保险运营机构和企业年金投资管理人的信息披露报告等，切实履行起监督职责。

最后，在待遇领取阶段，个人可能面临着长寿风险、通货膨胀风险和金融机构破产风险等诸多风险。尤其是在企业年金领取方面，当前我国个人企业年金一次性领取占比较高，相比分期领取，一次性领取难以发挥分担老年长寿风险和平滑老年期收入的作用，年金功能发挥十分有限。因此，个人应采取分期领取企业年金和商业养老保险的方式，剩余资金则继续交由机构投资运营，个人通过及时查询账户余额、养老金收益率，及时了解商业养老保险机构运营情况等方式履行监督职责，保障个人的养老金权益。

第 5 章 /

责任分担下城镇职工多层次养老保险
适度水平测算

在前文对政府、企业和个人责任定位规范分析的基础上，本章聚焦多层次养老保险体系构建过程中政府应承担的养老保险财政支出责任，个人、企业应履行的缴费责任以及各责任主体面临的约束条件，通过构建多层次养老保险适度水平模型进一步量化了政府应承担的财政支出责任、企业和个人的缴费责任，明确了多层次养老保险的支出、缴缴和待遇的适度区间。同时，多层次养老保险体系水平的确定，既需考虑与国民经济发展水平相适应，也需与各责任主体的经济承受能力相适应，既要能够保障城镇职工的基本生活，也需满足其更高层次的养老保障需求。据此，在适当借鉴国外经验的基础上，依据测算结果和我国实际情况，本章进一步提出了我国多层次养老保险体系的三类改革方案。方案主要以每一层次的财政支出水平、缴费水平和待遇水平确定为核心内容，将政府的养老保险"支出"适度区间，个人、企业的养老保险"缴费率"适度区间和个人"替代率"适度区间作为表征，主张实现政府、企业和个人责任的合理划分，通过不同方案间的比较和分析，可以为未来我国多层次养老保险体系构建和改革提供相关借鉴。

5.1 多层次养老保险政府支出适度水平测算

依据前文的责任主体定位分析，政府在多层次养老保险体系中主要承担制度设计、财政支持和管理监督责任。其中，对于政府的财政支持责任，可以通过模型测算进一步明晰。因此，本节构建了多层次养老保险支出适度水平模型，实际测算出政府应承担的多层次养老保险支出责任。

5.1.1 多层次养老保险支出适度水平模型构建

为建立多层次养老保险支出适度水平模型，参考穆怀中和沈毅（2013）的做法，首先应建立多层次养老保险支出模型，即以养老保险支出总额占国内生产总值的比重来表征政府的养老保险支出水平，可用如下公式表示：

$$R = \frac{A}{G} \qquad (5-1)$$

式（5-1）中，R 代表养老保险支出水平系数，A 代表养老保险支出总额，G 代表国内生产总值。为方便计算、理解和分析，引入"工资收入总额"，用 W 表示，作为中间变量，则式（5-1）又可改写为：

$$R = \frac{A}{G} = \frac{A}{W} \times \frac{W}{G} = T \times H \qquad (5-2)$$

式（5-2）中，T 代表养老保险支出总额 A 与工资收入总额 W 的比重，表示工资收入份额中有多少资金用于负担老年人的养老保险支出，体现的是在职职工负担老年人口的水平。H 则是工资收入总额 W 与国内生产总值 G 的比重，也称劳动报酬份额或劳动收入份额，代表国民收入初次分配中劳动生产要素分配占国民财富的比例，是研究收入分配的重要指标之一。

需要说明的是，本书中涉及的养老保险支出指的是包括社会基本养老保险支出、企业年金支出和商业养老保险支出在内的多层次养老保险政府支出总额。同时，在当前我国的养老保险制度框架下，依据保障对象的不同，养老保险主要可划分为城镇职工养老保险和城乡居民养老保险两部分。因此，为计算城镇职工的多层次养老保险支出水平，还需构建专门的城镇职工多层次养老保险支出水平模型，如式（5-3）所示：

$$R_C = \frac{A_C}{G} = \frac{A_C}{W} \times \frac{W}{G} = T_C \times H \qquad (5-3)$$

式（5-3）中，R_C 代表城镇职工养老保险支出水平系数，A_C 代表城镇职工养老保险支出总额，T_C 代表城镇职工养老保险支出总额占工资收入总额的比重，其他字母所代表的含义不变。依据各项指标的内涵，T_C 可由城镇退休

人口占总就业人口比重 E_c 和城镇职工养老金平均替代率 D_c 共同决定，具体
公式为：

$$T_C = E_c \times D_c \qquad (5-4)$$

综合式（5-3）和式（5-4），城镇职工多层次养老保险支出适度水平模
型可写成如下形式：

$$R_C = E_c \times D_c \times H \qquad (5-5)$$

根据式（5-5），在某一特定时刻，E_c 和 D_c 都属固定不变的值，多层次养
老保险支出适度水平主要取决于劳动报酬份额 H。由某一时刻的现实 H 值对
应得出的 R_c 值为城镇职工多层次养老保险支出适度水平下限，根据国际经验
并结合本国实际得出的合意 H 值则为城镇职工多层次养老保险支出适度
水平上限。

5.1.2　模型的相关参数设定

由于本书主要以城镇职工多层次养老保险作为研究对象，因此在参数设定
上多以城镇职工的相关数据为主，其中主要的两类参数设定如下。

（1）城镇退休人口占总就业人口比重 E_c 和城镇职工养老金平均替代率
D_c。根据国家统计局的统计口径，本节以城镇基本养老保险中的"离退人员
参加养老保险人数"表征城镇退休人口数量，以就业人员总数表征总就业人
口数量，两者之比即为城镇退休人口占总就业人口比重 E_c。

在城镇职工养老金平均替代率 D_c 的设定方面，养老金替代率是指劳动者退
休时领取的养老金水平与退休前工资收入水平的比值，用来衡量养老金收入在多
大程度上替代职工退休前工资收入。在具体计算上又有多种类型，本节涉及的养
老金替代率主要指平均替代率，即城镇职工人均养老金支出与在岗职工平均工资
的比值。由于我国城镇职工基本养老保险在制度设计之初提出的养老金目标替代
率为 58.5%，同时基于基本养老保险"保基本"的目标，一般认为养老金替代
率达到 60% 左右可使职工退休后生活不受影响，该水平较为合理（李珍、王海
东，2010）。因此，本书将城镇职工养老金平均替代率初始值设为 58.5%。

（2）劳动报酬份额 H。劳动报酬份额主要是工资收入总额与国内生产总
值的比值，由于地区收入法国内生产总值核算得出的劳动报酬份额是目前使用

最多的统计数据来源（张车伟，2012）。因此，本书中涉及的实际劳动报酬份额均采用该数据。同时，对于合意的劳动报酬份额，依据柯布—道格拉斯生产函数模拟和实际研究结果，发现在发达经济体中，劳动生产要素分配占国民财富的相对份额基本稳定在75%左右（Cobb & Douglas，1928；穆怀中和沈毅，2013），因此本书将合意 H 值设为75%。

5.1.3　政府支出适度水平测算结果分析

首先，根据过往数据和政策目标，本书测算了2005～2017年我国城镇职工多层次养老保险支出适度水平的上下限。

如表5－1和图5－1所示，随着我国领取养老金人数的日益增加，制度赡养率不断上升，这也导致养老保险支出总额占国内生产总值的比重，也即城镇职工养老保险支出适度区间的上下限逐年增加。2005～2017年，适度区间的上下限由2005年的1.42%～2.57%增加至2017年的3.95%～6.23%。但是，从实际情况来看，如图5－1所示，当前我国养老保险支出占GDP的实际比重依然偏低，尤其是2011～2014年，现实值仍较为趋于适度水平下限，2015～2017年才稍微有所抬升。

表5－1　　　　　2005～2017年多层次养老保险支出适度区间

单位：%

年份	城镇领取养老金人数占总就业人员数的比重 E_c	养老金目标替代率 D_c	劳动报酬份额 H		适度上限	适度下限
			合意值	现实值		
2005	5.85	58.50	75	41.40	2.57	1.42
2006	6.18	58.50	75	40.61	2.71	1.47
2007	6.58	58.50	75	39.74	2.89	1.53
2008	7.02	58.50	75	43.66	3.08	1.79
2009	7.66	58.50	75	46.62	3.36	2.09
2010	8.28	58.50	75	45.01	3.63	2.18
2011	8.93	58.50	75	44.94	3.92	2.35
2012	9.71	58.50	75	45.59	4.26	2.59
2013	10.45	58.50	75	46.09	4.58	2.82
2014	11.12	58.50	75	46.51	4.88	3.03
2015	11.80	58.50	75	47.89	5.18	3.31
2016	13.02	58.50	75	47.46	5.71	3.61
2017	14.20	58.50	75	47.51	6.23	3.95
平均值	9.29	58.50	75	44.85	4.08	2.47

资料来源：城镇领取养老金人数和总就业人员数的数据均来自国家统计局官网。

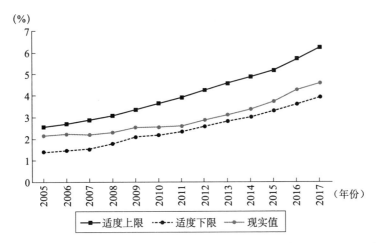

图5－1　2005～2017年多层次养老保险支出适度水平上下限与现实值的比较

与欧盟等发达国家和地区相比，如表5－2所示，我国的养老保险支出水平依然较低。2017年，我国基本养老保险支出占GDP的比重为4.89%（包括城镇职工基本养老保险和城乡居民基本养老保险两部分），其中，城镇职工基本养老保险支出占GDP的比重为4.60%，而欧元区19国2005～2016年养老金支出占GDP的比重常年稳定在12%～14%，养老保险支出水平较高。法国、意大利等国家，其养老金支出占GDP的比重更是远高于欧盟平均水平，2016年的养老金支出占GDP比重分别为15.1%和16.2%，近年来更是有进一步增长的趋势。随着我国人口老龄化形势的日趋严峻，参照西方发达国家的经验，未来我国养老保险支出水平还需进一步增加。

表5－2　2005～2016年欧洲部分国家和地区养老金支出占GDP比重情况

单位：%

年份	欧元区 （19个国家）	欧盟 （27个国家）	德国	法国	英国	意大利	丹麦
2005	12.2	11.6	12.9	13.0	9.7	14.1	10.0
2006	12.0	11.5	12.5	13.1	9.7	14.0	10.4
2007	11.9	11.4	12.0	13.1	9.0	14.0	11.7
2008	12.1	11.6	12.0	13.3	10.2	14.3	11.7
2009	13.0	12.6	12.8	14.3	11.2	15.5	13.0
2010	13.1	12.6	12.4	14.4	11.3	15.5	12.6
2011	13.1	12.6	11.9	14.5	11.3	15.5	12.7
2012	13.4	12.8	11.9	14.8	11.6	16.1	12.7
2013	13.6	13.0	11.9	15.1	11.4	16.5	13.4

年份	欧元区 (19 个国家)	欧盟 (27 个国家)	德国	法国	英国	意大利	丹麦
2014	13.6	12.9	11.7	15.1	11.3	16.5	14.0
2015	13.4	—	11.8	15.1	11.4	16.5	13.5
2016	13.4	12.6	11.8	15.1	10.8	16.2	12.8

资料来源：欧盟统计局官网。

5.2　多层次养老保险个人缴费率适度水平测算

根据前文的责任主体定位分析，个人在多层次养老保险体系中主要需承担起缴费责任。因此，本节构建了多层次养老保险个人缴费适度水平模型，实际测算出个人应承担的养老保险缴费水平。

5.2.1　多层次养老保险个人缴费率适度水平模型构建①

根据生命周期理论，职工为追求生命周期内的效用最大化，会将其在工作期内取得的收入分成两部分，一部分用来实现当期的消费，另一部分则用于储蓄，以备退休期消费。假设职工在工作期的收入除了用于消费，剩余部分全部用来缴纳社会保险、企业年金和商业养老保险费用，则可以求出职工多层次养老保险总和缴费率上限。若将职工的储蓄意愿纳入进来，则可以求出缴费率下限。同时，根据凯恩斯绝对收入假说，个人消费受到其绝对收入水平的影响，两者呈现出一定的线性关系，用公式可表示为：

$$C = \alpha + \beta Y \tag{5-6}$$

式（5-6）中，C 表示个人工作期消费，Y 表示个人工作期可支配收入，α 表示为维持生活所需的基本消费支出，β 表示边际消费倾向。通过模型变换，在翟永会（2014）模型的基础上，本书的职工缴费率适度水平模型构建如下：

$$\frac{P}{Y} = \frac{Y - C}{Y} = 1 - \beta - \frac{\alpha}{Y} \tag{5-7}$$

---

① 此处养老保险个人缴费率适度水平的测算不仅包括个人第一层次城镇职工基本养老保险的缴费，还包括个人第二、第三层次企业年金和商业养老保险的缴费，计算的是总和缴费率适度水平。

式（5 - 7）中，P 代表职工社会保险和企业年金整体缴费额，$\dfrac{P}{Y}$ 即职工的总和缴费率。根据式（5 - 6），缴费率公式可以用含有 α、β 和 Y 的公式加以表示。据此，本书的测算思路如下：首先对 1990 ~ 2017 年城镇居民收入和支出的相关数据进行整理，并将该数据代入式（5 - 6）中作回归分析，估计出 α 和 β 的值，再依据式（5 - 7）求出职工养老保险缴费率的适度区间。

5.2.2　模型的相关参数设定和数据来源

由于本书主要以城镇职工的多层次养老保险作为研究对象，因此在参数设定上多以与城镇相关的数据为主，其中主要的几类参数设定如下。

（1）个人工作期消费支出 C。个人为维持基本生活，满足家庭日常生活所需，需要进行相应的消费支出。由于从 2013 年起，国家统计局开展了城乡一体化住户收支与生活状况调查，调整了居民人均收入与支出数据等统计指标的口径，从而导致城镇居民人均消费性支出的样本较少。为保证估计的准确性，本书采用 1990 ~ 2017 年城镇居民人均消费性现金支出作为个人工作期消费支出 C 的表征指标，城镇居民人均消费性现金支出包括食品烟酒、衣着、居住、生活用品及服务、医疗保健等多个种类，一定程度上可以反映我国城镇居民的消费支出水平。

（2）个人工作期收入 Y。对于个人工作期收入，本书采用的是国家统计局城镇居民人均总收入指标。与人均可支配收入不同，总收入中尚未扣除个人交纳的社会保障支出，因而可以便于计算真正的养老保险缴费率上限。同时，由于统计口径的调整，缺乏 2013 ~ 2017 年的城镇居民人均总收入数据，由于该指标与城镇居民人均可支配收入是包含关系，因此本书用城镇居民人均可支配收入的增长率表征总收入的增长率，进而对 2013 ~ 2017 年的城镇居民人均总收入进行估计。

5.2.3　个人缴费率适度水平测算结果分析

首先，从模型的回归结果来看，方程的可决系数 $R^2 = 0.976$，调整后的可决系数 $\bar{R}^2 = 0.975$，可见模型整体的拟合优度较高。

$$C = 1725.998 + 0.493Y \qquad (5-8)$$
$$(6.202) \quad (32.780)$$

$$R^2 = 0.976, \bar{R}^2 = 0.975, F = 1074.5, P = 0.000$$

其次，由 t 统计量可得，自变量均在 1% 的置信水平下通过显著性检验，模型整体较为显著，应拒绝回归显著性检验的零假设，即城镇居民人均总收入和人均消费性现金支出存在线性关系，可以建立线性模型。

最后，回归结果显示，回归系数常量的值为 1725.998，回归系数的值为 0.493，同时两者对应的 P 值均近似为 0.000，具备显著性。个人消费和收入的关系方程即为式（5-8）所示。

在此基础上，根据式（5-7），可以求出城镇职工总和缴费率（包含五险一金和企业年金、商业养老保险缴费）上限，扣减部分社会保险费率和储蓄率，可以分别得出多层次养老保险个人缴费率适度区间。测算结果如表 5-3 所示。

表 5-3　　　　　　　2005～2017 年多层次养老保险个人缴费率适度区间

年份	城镇居民人均消费性现金支出 C（元）	城镇居民人均总收入 Y（元）	居民储蓄率（%）	总和缴费率（%）	缴费率上限（%）	缴费率下限（%）
2005	7942.88	11320.80	17.98	35.45	24.45	6.47
2006	8696.55	12719.20	14.56	37.13	26.13	11.57
2007	9997.47	14908.60	6.77	39.12	28.12	21.35
2008	11242.85	17067.80	26.29	40.59	29.59	3.30
2009	12264.55	18858.10	19.68	41.55	30.55	10.87
2010	13471.45	21033.40	16.31	42.49	31.49	15.18
2011	15160.89	23979.20	16.17	43.50	32.50	16.33
2012	16674.32	26959.00	16.60	44.30	33.30	16.70
2013	15452.97	29574.02	13.53	44.86	33.86	20.33
2014	16690.58	32229.90	8.96	45.34	34.34	25.38
2015	17886.95	34856.86	8.49	45.75	34.75	26.26
2016	19284.06	37562.54	9.30	46.11	35.11	25.81
2017	20329.42	40668.82	7.60	46.46	35.46	27.86
平均值	14238.07	24749.10	14.02	42.51	31.51	17.49

注：①在当前我国五险一金个人缴费部分中，医疗保险个人平均缴费比例为 2%，失业保险为 0.5%，个人住房公积金的政策缴费比例为 5%～12%，取其中位数，规定个人住房公积金的平均缴费率为 8.5%，生育和工伤保险政策规定个人不缴费。在计算缴费率上限的过程中，需扣除医疗、失业和住房公积金的缴费率，剩余部分才是城镇职工多层次养老保险的个人缴费率上限。

②考虑到职工的储蓄意愿，缴费率下限的计算办法为：缴费率下限 = 缴费率上限 - 居民储蓄率。

资料来源：储蓄率数据来源于 EPS 全球统计数据分析平台，城镇居民收入、支出数据来源于国家统计局官网和中经网统计数据库，其余数据为笔者测算结果。

从表5-3中可以发现，近年来，我国城镇职工多层次养老保险个人缴费率适度区间呈现逐渐上升态势，从2005年的（6.47%，24.45%）上升至2017年的（27.86%，35.46%）。2017年，个人在扣除其他社会保险费用后，还有27.86%~35.46%的缴费能力负担多层次养老保险缴费。在当前制度框架下，扣除个人缴纳的城镇职工基本养老保险缴费率8%，即还有19.86%~27.46%的缴费能力额外负担企业年金和商业养老保险缴费。当前，我国居民投资理念呈现日益多样化趋势，对于剩余的可支配收入，不仅仅只有存银行这一选项，这从储蓄率的持续下滑上也可发现。因此，未来第二、第三层次企业年会和商业养老保险作为居民投资和养老保障的重要投资手段，仍有较大的发展空间。

5.3 多层次养老保险企业缴费率适度水平测算

在多层次养老保险体系中，根据前文定义，企业作为责任主体之一，需要承担一部分缴费责任。本节通过构建多层次养老保险企业缴费率适度水平模型，根据我国企业的实际情况，测算出企业在多层次养老保险体系中的缴费适度水平。这不仅有利于明晰企业缴费责任，同时也为我国养老保险制度未来的参数改革提供了参考。

5.3.1 多层次养老保险企业缴费率适度水平模型构建

企业为员工缴纳的养老保险费用其实质来源于企业生产过程中新创造的增加值，而根据生产函数的相关理论，企业新产出的增加值主要来源于劳动要素和资本要素的投入，同时，劳动要素和资本要素两者间还存在一定的替代关系。因此，为确定企业多层次养老保险的缴费适度水平，首先需确定企业劳动要素和资本要素的收入比例。

在估计方法上，本书采用柯布—道格拉斯生产函数来测算企业增加值中劳动和资本的边际贡献率。该生产函数的一般形式为：

$$Y = A L^{\alpha} K^{\beta} \tag{5-9}$$

式（5-9）中，Y为总产出，L和K分别代表劳动要素和资本要素的投入量。假定企业属于规模报酬不变，则$\alpha + \beta = 1$，α和β分别表示劳动和资本在生产过程中的相对重要性，α 为劳动所得在总产量中所占的份额，β 为资本所得在总产量中所占的份额。为方便计算，将式（5-9）作对数变换，可得：

$$\ln Y = \ln A + \alpha \ln L + (1 - \alpha) \ln K \tag{5-10}$$

根据该生产函数模型，对企业缴费率的上下区间测算思路如下：首先搜集 2000~2017 年企业劳动投入和资本投入的相关数据并将其代入式（5-10）中作回归分析，估计出劳动所得和资本所得的相对份额。在资本所得占企业产出的份额中，主要包括企业利润及资本成本两部分。其中，对于企业利润的分配，又主要包括社会保险缴费和企业年金缴费、企业扩大再生产资金、企业分红、公积金提取和未分配利润等方面。假设企业不进行分红，也不提取公积金，无未分配利润，所得利润除用于扩大再生产外全部用来缴纳社会保险费用和企业年金费用，在扣减了其余社会保险缴费后，则可以求出企业多层次养老保险的缴费率适度上限。若考虑企业利润还用于分红、储备等其他事宜，则可以求出多层次养老保险缴费率适度下限。

5.3.2　模型的相关参数设定与数据来源

基于模型设定，其中主要的几类参数设定如下。

（1）劳动投入 L、资本投入 K 和企业总产出 Y。根据柯布—道格拉斯生产函数，对于劳动投入 L、资本投入 K 和企业总产出 Y，本书分别采用的是 2000~2017 年的劳动者报酬、全社会固定资产投资完成额和国内生产总值数据加以模拟，数据主要来源于中经网统计数据库。

（2）资本形成率。资本形成率又称作投资率，也即企业资本中用于扩大再生产的比率。本书采用国家统计局官网 2005~2017 年资本形成率数据加以计算，如表 5-4 所示，资本形成率稳定在 40%~48%。

（3）企业分红、提取公积金和未分配利润比率。我国《公司法》第一百六十六条规定，公司分配当年税后利润时，应当提取利润的 10% 列入公司法定公积金。因此，本书设定企业提取公积金的比例为 10%。对于企业分红，数据显示，我国 A 股上市公司的股息率一般在 1%~5%。[1] 据此将公司的分红

---

① 何玉晓. 65 家公司股息率超过 5%［N］. 大众证券报，2018-7-10.

比例设定在 3%，同时，假设企业每年留存下来的未分配利润占比为 10%。

（4）利润率。此处所指利润率，是指在资本所得中，利润相对资本成本所占的比重。对于该利润率的计算，本书采用 2014～2017 年收入法 GDP 相关数据加以估算，根据国家统计局的定义，营业盈余近似企业利润指企业创造的增加值扣除劳动者报酬、生产税净额和固定资产折旧后的余额。据此，根据过往数据，测算得出我国企业的利润率在 50% 左右。

表 5 - 4　　　　　2005～2017 年我国多层次养老保险企业缴费率适度区间

单位:%

年份	资本形成率	企业缴费率上限*	企业缴费率下限
2005	40.98	21.04	13.83
2006	40.61	21.23	13.98
2007	41.24	20.90	13.72
2008	43.21	19.85	12.92
2009	46.33	18.19	11.64
2010	47.88	17.37	11.01
2011	48.01	17.30	10.95
2012	47.18	17.74	11.29
2013	47.25	17.71	11.26
2014	46.77	17.96	11.46
2015	44.75	19.03	12.29
2016	44.14	19.36	12.54
2017	44.41	19.21	12.43
平均值	44.83	18.99	12.26

注：在当前我国社会保险企业缴费部分中，各地医疗保险企业缴费率为 5.5%～10%，因此本书设置企业平均缴费比例为 7.5%，失业保险为 1%，由于工伤保险根据单位被划分的行业范围来确定它的工伤费率，范围为 0.5%～2%；在当前降低社会保险费率趋势下，本书设置为 1%，生育保险为 0.8%，总计 10.3%，在计算缴费率上限的过程中，需扣除医疗、失业生育和工伤的缴费率，剩余部分才是城镇职工多层次养老保险的企业缴费率上限。

资料来源：中经网统计数据库和国家统计局官网。

5.3.3　企业缴费率适度水平测算结果分析

$$\ln Y = 3.433 + 0.485\ln L + 0.515\ln K \qquad (5-11)$$
$$(10.77)\ (2.72)\qquad\ \ (7.78)$$

$$R^2 = 0.998, \bar{R}^2 = 0.998, F = 4720.5, P = 0.000, DW = 1.814$$

首先，从模型的回归结果来看，方程的可决系数 $R^2 = 0.998$，调整后的可决系数 $\bar{R}^2 = 0.998$，可见模型整体的拟合优度较高。

其次，由 t 统计量可得，自变量均在 5% 的置信水平下通过显著性检验，可以拒绝解释变量为 0 的原假设。同时，从模型整体显著性上来看，F 值为 4720.5，所对应的 P 值为 0.000，模型整体模拟结果较为可信。

最后，回归结果显示，回归系数常量的值为 3433，α 的估计结果为 0.485，也即在企业的总产出中，有 48.5% 用于企业职工的劳动报酬支付，有 51.5% 则是用于资本报酬的支付。据此可以进一步计算我国企业多层次养老保险缴费率适度区间。测算结果如表 5 - 4 所示。

测算发现，2005 ~ 2017 年，我国多层次养老保险企业缴费率平均水平为 12.26% ~ 18.99%。而根据现行城镇职工基本养老保险政策，第一层次基本养老保险缴费率为 16%[1]，扣减掉第一层次缴费率，第二层次企业年金缴费率适度区间上限仅为 2.26%，剩余适度缴费比例并不高。可见，在当前经济发展进入新常态的背景下，同时受限于企业自身发展状况，目前我国企业进行多层次养老保险缴费的压力较大，在缴纳第一层次基本养老保险费用后，难有能力承担企业年金部分的缴费，这也是近年来我国企业年金发展处于停滞局面、覆盖范围狭窄的一个重要原因。

5.4　多层次养老保险个人替代率适度水平测算

当老年人退休时，为保障其老年生活与退休前基本一致，需计算满足其生活所需的养老保险适度替代率水平。本节通过构建宏观和微观多层次养老保险个人替代率适度水平模型，进一步测算我国多层次养老保险个人替代率适度水平。

5.4.1　多层次养老保险个人替代率适度水平模型构建

在多层次养老保险个人替代率适度区间的确定上，既需要从整体养老保险支出的宏观视角出发，也需要从个人消费需求的微观视角出发，来构建养老保险个人替代率适度水平模型，全方位测算我国养老保险的替代率适度水平。

（1）微观多层次养老保险个人替代率适度水平模型构建。多层次养老保

---

① 相关规定参见《国务院办公厅关于印发降低社会保险费率综合方案的通知》。

险替代率是衡量我国多层次养老保障水平和待遇充足性的重要指标之一，其计算方法为职工养老金收入除以职工退休前工资或收入。为计算微观多层次养老保险替代率适度区间，本节使用"需求平均替代率"概念来表征个体对养老金的需求（景鹏等，2018），即当年城镇职工养老需求占上一年城镇职工人均可支配收入的比重。据此，可采用扩展线性支出模型（ELES）先测算职工退休后的基本消费需求和更高层次拓展消费需求，再分别求出其与城镇职工人均可支配收入的比值，从而得到微观多层次养老保险个人替代率的适度区间。

扩展线性支出模型（ELES）是在改进线性支出系统模型（LES）的基础上由路迟（Liuch，1973）提出的一种基本消费需求测算模型。相较恩格尔系数法等传统消费需求测算方法，扩展线性支出模型（ELES）以数学模型为工具，从定量分析角度入手，可以对不同收入类型家庭的各类生活消费需求进行更为具体深入的分析，测算过程减少了人为因素的干扰，其结果也更为客观规范。该模型有三个基本假定：一是假定居民对商品的消费需求主要由其收入水平和商品本身价格两方面决定；二是假定居民的消费需求主要分为基本需求和非基本需求，且基本需求与个人收入水平无关；三是假定只有在基本需求满足后，居民才会将其收入的剩余部分用于非基本需求，且该需求具有一定的边际消费倾向。据此，可以通过分析不同收入层次下的居民对各大类消费品支出的差异，来预测其消费倾向，从而测算出居民的基本消费支出，并最终得出多层次养老保险个人替代率的适度区间。

具体地，扩展线性支出模型（ELES）的表达式为：

$$V_i = p_i r_i + b_i \left(I - \sum_{i=1}^{n} p_i r_i \right) \quad (i = 1, 2, \cdots, n; 0 < b_i < 1) \quad (5-12)$$

式（5-12）中，V_i 表示对第 i 类商品的消费支出，p_i 表示第 i 类商品的价格，r_i 则表示对第 i 类商品的基本需求量，两者乘积即表示居民对第 i 类商品的基本需求支出。b_i 表示对第 i 类商品的边际消费倾向，I 表示城镇居民人均可支配收入，$b_i \left(I - \sum_{i=1}^{n} p_i r_i \right)$ 即表示对第 i 类商品超出基本需求之外的消费支出。

对式（5-12）进行变形，可得：

$$V_i = p_i r_i - b_i \sum_{i=1}^{n} p_i r_i + b_i I \quad (5-13)$$

令：
$$a_i = p_i r_i - b_i \sum_{i=1}^{n} p_i r_i \qquad (5-14)$$

则可得：
$$V_i = a_i + b_i I + \mu_i \qquad (5-15)$$

式（5-15）中的 μ_i 表示随机误差项，将 $a_i = p_i r_i - b_i \sum_{i=1}^{n} p_i r_i$ 两边同时对第 n 类消费品求和，即可得到居民的基本消费支出：

$$\sum_{i=1}^{n} p_i r_i = \frac{\sum_{i=1}^{n} a_i}{1 - \sum_{i=1}^{n} b_i} \qquad (5-16)$$

根据式（5-15），选取《中国统计年鉴》中收入和消费支出的相关数据，采用多元线性回归（OLS）方法估计出 a_i 和 b_i 的值，代入式（5-16）即可求出城镇居民各年基本消费需求和更高层次拓展消费需求。

（2）宏观多层次养老保险个人替代率适度水平模型构建。宏观养老保险适度个人替代率水平是在 5.1.1 节养老保险支出适度水平基础上进一步得到的，主要测算的是人均养老金给付与在岗职工平均工资之间的比重。首先，建立养老金人均给付水平模型：

$$P_c = \frac{R_c \times G}{O} \qquad (5-17)$$

其中，P_c 表示城镇职工养老金人均给付水平，根据式（5-3），$R_c \times G$ 的值即为城镇职工养老保险支出总额 A_c，O 则表示城镇离退休人员领取养老保险人数，通过计算式（5-5）中 R_c 的上下限，即可得出城镇职工养老金人均给付水平 P_c 的上下限。

其次，宏观多层次养老保险个人替代率即为城镇职工养老金人均给付水平 P_c 与在岗职工平均工资的比重 I_c，模型为：

$$D_c = \frac{P_c}{I_c} \qquad (5-18)$$

5.4.2 模型的相关参数设定和数据来源

宏观多层次养老保险个人替代率适度水平模型和微观多层次养老保险个人替代率适度水平模型的相关参数设定如下。

（1）城镇职工各项人均消费支出。由于本书研究的主要是城镇职工的多层次养老保险问题，涉及的群体主要是居住在城镇中的住户。因此，在数据选择上主要采用国家统计局城镇住户抽样调查下的城镇居民家庭数据。依据国家统计局的分类办法，如表 5-5 所示，城镇居民家庭的消费支出主要有八大类，包括食品、衣着、居住、家庭设备及用品、交通通信、医疗保健、文教娱乐和其他。依据李珍和王海东（2012）的划分，退休人口的需求可以划分为基本需求和发展需求，并据此将退休人口的支出划分为基本需求支出和发展需求支出，前者主要包括食品、衣着、居住、家庭设备及用品和交通通信支出，后者则主要包括文教娱乐支出及其他支出，且认为退休人口在发展需求方面的支出相对较少。在此基础上，为合理确定老年人群体的适度替代率区间，在当前生活水平逐渐提高、老年人对教育文化娱乐等精神方面的需求也日益增长的背景下，本书将老年人的需求划分为基本消费需求和更高层次拓展消费需求，以满足老年人基本消费需求作为养老保险需求下限，以同时满足老年人基本消费需求和更高层次拓展消费需求为养老保险需求上限。

表 5-5　　　　　　　　　　居民各类消费支出的具体内涵

消费种类	定义
食品	指用于购买食品和在外饮食服务的相关支出，包括在商店、集市、工作单位食堂和饮食业购买和直接消费的主食、副食、烟草、酒、饮料以及干鲜瓜果、糖果、糕点、奶制品等
衣着	指用于各种穿着用品及加工穿着品的各种材料的支出，包括棉、麻、丝、毛和各种人造纤维、合成纤维纺织的各种布匹、呢绒、绸缎及其加工的服装，各种鞋、袜、帽及其他零星穿着用品等
居住	指用于各种与居住有关的支出，包括住房、水、电、燃料方面的支出
家庭设备及用品	指用于家庭各类日用消费品及家庭服务的支出。包括日用耐用消费品、室内装饰品、床上用品、家庭日用杂品、家具、家庭服务
交通通信	指用于交通和通信工具及相关的各种服务费、维修费等支出
医疗保健	指用于医疗和保健的药品、用品和服务的支出。包括医疗器具、保健用品、医药费、滋补保健品、医疗保健服务及其他医疗保健费用
文教娱乐	指用于教育和文化娱乐用品及服务的支出
其他	指除上述食品、衣着、居住、家庭设备及用品、医疗保健、交通通信、文教娱乐支出以外的其他商品和服务现金支出

资料来源：国家统计局官网。

具体指标选取上，将食品、衣着、居住和医疗保健这 4 项支出列为基本消费需求支出，将全部 8 个项目列为更高层次拓展消费需求支出。同时，国际经验和相关数据表明，由于老年人的身体机能有所下降，老年人的医疗费用是全体人口平均数的 3～5 倍（李珍和王海东，2012）。因此，在充分考虑老年人医疗保健需求的基础上，本书在测算居民消费需求时特意调整了医疗部分的比例，将其调整至原值的 5 倍，从而使测算结果更符合老年人的消费支出结构。

数据来源上，选取国家统计局 2005～2012 年按收入等级分城镇居民家庭人均消费现金支出数据进行测算。同时，由于城镇居民家庭人均消费支出既包括现金支出也包括实物支出，根据国家统计局 2013～2017 年新口径下的统计数据显示，实物支出占城镇居民人均消费性支出的比重常年稳定在 16%～17%，其平均占比为 16.5%，因此，需在用 ELES 法估算出的居民人均消费现金支出基础上乘以 116.5%（1＋16.5%），从而得出最终的城镇居民人均消费性支出。

（2）城镇职工可支配收入 I。在城镇职工可支配收入方面，选择国家统计局 2005～2012 年按收入等级分城镇居民人均可支配收入数据进行测算。根据国家统计局的定义，可支配收入是扣除了个人所得税、个人交纳的社会保障支出和记账补贴后城镇居民可自由支配的收入。

（3）其他参数。由于本书的研究对象主要是城镇职工，因此，对于宏观多层次养老保险个人替代率模型中涉及的领取养老金人数 O，本书采用国家统计局数据库中的城镇离退休人员参加养老保险人数作为表征，对于 GDP 的数值，由于劳动报酬份额采用的是收入法 GDP 衡量，为保证统计口径一致，GDP 数据也采用了国家统计局收入法 GDP 来衡量。

5.4.3 个人替代率适度水平测算结果分析

一方面，依据扩展线性支出模型（ELES）测算了微观养老保险个人替代率结果，如表 5-6 所示，随着近年来我国城镇居民人均可支配收入的不断提高，多层次养老保险个人替代率适度上下限的比例呈现下降趋势，2017 年的养老保险替代率适度区间为 37.53%～61.36%。2005～2017 年个人替代率适度区间的平均值为 41.78%～71.71%。同时，根据表 5-7 的数据显示，2005～2017 年我国养老保险替代率现实值水平稳定在 43%～50%。当前的现实替代率水平仍较为接近个人替代率适度下限，只能满足城镇职工年老后退休生活的基本需要，尚难实现其更高层次的拓展消费需求。

表 5 - 6　　　　2005～2017 年微观多层次养老保险个人替代率适度区间

年份	消费需求上限 （元）	消费需求下限 （元）	人均可支配收入 （元）	替代率上限 （%）	替代率下限 （%）
2005	10689.65	5029.41	10382.34	102.96	48.44
2006	10120.79	5808.33	11619.68	87.10	49.99
2007	10962.44	5903.95	13602.54	80.59	43.40
2008	12018.62	7007.77	15549.38	77.29	45.07
2009	13086.29	7483.38	16900.52	77.43	44.28
2010	11646.01	7606.31	18779.07	62.02	40.50
2011	14922.85	8115.29	21426.92	69.65	37.87
2012	15569.29	9859.30	24126.71	64.53	40.86
2013	16733.96	10523.75	26467.00	63.23	39.76
2014	17985.74	11232.97	28843.85	62.36	38.94
2015	19331.17	11989.99	31194.83	61.97	38.44
2016	20777.24	12798.02	33616.25	61.81	38.07
2017	22331.49	13660.51	36396.19	61.36	37.53
平均值	15090.43	9001.46	22223.48	71.71	41.78

注：由于 2013 年后国家统计局开展了城乡一体化住户收支与生活状况调查，其调查范围、调查方法和指标口径发生改变，对城镇居民按收入等级分的消费支出数据也不再公布。因此，2013～2017 年结果为估算结果，多层次养老保险替代率适度区间根据 2005～2012 年平均增长率（已剔除异常值）后计算得到。

资料来源：国家统计局官网。

表 5 - 7　　　　2005～2017 年宏观多层次养老保险个人替代率适度区间

单位:%

年份	现实值替代率	替代率下限	替代率上限
2005	50.37	34.95	63.31
2006	50.30	34.86	64.38
2007	48.30	34.12	64.40
2008	47.67	37.06	63.66
2009	46.79	40.13	64.57
2010	45.07	40.71	67.83
2011	44.05	42.25	70.52
2012	43.91	42.12	69.29
2013	43.85	42.15	68.59
2014	44.13	42.01	67.76
2015	44.65	41.34	64.74
2016	45.70	40.45	63.92
2017	45.34	39.84	62.89
平均值	46.16	39.38	65.84

资料来源：国家统计局官网。

另一方面，在宏观养老保险替代率适度区间的测算方面，如表 5 - 7 所示，测算出的 2017 年宏观养老保险替代率适度区间为 39.84% ～62.89%。2005～

2017 年，城镇职工养老保险替代率水平下限的范围为 34% ~ 43%，上限的范围则为 63% ~ 71%，现实值替代率仍较为接近替代率适度下限。同时，与微观养老保险替代率适度区间的测算值相比，2010 ~ 2017 年两者差距不大，微观个人需求替代率与宏观替代率水平趋于一致，替代率上下限主要在 40% ~ 70% 之间浮动。整体而言，当前我国人均养老金给付水平只能满足城镇职工的基本需要，水平还有待进一步提升。

5.5　未来多层次养老保险适度水平预测

党的十九大报告中指出，2020 ~ 2035 年，是我国基本实现社会主义现代化时期。基于党的十九大的奋斗目标安排，根据前文的模型构建，本书进一步预测了 2018 ~ 2035 年我国多层次养老保险体系各类参数的适度水平。

5.5.1　多层次养老保险个人替代率适度水平预测

根据微观和宏观多层次养老保险个人替代率适度水平模型，进一步预测 2018 ~ 2035 年我国多层次养老保险个人替代率的适度区间，从而确定出个人未来的养老金需求，结果如表 5 - 8 所示。

表 5 - 8　　　　2018 ~ 2035 年微观多层次养老保险个人替代率适度区间

年份	消费需求上限（元）	消费需求下限（元）	人均可支配收入（元）	替代率上限（%）	替代率下限（%）
2018	24002.00	14581.13	39438.27	60.86	36.97
2019	25797.47	15563.79	42411.63	60.83	36.70
2020	27727.26	16612.67	45487.81	60.96	36.52
2021	29801.40	17732.24	48666.82	61.24	36.44
2022	32030.70	18927.27	51948.65	61.66	36.43
2023	34426.76	20202.82	55333.30	62.22	36.51
2024	37002.06	21564.34	58820.77	62.91	36.66
2025	39770.01	23017.62	62411.06	63.72	36.88
2026	42745.01	24568.83	66104.18	64.66	37.17
2027	45942.56	26224.59	69900.12	65.73	37.52
2028	49379.30	27991.93	73798.88	66.91	37.93
2029	53073.13	29878.38	77800.46	68.22	38.40
2030	57043.28	31891.96	81904.86	69.65	38.94
2031	61310.41	34041.24	86112.09	71.20	39.53
2032	65896.75	36335.36	90422.14	72.88	40.18

续表

年份	消费需求上限（元）	消费需求下限（元）	人均可支配收入（元）	替代率上限（%）	替代率下限（%）
2033	70826.16	38784.10	94835.01	74.68	40.90
2034	76124.33	41397.86	99350.70	76.62	41.67
2035	81818.82	44187.76	103969.21	78.70	42.50
平均值	47484.30	26861.33	69373.11	66.87	38.21

注：消费需求上下限预测值根据 2005～2012 平均增长率（已剔除异常值）后计算得到，城镇居民人均可支配收入数据则按照过往数据曲线拟合得到，其中，$R^2 = 0.999$，$F = 4325.327$，二次函数拟合效果显著。

资料来源：国家统计局官网。

2018～2035 年，随着我国居民消费需求的进一步增长，多层次养老保险个人替代率的适度水平也有所增加。多层次养老保险个人替代率上限由 2018 年的 60.86% 增加至 2035 年的 78.70%，替代率下限则由 2018 年的 36.97% 增长至 2035 年的 42.50%。整体上看，2018～2035 年个人消费需求上下限额度的平均值为 26861.33～47484.30 元，养老保险个人替代率适度区间的平均值则为 38.21%～66.87%。可见，未来我国个人养老金待遇水平仍需不断提高，才能满足我国老年人日益增长的物质文化消费需求。因此，为保障未来我国养老金待遇水平不下降，政府、企业和个人仍需进一步承担起缴费责任和财政支持责任，尤其是政府，在考虑个人养老金需求的基础上应进一步明晰应承担的养老保险支出责任。

5.5.2　多层次养老保险政府支出适度水平预测

在 5.5.1 节多层次养老保险支出适度水平模型的基础上，以个人对养老金的需求为核心，根据测算的 2018～2035 年微观多层次养老保险个人替代率适度区间的平均值为 38.21%～66.87%、2035 年替代率适度区间为 42.50%～78.70% 的预测数据，结合 58.5% 的第一层次城镇职工养老保险政策目标替代率和未来人口老龄化形势，将未来我国多层次养老金的目标替代率设定为 65%，在合理预测劳动报酬份额现实值 H 和城镇领取养老金人数占总就业人员数比重 E_c 的基础上，进一步预测了 2018～2035 年我国应达到的多层次养老保险支出适度水平。结果如表 5-9 所示，2018～2035 年，我国应达到的多层次养老保险总支出占 GDP 的比重平均水平应为 9.84%～13.56%。

表 5 - 9 　　　　　　　　　　2018 ~ 2035 年多层次养老保险支出适度水平预测

单位:%

年份	城镇领取养老金人数占总就业人员数的比重 E_c	养老金目标替代率 D_c	劳动报酬份额 H		适度上限	适度下限
			合意值	现实值		
2018	15.33	65	75	48.08	7.47	4.79
2019	16.48	65	75	48.67	8.03	5.21
2020	17.69	65	75	49.26	8.62	5.66
2021	18.96	65	75	49.86	9.24	6.14
2022	20.29	65	75	50.47	9.89	6.66
2023	21.68	65	75	51.08	10.57	7.20
2024	23.13	65	75	51.70	11.28	7.77
2025	24.64	65	75	52.33	12.01	8.38
2026	26.21	65	75	52.97	12.78	9.02
2027	27.84	65	75	53.61	13.57	9.70
2028	29.53	65	75	54.26	14.40	10.42
2029	31.28	65	75	54.93	15.25	11.17
2030	33.09	65	75	55.59	16.13	11.96
2031	34.96	65	75	56.27	17.04	12.79
2032	36.89	65	75	56.95	17.98	13.66
2033	38.88	65	75	57.65	18.95	14.57
2034	40.93	65	75	58.35	19.95	15.52
2035	43.04	65	75	59.06	20.98	16.52
平均值	27.83	65	75	53.39	13.56	9.84

注: 对城镇领取养老金人数占总就业人员数比重 E_c 的预测是根据人口分要素预测法和曲线拟合综合得出。劳动报酬份额 H 根据 2005 ~ 2017 年平均增长率计算得到。

整体来看, 由于当前我国第一层次城镇职工基本养老保险支出占 GDP 的实际比重在 2017 年已达 4.60% 。同时, 如图 5 - 2 所示, 预测得到未来 2018 ~ 2035 年城镇职工基本养老保险支出占 GDP 的比重仍将继续上升, 2035 年将达到 9.13% 左右。2018 ~ 2035 年的平均水平则为 7.21% 。因此, 在大力发展多层次养老保险体系的背景下, 未来 2018 ~ 2035 年多层次养老保险整体支出占 GDP 比重的平均水平在 9.84% ~ 13.56% 是可以接受的范围, 扣除第一层次城镇职工基本养老保险支出占 GDP 的平均比重, 2018 ~ 2035 年企业年金和商业养老保险支出占 GDP 比重的平均水平应为 2.63% ~ 6.35% 。

同时, 在未来我国人口老龄化速度不断上升、老年抚养比不断下降的背景下, 我国多层次养老保险总支出中政府财政支出的比例也应当适度提高, 这也是政府责任的重要体现。如表 5 - 10 所示, 2020 ~ 2030 年, 我国 15 ~ 64 岁劳

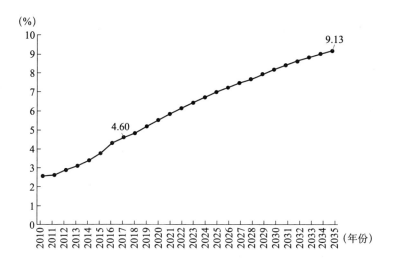

图 5-2　2010~2035 年第一层次城镇职工基本养老保险支出占 GDP 的比重

资料来源：2005~2017 年数据来源于国家统计局官网，2018~2035 年为预测数据，其中，GDP 增长率预测按照 2018 年 6.7%、2019~2023 年 6.5%、2023~2028 年 6%、2028~2035 年 5% 来估算，城镇职工养老保险基金支出则按照过往数据曲线拟合得到，其中，$R^2 = 0.996$，$F = 1227.06$，二次函数的拟合效果显著。

动力人口比重将不断下降，由 70.13% 下降至 65.06%，65 岁及以上老年人口占比则将快速上升，由 13.39% 上升至 18.05%。按照联合国的定义，一个国家或地区 65 岁及以上老年人口数量占总人口比例超过 14% 即进入深度老龄化社会。根据表 5-10 的数据显示，2025 年左右我国就将进入深度老龄化社会。因此，为保证未来老年人能享受到合理的待遇水平，需要进一步提高我国的多层次养老保险支出水平，同时，加大政府财政补贴力度，适度划拨国有资产充实养老保险基金，加强政府在多层次养老保险支出方面的责任，争取在 2018~2035 年达到 9.84%~13.56% 的平均支出水平。

表 5-10　　　　　　　　　**2020~2030 年人口总量和结构预测**

年份	人口总量（亿）	15~64 岁劳动力人口		65 岁及以上老年人口		老年抚养比
		总数（亿）	占比（%）	总数（亿）	占比（%）	
2020	13.97	9.80	70.13	1.87	13.39	5.24
2025	14.21	9.70	68.28	2.15	15.12	4.51
2030	14.24	9.26	65.06	2.57	18.05	3.60

资料来源：张向达，方群. 我国城镇低收入群体养老保险适度缴费基数研究 [J]. 数量经济技术经济研究，2017，34（9）：111-127.

5.5.3 多层次养老保险个人缴费率适度水平预测

在个人缴费责任履行方面，根据多层次养老保险个人缴费率适度水平模型和过往数据，本书进一步预测了 2018～2035 年我国多层次养老保险个人缴费率适度区间，如表 5-11 所示。

表 5-11　　　　2018～2035 年多层次养老保险个人缴费率适度区间

年份	城镇居民人均消费性现金支出 C（元）	城镇居民人均总收入 Y（元）	居民储蓄率（%）	总和缴费率（%）	缴费率上限（%）	缴费率下限（%）
2018	21343.37	44022.74	7.00	46.78	35.78	28.78
2019	22358.41	47305.50	7.00	47.05	36.05	29.05
2020	23373.45	50694.14	7.00	47.30	36.30	29.30
2021	24388.49	54188.65	7.00	47.51	36.51	29.51
2022	25403.54	57789.04	7.00	47.71	36.71	29.71
2023	26418.58	61495.30	7.00	47.89	36.89	29.89
2024	27433.62	65307.44	6.00	48.06	37.06	31.06
2025	28448.66	69225.45	6.00	48.21	37.21	31.21
2026	29463.70	73249.34	6.00	48.34	37.34	31.34
2027	30478.75	77379.11	6.00	48.47	37.47	31.47
2028	31493.79	81614.75	6.00	48.59	37.59	31.59
2029	32508.83	85956.27	6.00	48.69	37.69	31.69
2030	33523.87	90403.67	5.00	48.79	37.79	32.79
2031	34538.91	94956.94	5.00	48.88	37.88	32.88
2032	35553.96	99616.09	5.00	48.97	37.97	32.97
2033	36569.00	104381.11	5.00	49.05	38.05	33.05
2034	37584.04	109252.01	5.00	49.12	38.12	33.12
2035	38599.08	114228.78	5.00	49.19	38.19	33.19
平均值	29971.23	76725.91	6.00	48.26	37.26	31.26

注：对城镇居民人均消费性现金支出 C 和城镇居民人均总收入 Y 的预测均根据曲线拟合得出，前者 $R^2 = 0.977$，$F = 467.033$，一次线性函数拟合效果显著，后者 $R^2 = 0.999$，$F = 5388.03$，二次函数拟合效果显著。对于居民储蓄率的估计，随着我国人口老龄化加剧和全面二孩政策实施，劳动人口比重相对下降，未来居民储蓄率将出现下降趋势（赵昕东，张文栋，2018），因此将 2018～2023 年的储蓄率设定为 7%，2024～2029 年的储蓄率设定为 6%，2030～2035 年设定为 5%，呈现阶段性下降趋势。

随着我国城镇居民人均总收入的逐步增长，2018～2035 年我国多层次养老保险个人缴费率适度区间的平均值为 31.26%～37.26%，其中，多层次养老保险个人缴费率上限由 2018 年的 35.78% 上升至 2035 年的 38.19%，个人缴费率下限由 2018 年的 28.78% 缓慢上升至 2035 年的 33.19%。如扣除当前第一层次城镇职工 8% 的个人缴费率，2018～2035 年，个人企业年金和商业养老保险的平均适度缴费率区间将在 23.26%～29.26%。同时，需要注意的是，由于缴费率下限的测算涉及居民的储蓄率，而在当前金融科技日益发展的背景下，我国居民财富呈现多元化理财趋势，尤其近年来互联网理财的兴起加速了居民储蓄存款的分流。因此，居民的实际储蓄率可能比国家统计局的统计值要高，此处计算的缴费率下限值或处于较高水平。此外，养老保险和个人储蓄间存在一定的资产替代效应，居民储蓄率过高尤其是长期存款过多将使其难以有更多资金购买养老保险。因此，为增强个人的养老保险缴费责任，尤其是促进其参与第二、第三层次企业年金和商业养老保险的购买，政府和商业养老保险机构应适当出台政策，增强产品吸引力，以鼓励个人积极参与企业年金和商业养老保险。

5.5.4 多层次养老保险企业缴费率适度水平预测

在企业缴费责任履行方面，根据多层次养老保险企业缴费率适度水平模型和过往数据，本书进一步预测了 2018～2035 年我国多层次养老保险企业缴费率适度区间，如表 5-12 所示。

表 5-12 **2018～2035 年我国多层次养老保险企业缴费率适度区间**

单位:%

年份	资本形成率	企业缴费率上限	企业缴费率下限
2018	43.94	19.46	12.62
2019	43.48	19.71	12.81
2020	43.02	19.95	13.00
2021	42.56	20.19	13.18
2022	42.11	20.43	13.36
2023	41.67	20.67	13.55
2024	41.23	20.90	13.73
2025	40.79	21.13	13.90
2026	40.36	21.36	14.08
2027	39.94	21.59	14.26
2028	39.51	21.81	14.43
2029	39.10	22.04	14.60
2030	38.68	22.26	14.77
2031	38.27	22.47	14.93
2032	37.87	22.69	15.10
2033	37.47	22.90	15.26
2034	37.07	23.11	15.43
2035	36.68	23.32	15.59
平均值	40.21	21.44	14.14

注：资本形成率根据 2011～2017 年平均增长率计算得到。

整体而言，2018～2035年，我国多层次养老保险企业缴费率适度上限稳定在19%～24%，企业缴费率适度区间的平均值为14.14%～21.44%，其中，企业缴费率适度上限由2018年的19.46%上升至2035年的23.32%，企业缴费率适度下限则由2018年的12.62%上升至2035年的15.59%，缴费率整体变动幅度不大。由于企业在多层次养老保险方面的缴费能力主要受到企业盈利能力的影响，随着未来我国经济体制改革的进一步深入、资本形成和配置效率的提高以及市场活力的进一步释放，我国企业的投资盈利能力将进一步提高，资本形成率也将趋于更为合理的水平（2000年以来资本形成率世界平均水平为20%～25%[①]）。企业对养老保险缴费的能力将进一步提升，这也为第二层次企业年金的发展提供了发展契机。

5.6　多层次养老保险体系改革方案设计

基于前文的适度水平测算和我国基本国情，从养老保险缴费和待遇两方面入手，以养老保险支出、替代率和缴费率作为核心参数，为促进我国多层次养老保险体系的进一步完善，使政府、企业和个人合理分担责任，本书提出了多层次养老保险体系改革的三类方案。

5.6.1　多层次养老保险体系改革方案一——基于现行制度的小改革

自1991年我国提出建立多层次养老保险体系以来，目前已初步建立起由基本养老保险、企业年金和商业养老保险组成的多层次养老保险体系。但当前仍存在第一层次城镇职工基本养老保险占比过高，第二、第三层次发展滞后的问题，尤其是居民老年收入过度依赖第一层次，迫使第一层次养老保险待遇不得不连年调整提高，制度的财务可持续性受到影响。参照西方发达国家的养老保险改革实践，近年来，体现企业和个人责任的第二、第三层次养老保险得到了充分发展，并在应对老龄化挑战中发挥着愈来愈重要的作用。因此，未来我国养老保险制度改革应在重塑政府、企业和个人责任分担理念的基础上，大力

---

① 数据来源于世界银行官网。

发展多层次养老保险体系，尤其是在促进第二、第三层次企业年金和商业养老保险发展方面，需要为其预留更多的发展空间并给予更多的政策支持。

在此背景下，在充分尊重现行养老保险制度、保证制度稳定性的基础上，本书以养老保险支出、缴费率和替代率为核心参数，提出多层次养老保险改革的第一类方案，具体方案设计如表 5 – 13 所示。

表 5 – 13　　　　　　　　方案一：基于现行制度的改革方案

层次	类别	政府	个人	企业
第一层次 基本养老保险 （部分积累制）	支出/缴费水平	6% ~ 9%	8%	12% ~ 16%
	待遇水平	无	40% ~ 50%	无
第二层次 企业年金	支出/缴费水平	0.8% ~ 1.5%	4% ~ 10%	2% ~ 8%
	待遇水平	无	10% ~ 15%	无
第三层次 商业养老保险	支出/缴费水平	0.8% ~ 1.5%	5% ~ 15%	无
	待遇水平	无	10% ~ 15%	无
合计	支出/缴费水平	7.6% ~ 12%	17% ~ 33%	14% ~ 24%
	待遇水平	无	60% ~ 80%	无

该方案在设计上主张维持当前养老保险制度的基本框架不变，改革以参数调整为主。

在待遇水平的确定上，首先，在第一层次城镇职工基本养老保险的基本待遇确定方面，主张为个人提供 40% ~ 50% 的替代率水平。该水平的确定一方面参考了发达国家公共养老金的替代率水平，如表 5 – 14 所示，OECD 国家强制性公共养老金计划的平均替代率为 40.6%，其中，有 12 个国家还设有强制性私人养老金计划，平均替代率水平为 35.9%，强制性计划总计的平均替代率水平达到 52.9%。在 35 个 OECD 国家中，公共养老金替代率在 50% 以上的国家数量只占总数的 28.6%，替代率在 20% ~ 50% 的国家数量则超过一半，占总数的 54.3%。可见，大部分 OECD 国家公共养老金的替代率水平不超过50%，基本维持在 30% ~ 50%。另一方面，基于我国当前养老金替代率的现实情况，2017 年我国城镇职工养老保险替代率水平为 45.34%，2007 ~ 2017 年替代率水平一直维持在 40% ~ 50%，相比制度建立之初 1997 年 76.35% 的替代率，近些年我国第一层次城镇职工养老金替代率呈现快速下降趋势。因此，考虑到现实情况并借鉴国际经验，同时也为了预留空间促进第二、第三层次企业年金和商业养老保险的发展，适度降低第一层次城镇职工基本养老保险的目标替代率，将原先58.5%的替代率水平下调至40%～50%较为合理。其次，将第二、第三层次企业年金和商业养老保险的目标替代率水平均设置在10%～15%，则总计的自愿性养老金替代率水平在20%～30%。参考发达国家自愿性养老金计划的替代率水平，如表5-15所示，OECD国家自愿性养老金计划的平均替代率水平在25.5%左右，其中，美国由于资本市场发达和完备的法律环境等影响因素，第二、第三层次养老保险发展迅速，自愿性计划的替代率水平达到33%。对比我国的现实情况，鉴于当前我国企业年金和商业养老保险的发展水平仍然较低，同时缴费率也不高的情况，替代率目标短期不宜设置过高，因此将其设置在10%～15%的水平较为合理。最后，基于前文测算的2018～2035年微观多层次养老保险个人替代率38.21%～66.87%的适度区间均值以及2035年应达到的42.50%～78.70%的个人替代率适度区间，将多层次养老保险的总和替代率水平设定在60%～80%的区间较为合理。考虑到部分就业群体难以加入全部三个层次，如城镇自雇人员和灵活就业人员等难以参加第二层次企业年金，因此扣除企业年金部分的替代率水平，这部分群体若参加商业养老保险，则其总和替代率水平可在55%～65%，若只参加第一层次养老保险计划，则总和替代率水平在40%～50%，基本符合适度区间的同时也能满足其基本生活所需。

表5-14 　　　　　　　OECD国家强制性养老金计划的替代率情况

单位:%

国家	强制性公共养老金计划	强制性私人养老金计划（DB或DC）	强制性计划合计	自愿型养老金计划	总计
澳大利亚	0.1	32.1	32.2	—	32.2
奥地利	78.4	—	78.4	—	78.4
比利时	46.7	—	46.7	14.2	60.8
加拿大	41.0	—	41.0	34.2	75.2
智利	0.0	33.5	33.5	—	33.5
捷克	45.8	—	45.8	—	45.8
丹麦	14.8	71.6	86.4	—	86.4
爱沙尼亚	29.1	20.6	49.7	—	49.7
芬兰	56.6	—	56.6	—	56.6
法国	60.5	—	60.5	—	60.5
德国	38.2	—	38.2	12.7	50.9
希腊	53.7	—	53.7	—	53.7
匈牙利	58.7	—	58.7	—	58.7
冰岛	3.2	65.8	69.0	—	69.0

续表

国家	强制性公共养老金计划	强制性私人养老金计划（DB 或 DC）	强制性计划合计	自愿型养老金计划	总计
爱尔兰	34.1	—	34.1	38.0	72.1
以色列	19.4	48.5	67.8	—	67.8
意大利	83.1	—	83.1	—	83.1
日本	34.6	—	34.6	23.1	57.7
韩国	39.3	—	39.3	—	39.3
拉脱维亚	47.5	—	47.5	—	47.5
卢森堡	76.7	—	76.7	—	76.7
墨西哥	4.0	22.4	26.4	—	26.4
荷兰	28.7	68.2	96.9	—	96.9
新西兰	40.0	—	40.0	18.8	58.8
挪威	39.2	5.9	45.1	—	45.1
波兰	31.6	—	31.6	—	31.6
葡萄牙	74.0	—	74.0	—	74.0
斯洛伐克	39.6	24.8	64.3	—	64.3
斯洛文尼亚	38.1	—	38.1	—	38.1
西班牙	72.3	—	72.3	—	72.3
瑞典	36.6	19.2	55.8	—	55.8
瑞士	24.2	17.9	42.1	—	42.1
土耳其	69.9	—	69.9	—	69.9
英国	22.1	—	22.1	30.0	52.2
美国	38.3	—	38.3	33.0	71.3
平均水平	40.6	35.9	52.9	25.5	58.7

注：OECD 官网的报告中将养老金替代率分成三类，分别是 0.5 倍平均工资、1 倍平均工资和 1.5 倍平均工资，限于篇幅，本处主要引用的是中间平均水平，也即 1 倍平均工资的数据。

资料来源：OECD 官方网站。

表 5 – 15   OECD 国家中拥有自愿性养老金计划的替代率情况

单位:%

国家	0.5AW	1AW	1.5AW
比利时	14.2	14.2	11.1
加拿大	34.2	34.2	44.2
德国	12.7	12.7	12.7
爱尔兰	38.0	38.0	38.0
日本	23.1	23.1	23.1
新西兰	18.8	18.8	18.8
英国	30.0	30.0	30.0
美国	33.0	33.0	33.0
平均水平	25.5	25.5	26.4

注：AW 即平均工资（average wage）的缩写，0.5AW 即代表 0.5 倍的平均工资水平。

资料来源：OECD 官方网站。

在政府支出和养老保险缴费水平的确定方面，首先，方案一将第一层次城镇职工基本养老保险的基金支出设定在 6% ~9% 的水平，个人缴费率仍维持 8%，企业缴费率则适度下调，设定在 12% ~16%。如图 5-2 所示，2017 年我国第一层次城镇职工基本养老保险支出占 GDP 的比重已达 4.60%，且未来随着人口老龄化趋势加剧仍将有进一步上升趋势，预计到 2035 年将达到 9.13%。因此，将养老保险基金支出的平均水平设定在 6% ~9% 较为合理，也是政府财政可以承受的范围。同时，参考前文测算的 2018 ~2035 年的多层次养老保险企业缴费率适度水平区间和当前我国企业养老保险缴费负担重的现实状况，人社部和财政部于 2018 年发布了《关于继续阶段性降低社会保险费率的通知》，李克强总理在 2019 年政府工作报告中也明确提出，下调城镇职工基本养老保险单位缴费比例至 16%。可见，降低企业缴费率是大势所趋。因此，本书在方案设计时适度下调了企业缴费率，将其区间设定在 12% ~16%。

其次，在第二层次企业年金的支出和缴费水平的确定上，由于当前我国企业年金仍属于企业自愿设立，政府并未直接参与其中的管理，政府主要承担的是监督以及税收优惠政策支持方面的责任。参考西方发达国家的税收优惠政策力度，如表 5-16 所示，OECD 国家私人养老金仅税收减免占 GDP 比重的平均水平就为 0.41%，其中，加拿大的水平最高，达到 1.92%，澳大利亚次之，为 1.68%，英国、德国和美国的税收减免比重也较高，分别为 1.21%、1.13% 和 0.78%。考虑到当前我国第二、第三层次企业年金和商业养老保险仍处于起步阶段，更需要加大税收优惠和补贴力度，尤其是对低收入群体的缴费补贴，才能进一步促进其发展。因此，将第二、第三层次的政府支出占 GDP 比重分别设定在 0.8% ~1.5% 的水平，其中不仅包括税收优惠，还包括缴费补贴等方面，三个层次总计达到 7.6% ~12% 的平均支出水平，这也与前文测算的养老保险支出适度区间的平均水平基本接近。

表 5-16 　　　　　OECD 国家私人养老金税收减免占 GDP 的比重

单位:%

国家	比重	国家	比重
澳大利亚	1.68	意大利	0.04
奥地利	0.01	日本	0.00
比利时	0.16	卢森堡	0.00
加拿大	1.97	墨西哥	0.22

续表

国家	比重	国家	比重
捷克	0.00	挪威	0.24
芬兰	0.05	波兰	0.00
法国	0.08	葡萄牙	0.02
德国	1.13	斯洛伐克	0.00
冰岛	0.00	西班牙	0.21
爱尔兰	0.91	英国	1.21
美国	0.78	平均水平	0.41

资料来源：OECD 官方网站。

最后，在第二、第三层次个人和企业缴费率确定方面，由于我国现行《企业年金办法》规定，企业缴费每年不超过本企业职工工资总额的 8%，企业和职工个人缴费合计不超过本企业职工工资总额的 12%。同时，参考表 3 - 3，2016 年 OECD 国家私人养老金计划雇主平均缴费率为 5.43%，雇员为 5.92% 的水平。因此，将第二层次企业年金个人缴费率定在 4%～10%，企业缴费率则为 2%～8%。此外，基于前文测算的 2018～2035 年我国多层次养老保险 31.26%～37.26% 的个人总和缴费率适度区间均值，扣除第一、第二层次的缴费率，个人在商业养老保险领域仍至少有 13.26%～19.26% 的缴费能力区间。因此，方案将个人商业养老保险缴费率区间设定在 5%～15% 也是个人可以承受的范围。

整体而言，方案一的设计主要延续了现有的养老保险制度框架，主要进行的是参数方面的调整。因此，该方案的优势主要在于改革力度较小，改革成本较低，尊重制度原有的框架，一定程度上维护了养老保险制度的稳定性和连贯性，促进了多层次养老保险体系的发展。然而，该方案也有一定的缺陷，即尚未打破固有的利益分配格局，仍主要以"效率优先"，难以解决当前我国养老保险制度存在的不公平问题，制度的收入再分配功能较弱。尤其是对城镇低收入群体而言，第一层次替代率的下降可能导致城镇低收入群体未来养老金收入降低，而其若无政府支持又难有余力参与企业年金和商业养老保险，因而导致其改革后实际养老金收入下滑。

若要顺利实现方案一的缴费率和替代率目标，政府在改革时需要注意以下几点：一是对第一层次养老金替代率的下调需要循序渐进，应逐渐放慢养老金的增长速度，做小替代率的分子，这在实践中也得到了体现。2005～2018 年，我国企业退休人员养老金已实现了 14 连涨，但增长幅度出现下降趋势，由前 11 次每年增长 10% 以上下降至 2016 年的 6.5%、2017 年的 5.5% 和 2018 年的 5%。二是政府还应当引导加快职工的工资增长速度，做大分母，从而使实际替代率水平慢慢趋近于目标替代率水平，同时，这也使得职工可支配收入增加，从而有更多动力为自身投保企业年金和商业养老保险。三是需加大对第二、第三层次的财政补贴和税收优惠力度，提供一系列促进其发展的政策支持，使其真正成为第一层次的有力补充。

5.6.2 多层次养老保险体系改革方案二——适度调整的中间改革

近年来，我国第一层次城镇职工基本养老保险个人账户历史债务问题使养老保险制度的激励功能和可信度不断下降，2015 年累计结余额与累计记账额的差距已达 11799 亿元，对养老保险制度造成了巨大压力。为解决历史债务问题、增强养老保险制度的激励性和可持续性，本书设计了第二种改革方案，如表 5 – 17 所示。

表 5 – 17　　　　　　　　方案二：适度调整的中间改革

层次	类别	政府	个人	企业
第一层次 基本养老保险 （现收现付制）	支出/缴费水平	6% ~9%	无	12% ~16%
	待遇水平	无	30% ~40%	无
第二层次 个人年金 （完全积累制）	支出/缴费水平	0.8% ~1.5%	12% ~18% 或 8%	2% ~8%
	待遇水平	无	20% ~30% 或 10%	无
第三层次 商业养老保险	支出/缴费水平	0.8% ~1.5%	5% ~15%	无
	待遇水平	无	10% ~15%	无
合计	支出/缴费水平	7.6% ~12%	17% ~33%	14% ~24%
	待遇水平	无	60% ~85%	无

在养老保险制度结构调整方面，方案二将第一层次城镇职工养老保险制度由原先的部分积累制改革为现收现付制，也即第一层次仅保留统筹账户部分，而将个人账户养老金剥离出来与企业年金合并，共同构成第二层次个人年金。改革后，第一层次即成为公共养老金计划，主要由政府立法强制实施并承担最终责任，统筹账户资金来源主要由企业缴费和政府财政补贴构成。同时，通过大力推行养老保险全国统筹，促使统筹账户资金在全国范围内调剂使用，可进

一步提高统筹账户资金的使用效率，结余资金则全部交由全国社保基金理事会投资运营，增加养老保险统筹账户基金的收益率，最终提升第一层次养老保险的运行效率。

在第二层次的建设方面，将个人账户和企业年金、职业年金合并成个人年金。之所以称作"个人年金"，主要是为了区分其与原先的企业年金制度和公务员及事业单位人员的职业年金制度，同时，也为了增强个人在年金方面的缴费意识和激励效果。个人享有年金账户的各项权利并履行相应义务，个人年金不仅需企业缴费，个人也需承担适度缴费责任，采取个人缴费与个人待遇相关联的多缴多得机制。同时，个人还可享受税收政策优惠和市场投资收益，退休后的整体待遇主要取决于职工在职期间的养老金缴费和投资收益。在个人年金的管理方面，由中央政府制定统一的政策框架，中央和地方政府共同承担相应的财政支持责任，包括开展对特殊、弱势群体缴费的匹配计划，按一定的比例对其进行财政转移支付，并计入个人年金账户；对个人缴费的递延纳税优惠政策和免税政策；建立个人年金账户的风险储备基金，划转部分财政补贴充实该风险储备基金等。整体而言，个人年金主要交由市场运营，政府主要承担外部监督职责。通过发展第二层次个人年金，不仅有利于帮助职工实现收入在一生内的平滑，增强其养老储蓄意识，也有利于养老保险制度效率的提高和各主体间的责任分担。

第三层次则保持个人储蓄型商业养老保险制度不变，主要由个人承担缴费责任，采取完全积累制，由国家给予适当的税收优惠政策。一方面，第三层次商业养老保险可以为没有单位缴纳企业年金的灵活就业人员等群体提供更多积累自身养老金的机会，帮助其提高养老金替代率；另一方面，也为希望有更多养老金收入的中、高收入人群提供更多的养老投资渠道，提高其养老保障水平。

在参数改革方面，由于个人账户被划转到第二层次，因此方案二将第一层次的目标替代率适度下调，将其设定在 30% ～ 40% 的水平。同时，将第二层次的目标替代率在方案一的基础上适度提高，设定在 20% ～ 30% 的水平。第三层次商业养老保险的替代率则基本保持不变。在缴费率区间设置方面，企业和职工的缴费率与方案一基本一致，企业缴费用于支付当期退休职工的养老金，缴费率为12%～16%，实行现收现付制度，个人缴费则实行完全积累制，全部记录在第二层次个人年金账户中。对于原先同时拥有企业年金和城镇职工基本养老保险的职工，方案二实施后的缴费率为12%～18%，所对应的替代率水平为20%～30%，对于没有企业年金的职工，缴费率仍为原先划入基本养老保险个人账户的8%，替代率目标则相对下调至10%。此外，对于原先按照灵活就业人员方式参与城镇职工养老保险的群体，则仍实行20%的缴费率，其中，12%划转到第一层次基本养老保险统筹账户，剩余8%用于第二层次个人年金的积累。

整体而言，方案二在方案一的基础上实行了结构调整，通过分离第一层次城镇职工基本养老保险统筹账户和个人账户，使得我国养老保险制度的层次和定位更加清晰，逐渐形成由基本养老保险、个人年金和商业养老保险组成的多层次养老保险体系。第一、第二、第三层次的责任主体分别是政府、企业和个人，也使得责任主体间的责任分工更为明确。总结来看，方案二的优点主要是通过建立统一的个人年金制度，减轻第一层次基本养老保险负担的同时也增强了养老保险制度的激励性质，鼓励个人通过多缴多得增加个人年金的积累，提升养老保险制度整体的运行效率。同时，个人年金制度的建立一方面有利于增加资本市场中的长期资产比重，改善投资结构，为经济增长和养老金融协调发展提供资金保障。另一方面，在我国资本市场日益完善的背景下，原先的个人账户养老金也可由政府每年规定记账利率的模式改为从市场中获得真实的收益率，从而最终实现养老金与资本市场的良性互动，产生良好的经济效应。

与此同时，方案二的实现也仍存在一定的困难。首先，要实现个人账户的划转必须先将个人账户做实，然而，当前我国城镇职工基本养老保险制度历史债务规模较大，短期内难以全部做实，需通过划转国有资产等方式逐步实现。其次，第一层次基本养老保险全国统筹的目标也难以短期实现，各区域由于经济发展水平和人口结构方面的差异，养老保险负担不均，存在利益固化现象。最后，个人年金账户的建立对我国养老保险信息系统建设提出了更高的要求，个人年金账户权益的记录需要更为清晰准确，需由全国统一的养老保险信息平台进行记录，实现个人账户的终身跟随。此外，由于方案二降低了第一层次基本养老保险的替代率，对于城镇低收入群体而言可能意味着待遇水平的降低，为避免新的不公平现象，政府需采取财政补贴、匹配缴费等措施帮助其建立个人年金账户或购买商业养老保险，从而确保城镇低收入群体也能加入多层次养老保险体系中来。

5.6.3　多层次养老保险体系改革方案三——进行结构调整的大改革

当前，我国养老保险制度仍面临公平性问题，存在地区、城乡、性别、收入和代际差距扩大的现象。例如，体现在收入方面，城镇低收入群体参加多层次养老保险体系仍面临诸多障碍，表现在：第一，基础养老金缴费负担过重。城镇低收入群体每年应缴纳的养老保险费随在岗职工平均工资逐年上调而逐步上涨，但是在经济增速放缓和人口老龄化速度加快的影响下，养老金待遇的调整幅度却开始下降，现已从 2005~2015 年年均 12% 的增长率下降至 2018 年的 5%，再加上转移接续流程不畅等问题，使得城镇低收入群体参保缴费愈发困难，断保、弃保现象增多。第二，城镇低收入群体的企业年金制度仍处于起步阶段，专门为中小企业设计的集合年金计划发展不足。数据显示，截至 2018 年第三季度，参加集合年金计划的企业数总计为 2.73 万家，职工数为 334.52 万人，仅占全部职工总数的 14.22%，资产规模为 1289.08 亿元，占全部积累基金总额的 9.06%。[①] 第三，专门针对城镇低收入群体的商业养老保险发展缓慢，产品供给与城镇低收入群体需求脱钩，产品价格普遍偏高且缺乏创新，难以满足城镇低收入群体的养老保障需求。面对当前养老保险制度中存在的不公平现象，建立普惠制的国民年金制度或有必要。基于此，方案三在方案二的基础上做了进一步的结构调整，如表 5-18 所示。

表 5-18　　　　　　　　　方案三：进行结构调整的大改革

层次	类别	政府	个人	企业
国民年金（普惠制）	支出/缴费水平	2.5%~3.5%	无	无
	待遇水平	无	10%	无
第一层次基本养老保险（现收现付制）	支出/缴费水平	3.5%~5.5%	无	12%~16%
	待遇水平	无	25%~35%	无

---

① 数据来源于《全国企业年金基金业务数据摘要（2018 年三季度）》。

续表

层次	类别	政府	个人	企业
第二层次 个人年金 （完全积累制）	支出/缴费水平	0.8%～1.5%	12%～18%或8%	2%～8%
	待遇水平	无	20%～30%或10%	无
第三层次 商业养老保险	支出/缴费水平	0.8%～1.5%	5%～15%	无
	待遇水平	无	10%～15%	无
合计	支出/缴费水平	7.6%～12%	17%～33%	14%～24%
	待遇水平	无	65%～90%	无

一方面，方案三在方案二的基础上增加了一个层次，即国民年金制度。国民年金制度作为普惠型养老金制度，强调人人享有，即年满60周岁以上未参加任何养老保险制度或获得任何正式养老保障的公民，无论其收入状况如何，均可获得国民年金。作为社会公平的保证，国民年金的核心目标在于防止老年贫困，主张为老年人提供最低的生活保障水平。在资金来源上，国民年金主要由中央政府和地方政府共同承担。由于中央政府在当前的财政收入中占据主导地位，因此中央政府承担主要出资责任，并适当加大对中西部地区的财政投入。在支出水平上，由于国民年金只保障老年人最基本的生活，同时为防止诱发福利陷阱，其保障水平不宜过高。据此，方案三设定国民年金的支出规模占国内生产总值的比重为2.5%～3.5%，该支出水平的确定主要运用扩展线性支出模型（ELES），选取了分收入等级城镇居民八大类消费支出中的食品、衣着和居住三类支出数据，对城镇居民养老的最基本需求进行了测算，结果如表5-19所示，从中发现，城镇居民的最基本需求由2005年的2095.92元/人增长至2035年的12299.66元/人，与此同时，若国民年金支出水平为GDP的2.5%，则人均养老金收入从2005年的3250.26元增长至2035年的13827.52元，略高于城镇居民最基本需求的金额，若国民年金支出水平为GDP的3.5%，则人均养老金收入从2005年的4550.36元增长至2035年的19358.53元，是城镇居民最基本需求的1.9倍。因此，将国民年金支出水平占GDP的比重目标设定在2.5%～3.5%是合适的，既符合我国当前居民养老的实际需求，也符合财政支出适度水平的区间。

表 5 - 19　　　　　2005 ~ 2035 年城镇居民基本养老需求与 GDP 比重的对比

单位：元/人

年份	最基本需求	占 GDP 的 2.5%	占 GDP 的 3.5%
2005	2095.92	3250.26	4550.36
2006	2213.42	3681.61	5154.25
2007	2680.45	4404.05	6165.67
2008	3049.90	4995.86	6994.21
2009	3254.97	5221.39	7309.95
2010	3547.46	5812.42	8137.38
2011	4076.09	6612.53	9257.54
2012	4495.65	6967.09	9753.92
2013	4725.94	7351.24	10291.73
2014	5070.20	7579.02	10610.63
2015	5414.46	7759.60	10863.43
2016	5758.72	8052.34	11273.28
2017	6102.98	8583.66	12017.13
2018	6447.24	8745.31	12243.44
2019	6791.50	9170.57	12838.80
2020	7135.76	9587.12	13421.96
2021	7480.02	10142.58	14199.61
2022	7824.28	10365.76	14512.06
2023	8168.54	10383.49	14536.89
2024	8512.80	10566.51	14793.11
2025	8857.06	10765.74	15072.03
2026	9201.32	10894.75	15252.64
2027	9545.58	11136.65	15591.31
2028	9889.84	11232.74	15725.84
2029	10234.10	11423.13	15992.38
2030	10578.36	11571.81	16200.54
2031	10922.62	12270.18	17178.26
2032	11266.88	12566.19	17592.66
2033	11611.14	12915.44	18081.62
2034	11955.40	13328.48	18659.87
2035	12299.66	13827.52	19358.53

注：城镇居民养老基本需要主要根据国家统计局 2005 ~ 2012 年按收入等级分城镇居民家庭人均消费现金支出数据中的食品、衣着和居住三类数据实际测算并曲线拟合预测得到，2005 ~ 2012 年 GDP 和 60 岁以上老年人口数据由国家统计局和民政部历年《社会服务发展统计公报》得到，2018 ~ 2035 年 GDP 增长率预测按照 2018 年 6.7%、2019 ~ 2023 年 6.5%、2023 ~ 2028 年 6%、2028 ~ 2035 年 5% 来估算，2018 ~ 2035 年 60 岁以上老年人口数据则采用分要素预测法测算得出，表中所列数据均为人均水平。

另一方面，方案三在其他层次的结构设计上与方案二基本一致，只是参数水平设定上略有不同。如表 5 - 18 所示，除了建立普惠制国民年金外，方案三中的第一、第二和第三层次仍主要是基本养老保险、个人年金和商业养老保险，但是方案三对第一层次基本养老保险的替代率水平作了调整，将方案二中的 30% ~40% 的比例下调至方案三的 25% ~35%。下调替代率主要是由于政府的部分养老保险财政支出已用于国民年金的运行，因此对第一层次养老保险支持的力度将有所下降，养老保险支出占 GDP 的比重由方案二的 6% ~8% 下调至 3.5% ~5.5%。同时，普惠制国民年金与第一层次养老保险的总和替代率达到 35% ~45%，已高于方案二中第一层次基本养老保险的替代率，方案三实际上增加了老年人的福利。

此外，鉴于国民年金的设立主要是由政府出资，同时，随着未来我国人口老龄化趋势的进一步发展和"未富先老"的现状，都会在一定程度上增加我国政府的财政压力。因此，在设立国民年金时仍需充分考虑个人的待遇水平问题，替代率水平不宜过高。据此，方案三将国民年金替代率水平设定在 10% 左右，同时，该替代率的设定也参考了我国当前的实际情况。如图 5 - 3 所示，按照城镇居民最基本需求测算得出的国民年金最基本替代率水平由 2005 年的 11.41% 下降至 2017 年的 8.02%，与 10% 的目标替代率水平基本一致。因此，将国民年金的替代率水平设定在 10% 左右基本合理。

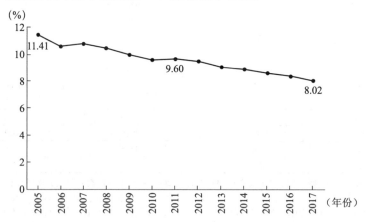

图 5 - 3　2005 ~2017 年按城镇居民最基本需求测算的国民年金最基本替代率

注：计算方法为：先运用扩展线性支出模型（ELES），选取分收入等级城镇居民八大类消费支出中的食品、衣着和居住三类支出数据，对城镇居民养老的最基本需求进行了测算，然后将每年的测算结果除以历年城镇职工在岗职工平均工资，从而计算出满足城镇居民最基本需求的平均替代率水平。

整体而言，方案三中普惠制国民年金的设立，有利于保障低收入群体的养老保障权益。尤其对我国这样的发展中国家而言，城镇中自雇者、灵活就业人员等非正规就业人群规模庞大，收入水平较低，若全部采取缴费型养老保险制度，将难以覆盖全部低收入、非正规就业群体，同时也增加管理成本。而国民年金属于普惠性质的养老保险，其养老保险待遇的发放不考虑社会成员的工作年限和收入状况，而是对所有社会成员一视同仁，这也使得国民年金的管理成本较低，尤其是在当前我国对工资等收入信息统计不充分的情况下。整体而言，政府通过国民年金制度建立了收入再分配机制，实现了养老资源在全社会范围内的调配，体现了政府在养老保险领域应承担的财政支持责任，由原来对城镇职工养老保险制度采取"暗补"方式转变为国民年金的"明补"方式，增强政府公信力的同时也增强了民众对我国养老保险制度的信心，有利于全部社会成员共享改革发展成果，缓解老年贫困问题，促进社会公平与正义。

5.7　关于多层次养老保险适度水平测算和方案设计的结论

　　基于前文的分析，在多层次养老保险适度区间测算方面主要得出以下结论。

　　（1）在多层次养老保险支出适度水平测算结果方面，2005～2017年，城镇职工多层次养老保险支出适度区间由 1.42%～2.57% 增加至 3.95%～6.23%，然而，与西方发达国家相比，我国的养老保险支出水平依然较低。预计 2018～2035 年多层次养老保险支出适度区间的平均值为 9.84%～13.56%。

　　（2）在多层次养老保险个人缴费率适度水平测算结果方面，2005～2017年，个人缴费率适度区间由 6.46%～24.45% 增加至 27.86%～35.46%，扣除第一层次缴费，个人对第二、第三层次进行缴费的能力较强，测算得出，2018～2035 年多层次养老保险个人总和缴费率适度区间的平均值应为 31.26%～37.26%。

　　（3）在多层次养老保险企业缴费率适度水平测算结果方面，2005～2017年，我国多层次养老保险企业缴费率适度水平的平均值为 12.26%～18.99%，而当前政策规定的第一层次基本养老保险缴费率为 16%，扣减掉这部分比例后，第二层次企业年金缴费率适度区间上限仅为 2.26%，企业多层次养老保险缴费能力较弱。预计 2018~2035 年，我国多层次养老保险企业缴费率适度区间的平均值为 14.14%~21.44%。

（4）在多层次养老保险个人替代率适度水平测算结果方面，2005~2017年，采用扩展线性支出模型（ELES）计算得出的微观多层次养老保险个人替代率水平的平均值为 41.78%~71.71%，宏观多层次养老保险个人替代率水平的平均值则为 39.38%~46.16%，两者结果较为一致。同时，测算结果显示，当前的现实替代率水平仍较为接近个人替代率适度区间下限，只能满足城镇职工老年退休生活的基本需要，未来还需通过构建多层次养老保险体系进一步提升居民养老保险待遇。预计 2018~2035 年，我国多层次养老保险个人替代率适度区间将由 2018 年的 36.97%~60.86%增加至 2035 年的42.50%~78.70%。

同时，通过参考前文的适度水平测算，借鉴国外经验以及基于我国当前养老保险制度的现实情况，本书提出了三类改革方案。对比三类改革方案，得出以下结论和建议。

（1）从实施成本角度，相较方案二和方案三，方案一的实施成本最低。方案一只需在现有的养老保险制度基础上进行参数调整，通过降低第一层次基本养老保险在多层次养老保险体系中的比重，下调第一层次企业缴费率和替代率水平，进一步减轻企业和政府财政负担，同时，也为第二、第三层次发展预留空间。与此相反，方案三的实施成本最高，需要在现有制度基础上增加普惠制国民年金，且全部由政府财政负担，这在一定程度上会增加政府未来的财政压力，同时，若替代率水平过高，还会诱发"福利陷阱"。

（2）从个体收益角度出发，相较方案一和方案二，方案三的总和替代率水平最高。替代率水平上下限为 65%~90%，高于方案二 60%~85%和方案一 60%~80%的总和替代率水平。其中，方案三由于建立了普惠制国民年金，即使是非正规就业群体，其强制性养老金总和替代率也可达 45%~55%水平，方案一和方案二则略低，为 40%~50%。根据 1952 年国际劳工组织（ILO）通过的《社会保障最低标准公约》中的规定，一个国家最低养老金替代率应当达到 45%的水平。世界银行的研究结果也显示，养老金替代率水平占个人退休前工资水平的 70%~80%时较为充足，可保证个人退休后生活质量不会下降（杨燕绥等，2018）。据此，从个体收益角度出发，方案三更能实现较高的养老金待遇水平，更有利于保障个体养老金权益。

（3）从制度目标实现角度出发，相较方案一和方案二，方案三更为符合"十四五"规划中提出的："加快健全覆盖全民、统筹城乡、公平统一、可持续的多层次社会保障体系"的改革方向。尤其是普惠制国民年金的建立，有助于实现覆盖全民的保障目标。未来，可通过制定短期目标、中期目标和长期目标的方式，短期内先实行培育资本市场、改善政策法律制度环境等多种政策，夯实多层次养老保险体系未来可持续运行的制度基础，中期通过综合灵活运用缴费匹配、递延纳税和财政补贴等辅助参保方式和政策工具，逐步加大财政投入，最终实现由普惠制国民年金、基本养老保险、个人年金和商业养老保险四部分构成的多层次养老保险体系。

整体而言，本章通过三大类方案的设计，划分了我国多层次养老保险制度在收入再分配、储蓄和保险方面的功能，明晰了政府、企业和个人在多层次养老保险制度中应承担的主要责任，测算出以支出、缴费率和替代率为核心的多层次养老保险适度水平。同时也认识到，在制定多层次养老保险改革方案时，需综合协调多层次和各主体间的利益冲突，在长期利益和短期利益、全局利益和局部利益间合理取舍。在方案设计时既需考虑企业的养老缴费负担，也需考虑个人的养老金权益；既需考虑中央政府的财政负担，也需考虑地方政府的实施管理能力。最终，政府可依据自身想要达成的政策目标和预算约束，在三类方案中做出合理选择。

第 6 章

责任分担下城镇职工多层次养老保险体系的经济效应分析

为验证第 5 章三类方案中相关参数设计的合理性，本章运用一般均衡理论，构建起多层次养老保险体系框架下的两期世代交叠模型，依据当前我国政策实施的实际情况对相关参数进行了校准，通过数值模拟和比较静态分析，着重探讨了以下三类问题：一是构建政府、企业和个人责任共担的多层次养老保险体系是否必要？对经济会产生什么影响？二是提高或降低个人缴费率、企业缴费率、个人工作期税率和个人退休期税率分别会对经济带来哪些影响？三是多层次养老保险体系的建立对不同收入群体会产生哪些影响？通过回答以上问题，从全局性视角出发，探讨了责任分担下多层次养老保险体系的整体经济效应，着重研究了多层次养老保险体系的构建与缴费率、税收政策等变量间的相互作用以及各层次间存在的"替代效应"和对不同收入群体的"收入再分配效应"。最终的研究结论不仅证实了第 5 章方案设计中主张降低企业缴费率、给予更多税收优惠政策、增加普惠制国民年金向低收入群体倾斜等思路的合理性，同时也为后文的政策制定提供了相应的参考依据。

6.1 多层次养老保险体系下经济的一般均衡分析

6.1.1 模型构建

王晓芳等（2010）利用一般均衡世代交叠模型分析了企业年金制度带来

的经济效应。赵春红（2016）则进一步构建了企业年金递延纳税世代交叠模型。本书在前人研究基础上，构建包括个人、企业和政府三部门在内的一般均衡两期世代交叠模型，以此来分析多层次养老保险体系的相关经济效应。

依据戴蒙德（Diamond，1965）的模型设定，假设在一个封闭经济体中，有为数众多的企业、个人和一个政府，且个体寿命有限，一生均存活两个时期（工作期和退休期）。其中，工作期向市场提供劳动并获得工资，同时还进行基本养老保险、企业年金和个人商业养老保险的缴费以及消费和储蓄活动，退休期则不工作只进行消费，其消费的资金主要来源于领取的各类养老金和工作期间的储蓄，并且假定个人在死亡时用尽其全部积蓄，暂不考虑遗产动机。由于存在对同一时期工作期人口和退休期人口同时征税的问题，本书用 $N_{1,t}$ 代表第 t 期处于工作期的城镇人口数，$N_{2,t}$ 代表第 t 期处于退休期的城镇人口数，则 t 期城镇人口总数的计算公式为两者之和，即 $N_t = N_{1,t} + N_{2,t}$，令 $N_t = (1 + n) N_{t-1}$，同时有 $N_{1,t} = (1 + n) N_{1,t-1}$，$N_{2,t} = (1 + n) N_{2,t-1}$。其中，$n$ 为城镇人口增长率，为方便计算，假定城镇人口增长率与劳动力增长率一致，则有 $N_{2,t} = N_{1,t-1} = N_{1,t}/(1 + n)$。因此，$t$ 期城镇人口总数也可以写成：

$$N_t = N_{1,t} + N_{1,t}/(1 + n) = (2 + n)/(1 + n) \times N_{1,t} \qquad (6-1)$$

（1）个体行为分析。对于在 t 期参加工作的个体，其向市场无弹性地提供一单位劳动，获得工资收入 w_t，在缴纳基本养老保险费、企业年金、个人商业养老保险费和工作期个人所得税后，储蓄部分为 s_t，同时消费剩余收入部分。在 $t + 1$ 期，个体退休，获得基本养老保险个人账户养老金 B_{t+1}，基本养老保险统筹账户养老金 P_{t+1}，企业年金 H_{t+1} 和个人商业养老金 Q_{t+1}。其中，本书假设参与企业年金和参与个人商业养老保险获得的养老金都属于年金化发放形式，而不是一次性领取方式，因此领取时可分摊到月计征个人所得税，两者对应的税率分别是 τ_2 和 τ_3。在退休期，个体最终将消费掉其所有储蓄和养老金，从而获得相应的效用。

假设个人的目标是通过选择两期储蓄和消费，从而实现效用最大化，同时假设效用是消费水平的函数，则个体一生的效用函数可以表示为：

$$\max\{C_{1,t}, C_{2,t+1}, s_t\} U_t = \ln C_{1,t} + \theta \ln C_{2,t+1} \qquad (6-2)$$

$$s.t. \ C_{1,t} = [1 - a - b - c - \tau_1(1 - a - b - c)]w_t - s_t \qquad (6-3)$$

$$C_{2,t+1} = (1 + r_{t+1})s_t + (1 - \tau_2)H_{t+1} + (1 - \tau_3)Q_{t+1} + B_{t+1} + P_{t+1} \quad (6-4)$$

其中，$C_{1,t}$ 表示工作期个体产生的消费，$C_{2,t+1}$ 表示退休期的消费，θ 表示个体未来效用贴现因子，$\theta \in (0,1)$，a 表示基本养老保险个人缴费率，b 表示企业年金个人缴费率，c 表示商业养老保险个人缴费率，τ_1 表示工作期个人所得税率，r_{t+1} 表示 t 至 $t+1$ 期的利率水平。式（6-2）中，效用函数 $U(\cdot)$ 是消费的单调增函数，且是严格的凹函数，满足 $U'(\cdot) > 0$，$U''(\cdot) < 0$。通过构建拉格朗日函数，并对相关参数求偏导可求解得出效用最大化一阶条件：

$$-C_{2,t+1} + \theta(1 + r_{t+1})C_{1,t} = 0 \quad (6-5)$$

在工作期缴费后，相应的，在退休期，个体将得到企业年金 H_{t+1} 和个人商业养老金 Q_{t+1}，其中，H_{t+1} 表示第 t 期出生的年轻人在 $t+1$ 期领取的企业年金积累额，其主要由个人缴费和企业缴费两部分构成。Q_{t+1} 则表示第 t 期出生的年轻人在 $t+1$ 期领取的商业养老保险积累额，其主要由个人缴费积累构成。同时，不论是企业年金 H_{t+1}，还是个人商业养老金 Q_{t+1}，都以利率 r_{t+1} 加以累积。

$$H_{t+1} = (1 + r_{t+1})(b + \eta_1)w_t \quad (6-6)$$

$$Q_{t+1} = (1 + r_{t+1})c\,w_t \quad (6-7)$$

（2）企业行为分析。假设企业处于完全竞争市场，各企业生产的产品同质，其遵循的生产原则是利润最大化，用柯布—道格拉斯函数描述其生产行为，即：

$$Y_t = A K_t^\alpha N_{1,t}^{1-\alpha} \text{ 或 } y_t = A k_t^\alpha \quad (6-8)$$

其中，Y_t 代表第 t 期的净产出，K_t 代表第 t 期期初的资本存量，假设资本在一期中全部折旧，$y_t = \dfrac{Y_t}{N_{1,t}}$ 是产出劳动比，也即单位劳动产出，$k_t = \dfrac{K_t}{N_{1,t}}$ 是资本劳动比，也即单位资本存量，$\alpha \in (0,1)$ 是资本的收入份额，A 是技术进步率。假设基本养老保险企业缴费率为 η，企业年金企业缴费率为 η_1，则企业的利润函数为：

$$\pi_t = Y_t - r_t K_t - (1 + \eta + \eta_1)w_t N_{1,t} \quad (6-9)$$

根据企业利润最大化原则，求解其一阶条件，可得出资本价格 r_t 和劳动力价格 w_t 的关系式：

$$r_t = \alpha A K_t^{\alpha-1} \quad (6-10)$$

$$w_t = (1 - \alpha)A\, k_t^{\alpha} / (1 + \eta + \eta_1) \qquad (6-11)$$

（3）政府行为分析。在多层次养老保险体系下，政府在其中的职责主要有两个方面：一是收取基本养老保险缴费并保证待遇的正常发放；二是维持企业年金递延纳税和个人商业养老保险递延纳税政策实施后的财政预算平衡。同时，假设政府无初始财富也不发行债券，政府的收入主要是税收形式，主要由三部分构成：一是向工作期个体征收的个人所得税（征税时已扣除企业年金和个人商业养老保险递延纳税的额度）[①]；二是向退休期个体征收的企业年金递延税；三是向退休期个体征收的个人商业养老保险递延税，其征税形式均为工资额或领取额的一定比例。

由于递延纳税政策削减了政府当期的税收收入，需要政府采取相应措施加以平衡。本书假设政府维持预算平衡的方式为削减政府购买性支出，即通过减少政府当期的购买性支出以抵消政府税收收入的减少[②]，从而最终使政府总支出等于总税收，即 $G_t = T_t$ ，G_t 代表 t 期政府总支出，T_t 代表 t 期政府总税收，则政府的预算平衡可表示为：

$$T_t = (1 - a - b - c)\tau_1 w_t N_{1,t} + H_t \tau_2 N_{2,t} + Q_t \tau_3 N_{2,t} = G_t \qquad (6-12)$$

此外，政府还需保证基本养老金的正常发放，同时，该发放不受企业年金和个人商业养老保险递延纳税影响，个人账户养老金 B_{t+1} 由基本养老保险个人账户缴费本息构成：

$$B_{t+1} = (1 + r_{t+1})a\, w_t \qquad (6-13)$$

统筹账户养老金 P_{t+1} 由企业当前向基本养老保险统筹账户缴纳的保险费用构成，$P_t N_{2,t} = \eta\, w_t N_{1,t}$ ，同时，由前文式子 $N_{2,t} = N_{1,t}/(1 + n)$ ，可得：

$$P_{t+1} = (1 + n)\eta\, w_{t+1} \qquad (6-14)$$

（4）社会资本市场。在该封闭经济体中，可知 t 期工作人口的储蓄与基本养老保险个人账户缴费、企业年金企业缴费和个人缴费、商业养老保险个人缴费的积累形成了第 $t + 1$ 期的资本存量：

---

①　为方便计算，此处的隐含假设是个人对企业年金、商业养老保险缴纳的费用全额抵扣，即缴费率×其工资水平就是其真实递延纳税抵扣额。

②　政府的购买性支出主要有社会消费性支出（如行政管理支出等消耗性支出，其特点是该支出不会形成新的资产）和财政投资性支出（如基础建设投资等，其特点是会形成新的资产）两大类，本书中的购买性支出指的是社会消费性支出，暂不考虑政府投资性支出。

$$s_t + (a + b + c + \eta_1)w_t = (1 + n)k_{t+1} \qquad (6-15)$$

6.1.2 模型的求解

将式（6-6）、式（6-7）、式（6-10）、式（6-11）、式（6-13）、式（6-14）代入式（6-3）、式（6-4），稳态时有 $w_t = w_{t+1}$，$r_t = r_{t+1}$，$k_t = k_{t+1}$，分别记作 $\widehat{w}$、$\widehat{r}$ 和 $\widehat{k}$，从而得到实现一般均衡时各主要变量的最优解：

$$\widehat{r} = \alpha A \widehat{k}^{\alpha-1} \qquad (6-16)$$

$$\widehat{w} = [(1+\alpha)/(1+\eta+\eta_1)]A\widehat{k}^{\alpha} \qquad (6-17)$$

$$\widehat{s} = (1+n)\widehat{k} - (a+b+c+\eta_1)\widehat{w} \qquad (6-18)$$

$$\widehat{c_1} = [1 - \tau_1(1-a-b-c) + \eta_1]\widehat{w} - (1+n)\widehat{k} \qquad (6-19)$$

$$\widehat{c_2} = (1+\widehat{r})[(1+n)\widehat{k} - \tau_2(b+\eta_1)\widehat{w} - \tau_3 c\widehat{w}] + \eta(1+n)\widehat{w} \quad (6-20)$$

6.2 多层次养老保险体系建立前后的经济效应对比分析

6.2.1 参数校准及说明

通过前文的模型构建及所涉公式，本书将其中涉及的变量主要分为内生变量和外生变量两类，其中，外生变量有 $\{a、b、c、\tau_1、\tau_2、\tau_3、\eta、\eta_1、\alpha、A、n、\theta\}$，主要包括政策变量和参数变量；$\{k、y、r、w、s、t、C_1、C_2、U、B、P、H、Q\}$ 则属于内生变量组，在对外生变量进行科学参数赋值的基础上，通过调整相关外生变量参数，可观察外生变量变化导致的内生变量前后差异。模型的主要外生变量参数赋值如下。

（1）个人未来效用折现因子 θ 和工作期年数。目前，学界一般将每年个人未来效用折现因子设置为 $0.95 \sim 0.99$，杨俊（2017）将其设为 0.99，皮切尼诺和波拉德（Pecchenino & Pollard，2002）设为 0.98，杨再贵（2008）、赵春红（2016）均沿用了该结果。本书沿用这一假定，将每年个人未来效用折现因子设置为 0.98。同时，一般情况下，世代交叠模型一个时期的跨度通常为 $25 \sim 30$ 年，本书假设工作期为 28 年，则一期个人未来效用折现因子 $\theta = 0.98^{28} \approx 0.5680$。

（2）资本收入份额 α 和技术进步率 A 。学者们一般将资本收入份额 α 的值设定在 0.3 左右（Pecchenino & Pollard，2002），对比发达国家，我国劳动力人口总量较大，且劳动力价格相对较低。因此，本书假设资本收入份额 α 的值相对较高，为 0.35。同时，假定技术进步率 A 不变，为方便计算，将其设为常数值 1。

（3）劳动力增长率 n 。由于本书的研究主要是在城镇职工基本养老保险制度框架下，参与企业年金和个人商业养老保险的人群也以企业职工为主，多为城镇人口，同时，前文假定城镇人口增长率与劳动力增长率一致。因此，本书以《中国统计年鉴》及国家统计局公布的历年城镇人口数据为基础，计算一期 28 年间，也即 1988~2017 年的城镇人口增长率作为劳动力增长率 n ，计算公式为：

$$n = （81347/28661）- 1 \approx 1.8382 \tag{6-21}$$

（4）基本养老保险个人缴费率 a 和企业缴费率 η 。2018 年 4 月，人力资源和社会保障部、财政部出台《关于继续阶段性降低社会保险费率的通知》，规定基本养老保险单位缴费比例超过 19% 的省（区、市）需进一步降低单位缴费比例至 19%。因此，本书将基本养老保险企业缴费率 η 设定为 19%，基本养老保险个人缴费率 a 则仍为原先制度规定的 8%。

（5）企业年金企业缴费率 η_1 和个人缴费率 b 。根据现行制度规定，我国企业年金企业缴纳部分税收优惠力度为 5%，个人缴费部分的个人所得税税前扣除额则为 4%。[①] 假设企业和个人都是理性经济人，为充分享受税收优惠额度，企业和个人一般按照该比例缴纳企业年金。因此，本书将企业年金企业缴费率 η_1 设置为 5%，个人缴费率 b 设置为 4%。

（6）个人商业养老保险缴费率 c 。2018 年 4 月，财政部、人力资源和社会保障部等五部委联合发布《关于开展个人税收递延型商业养老保险试点的通知》，通知规定："个人缴纳的保费准予在申报扣除当月计算应纳税所得额时予以限额据实扣除，扣除限额按照当月工资薪金、连续性劳务报酬收入的

---

　　① 详细规定参见《财政部　国家税务总局关于补充养老保险费补充医疗保险费有关企业所得税政策问题的通知》和《财政部 人力资源和社会保障部 国家税务总局关于企业年金职业年金个人所得税有关问题的通知》。

6% 和 1000 元孰低办法确定。"据此，可计算得出月收入区间在（0，16666.67）范围内的个体①，其扣除额为月工资额 × 6%，月收入大于 16666.67 元，则扣除额始终为 1000 元。同时，根据中山大学 2016 年我国劳动力动态调查（CLDS）的统计数据显示，参加商业养老保险的个体中，2015 年月工资性收入高于 16666.67 元即年收入高于 20 万的群体较少，大约占到总数的 0.76%。可见，大部分群体其享受的税收扣除额为其工资的 6%。因此，为最大限度享受税收优惠政策，本书假定个人商业养老保险缴费率 c 为 6%。

（7）工作期税率 τ_1。2017 年，我国城镇单位在岗职工月平均工资为 76121 元，即每月工资 6343.42 元/月，基于 2013 ~ 2017 年，我国城镇单位在岗职工平均工资每年的平均增长率在 10% 左右②，设定 2018 年、2019 年在岗职工工资仍按照 10% 左右的速度增长，则 2019 年我国城镇职工月平均工资应为 7675.54 元，也即 8000 元/月左右的水平。同时，由于 2018 年我国实行了新的个税改革，个税起征点由 3500 元上调至 5000 元，且在税率级距上做了调整，拉大了三档低税率级距，使得中低收入群体获益较大。根据新的个税法案，以 8000 元/月为基数，通过计算 8000 元/月的 0.6 倍、0.8 倍、1 倍、3 倍和 5 倍，计算出不同收入群体的纳税情况，如表 6 - 1 所示，个人工作期有效税率的平均水平在 3.25% 左右，考虑到部分群体还享受个税专项扣除，因此，最终将个人工作期税率 τ_1 设定在 3% 左右。此外，由于税率的绝对值并不影响分析结果，影响结果的主要是两期税率之间的差距，故此处使用税率估计值可以接受。

表 6 - 1　　　　　　　　　　工作期税率计算

税前工资（元）	三险一金缴费（元）	扣除三险一金后月收入（元）	应纳税所得额（元）	边际税率（%）	应缴个税（元）	有效税率（%）
4800	912	3888	0	0	0	0
6400	1216	5184	184	3	5.52	0.09
8000	1520	6480	1480	3	44.4	0.56
24000	4560	19440	14440	10	1234	5.14
40000	7600	32400	27400	25	4190	10.48
平均水平	3161.60	13478	8701	8.2	1095	3.25

注：表中的有效税率是个人工作期应缴个税与税前工资的比值。

---

① 计算方法为：1000/6% ≈ 16666.67 元。

② 数据来源于国家统计局官网。

（8）退休期企业年金税率 τ_2 和退休期个人商业养老保险税率 τ_3。对于退休期企业年金的征税问题，财政部、国家税务总局和人力资源和社会保障部于2013 年 12 月印发了《关于企业年金、职业年金个人所得税有关问题的通知》，通知规定："个人达到国家规定的退休年龄，在本通知实施之后按月领取的年金，全额按照'工资、薪金所得'项目适用的税率，计征个人所得税。"其中，"全额征税"意味着个人在领取养老金时无法扣除 5000 元的个税免征额，需全额按照个人所得税规定的累进税率逐级纳税。2017 年，个人分期领取企业年金的数额平均为 1786.1 元/月[①]，主要适用于 3% 的个税比例，因此本书将退休期企业年金税率 τ_2 设定为 3%。在个人商业养老保险税率的规定方面，财政部、人力资源和社会保障部等五部委于 2018 年 4 月联合发布《关于开展个人税收递延型商业养老保险试点的通知》，规定"个人领取商业养老金时征收个人所得税，其中 25% 部分予以免税，剩余 75% 部分按 10% 的比例税率计算缴纳个人所得税"。因此，本书将个人商业养老保险税率 τ_3 设置为 7.5%。

综上，多层次养老保险体系的所有参数赋值情况如表 6-2 所示。

表 6-2　　　　　　　模型参数基准值赋值情况

参数名	符号	值	参数名	符号	值
个人未来效用折现因子	θ	0.5680	企业年金个人缴费率	b	4%
资本收入份额	α	0.35	企业年金企业缴费率	η_1	5%
技术进步率	A	1	个人商业养老保险缴费率	c	6%
劳动力增长率	n	1.8382	个人工作期税率	τ_1	3%
基本养老保险个人缴费率	a	8%	个人退休期企业年金税率	τ_2	3%
基本养老保险企业缴费率	η	19%	个人退休期商业养老保险税率	τ_3	7.5%

6.2.2　数值模拟与对比分析

为比较多层次养老保险体系建立前后的经济效应，本书通过设置企业年金企业和个人缴费率、个人商业养老保险缴费率、个人退休期企业年金税率及商业养老保险税率为 0，即：用 $b = \eta_1 = c = \tau_2 = \tau_3 = 0$ 来表示多层次养老保险体系建立前无企业年金和个人商业养老保险，只有第一层次基本养老保险的情况，用 $b = 4\%$、$\eta_1 = 5\%$、$c = 6\%$、$\tau_2 = 3\%$、$\tau_3 = 7.5\%$ 来表示制度建立后

---

① 数据来源于《全国企业年金基金业务数据摘要（2017 年度)》。

的基本情况，通过计算多层次养老保险体系建立前后分别达到稳态时的各类参数值，比较其产生的变化。测算结果如表6-3所示。

表6-3　　　　　多层次养老保险体系建立前后主要经济参数变化情况

变量名		符号	体系建立前	体系建立后	变化率（%）
资本产出	资本劳动比	k	0.012631	0.013236	4.7930
	产出劳动比	y	0.216522	0.220099	1.6521
要素价格	利率	r	5.999803	5.819974	-2.9973
	工资	w	0.118268	0.115374	-2.4468
储蓄	储蓄	s	0.026387	0.011031	-58.1960
个人福利	工作期消费	C_1	0.079155	0.080738	1.9995
	退休期消费	C_2	0.314712	0.312758	-0.6209
	效用	U	-3.193010	-3.176750	0.5092

从表6-3中可发现，多层次养老保险体系的建立使各类经济变量都不同程度地发生了改变，下面从资本产出、要素价格、储蓄、个人福利水平和养老金收入等角度入手，加以全面分析。

（1）资本产出。测算结果显示，在多层次养老保险体系建立后，资本劳动比k较建立之前有较为显著的增加，由0.012631增长至0.013236，增长率为4.7930%，由于k的增加，产出劳动比y也在一定程度上增加，增长率为1.6521%。这可能得益于多层次养老保险体系建立后经济中资本供应量的增加，尤其是市场上长期投资的增加，同时，递延纳税政策使得个人应缴纳的税款延迟到年金领取环节时征收，这又增加了一部分资本积累。可见，多层次养老保险体系的建立有利于促进经济中资本和产出的增加。

（2）要素价格。要素价格主要包括资本价格即利率r和劳动力价格即工资w。从利率方面看，多层次养老保险体系建立后，利率r（一期28年的总利率）由5.99803下降到5.819974，变化率为-2.9973%，将其换算成一年期利率，则由6.6082%下降至6.4924%，变化率为-1.7524%。这主要得益于多层次养老保险体系建立后经济中资本供应量的增加，使得资本价格即利率r下降。工资方面，工资w由0.118268下降至0.115374，变化率为-2.4468%。工资的下降主要来自两方面的作用：一方面是单位资本存量k的上升提高了劳动力价格也即工资水平；另一方面则由于企业年金制度的建立，需要企业在基本养老保险之外为员工多缴纳一份企业年金，企业劳动力成本较之前相对增加，为控制成本，企业将该成本适当转嫁给劳动者，进而造成工资水平的下降。综合比较，后者的影响大于前者，因此整体的工资水平 w 小幅下降。

（3）储蓄。从表 6-3 中可见，多层次养老保险体系建立后，储蓄 s 有一个较大幅度的下降，由原先的 0.026387 下降至 0.011031，变化率达 -58.19608%。这其中的原因主要是多层次养老保险体系的建立使得个人整体的养老保险缴费水平增加，加之工资水平 w 和利率水平 r 的下降，使得个人可支配收入相对减少，个人储蓄意愿降低，从而使多层次养老保险体系的建立对储蓄产生一定的"挤出效应"。

（4）个人福利。多层次养老保险体系的建立整体上对个人福利有较好的促进作用。个人工作期消费 C_1 由 0.079155 增加至 0.080738，增长率为 1.9995%，整体效用水平 U 也得到增加，增长率为 0.5092%，退休期消费则略有下滑，增长率为 -0.6209%。整体上看，引起个人福利参数变化的原因主要来自三个方面：一是利率 r 的下降减少了个人的储蓄，增加了工作期消费，但同时储蓄的减少也抑制了退休期的消费；二是工资 w 的降低使得个人可支配收入和储蓄水平降低，抑制当期消费的同时也抑制了退休期消费；三是多层次养老保险体系的建立增加了退休期个人养老金收入，这对退休期消费有一定的促进作用，但同时由于递延纳税政策的存在，其促进作用尚不明显。从模型模拟结果看，多层次养老保险体系建立后，利率下降对工作期消费的拉动作用要大于工资下降对工作期消费的抑制作用，因此工作期消费 C_1 增加；受税收政策影响，退休期个人养老金收入增加对退休期消费的促进作用小于利率和工资下降对退休期消费的抑制作用，因此退休期消费 C_2 略有下降。整体上看，工作期消费的增加幅度大于退休期消费的减少幅度，加之个人贴现效用因子 θ 的作用，个体生命周期内效用水平 U 增加。

此外，在多层次养老保险体系建立后，相关养老金变量也发生了变化。如表 6-4 所示，基本养老保险个人账户养老金 B 和统筹账户养老金 P 均相对减少，分别从 0.066228、0.063777 下降至 0.062948、0.062217，下降幅度分别为 4.9530% 和 2.4468%，基本养老保险个人和统筹账户养老金下降的原因主要有两个方面，即多层次养老保险体系建立后工资 w 和利率 r 的下降。尤其是工资的下降意味着缴费基数的降低，从而降低了个人基本养老保险的缴费，使最终领取的养老金数额下降。同时，利率的下降也相对降低了个人账户收益率，使得个人账户养老金数额下降，两方面的作用最终促使个人第一层次基本养老保险收益下降。与此同时，第二、第三层次补充养老保险的建立增加了个人退休期养老金的种类和收入，企业年金和个人商业养老金实现了从无到有，由0分别增加至0.070817、0.047211。整体上看，多层次养老保险体系建立后企业年金和个人商业养老金的增加幅度要大于基本养老保险个人账户和统筹账户养老金的下降幅度，个人退休期的养老金收入整体得以提升。

表6-4　　　　　　　多层次养老保险体系建立前后养老金参数变化情况

养老金变量	符号	体系建立前	体系建立后	变化率
基本养老保险个人账户养老金	B	0.066228	0.062948	-4.9530
基本养老保险统筹账户养老金	P	0.063777	0.062217	-2.4468
企业年金	H	0	0.070817	—
个人商业养老金	Q	0	0.047211	—

综上所述，多层次养老保险体系的建立可以促进经济发展。一方面，从宏观经济角度来看，多层次养老保险的建立使得宏观经济中的资本和产出增加，资本劳动比、产出劳动比均有所上升。另一方面，从微观经济角度来看，多层次养老保险体系的建立使得生产要素价格即工资和利率下降，尤其利率的下降具有拉动投资和刺激消费的作用，使得个人工作期消费增加，个人整体的效用水平提高。由此可见，多层次养老保险制度的建立不仅对我国面临人口老龄化挑战和养老保险制度可持续发展有较为积极的作用，同时对经济发展也将有一定的促进作用。因此，我国多层次养老保险体系的建立十分必要，政府需要充分调动起企业和个人的积极性，明确三方责任分担和适度发展水平，共同构建起基本养老保险、企业年金和商业养老保险协调发展的多层次养老保险体系。

6.3　各层次养老保险缴费率和税率变化的经济效应分析

基于第5章的适度水平测算和多层次养老保险体系改革方案中提出的个人和企业缴费率适度区间，本节将在一般均衡理论框架下作进一步的模拟测算。尤其是在当前我国政府阶段性降低企业职工社会保险费率、减少企业成本，试点开展商业养老保险递延纳税政策，为第二、第三层次补充养老保险置换出更多发展空间的政策背景下，通过调整各层次个人和企业的缴费率、工作期和退休期税率参数，模拟多层次养老保险体系的实施情况，进而发现缴费率和税率变动对经济发展带来的各类影响，以期为政策制定提供相关参考。

6.3.1　第一层次缴费率变化的经济效应分析

（1）调整第一层次个人缴费率 a 的经济效应分析。在现行第一层次基本养老保险个人缴费率8%的基础上，调整个人缴费率参数，分别测算出基本养老保险个人缴费率在6%和10%时模型各个变量的值，并将其与现行制度下的基准值进行对照，结果如表6－5所示。

表6－5　　　　调整第一层次个人缴费率 a 带来的各类参数变化情况

变量	符号	$a = 6\%$	$a = 8\%$（基准值）	$a = 10\%$	下调变化率（%）
经济变量	k	0.013224	0.013236	0.013248	－0.0907
	y	0.220029	0.220099	0.220169	－0.0318
	r	5.823407	5.819974	5.816544	0.0590
	w	0.115338	0.115374	0.115411	－0.0318
	s	0.013312	0.011031	0.008748	20.6791
	C_1	0.080665	0.080738	0.080810	－0.0900
	C_2	0.312634	0.312758	0.312882	－0.0397
	U	－3.177877	－3.176750	－3.175624	－0.0355
养老金变量	B	0.047220	0.062948	0.078670	－24.9861
	P	0.062197	0.062217	0.062236	－0.0318
	H	0.070830	0.070817	0.070803	0.0186
	Q	0.047220	0.047211	0.047202	0.0186

注：$a = 8\%$ 是现行制度下第一层次养老保险个人缴费率，因此该列也即代表基准列，表中计算的变化率是下调第一层次个人缴费率至6%时相对基准值8%时变化的相对比率。

首先，从资本与产出方面来看，降低第一层次个人缴费率会使得单位资本存量略微下降，k 由0.013236下降至0.013224，变化率为－0.0907%，也会使得单位产出下降，y 由0.220099下降至0.220029，变化率为－0.0318%。这可能是由于第一层次个人缴费率的下降使得经济中的长期资本减少，进而也令产出下降。

其次，在生产要素价格方面，降低第一层次个人缴费率提升了利率水平，由5.819974上升至5.823407，变化率为0.0590%，资本存量的下降是利率上升的主要原因。在工资变化方面，工资水平由0.115374下降至0.115338，变化率为－0.0318%，工资的下降也主要受到资本和产出下降的影响。

再次，从储蓄方面看，降低第一层次个人缴费率会使得个人储蓄大幅度增加，由 0.011031 增加至 0.013312，增长率为 20.6791%。这主要是由于个人缴费率的下降使得个人工作期可支配收入增加，从而有更多的收入用于储蓄。同时，出于老年生活的考虑，个人也应当适当增加储蓄，以确保老年生活维持在一定水平。

最后，从个人福利方面来看，降低第一层次个人缴费率会使个人两期消费下降，工作期消费由 0.080738 下降至 0.080665，退休期消费则由 0.312758 下降至 0.312634，变化率分别为 -0.900% 和 -0.0397%，个人效用也因此下降，由 -3.176750 下降至 -3.177877。在个人获得的养老金福利方面，如表 6-5 和图 6-1 所示，基本养老保险个人账户和统筹账户养老金均下降，尤其是个人账户养老金，由 0.062948 下降至 0.047220，变化率达 -24.9861%，下降幅度较大。可见，下调个人缴费率最直接的影响就是个人账户养老金积累额的减少。

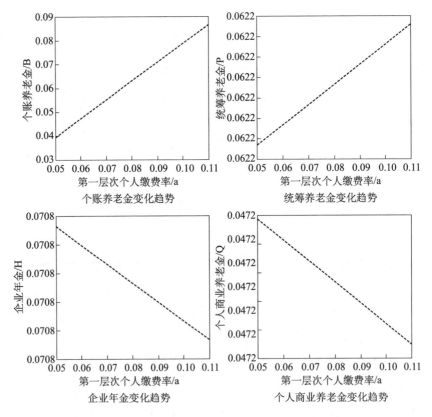

图6-1　第一层次个人缴费率调整对各养老金变量的影响

注：为保证图片纵轴美观，此处仅保留四位小数，不影响实际趋势呈现，缴费率变化对应具体数值见表6-5。

此外，企业年金和个人商业养老保险金则略微有所上升，分别从 0.070817、0.047211 上升至 0.070830、0.047220，变化率均为 0.0186%。这也从一定程度上反映出第一层次基本养老保险与第二、第三层次养老保险间的替代效应。随着第一层次个人缴费率和待遇的降低，为保障自身的老年生活，个人需要通过购买商业养老保险、参与企业年金等多种方式增加自身的老年积累。

（2）调整第一层次企业缴费率 η 的经济效应分析。在第一层次基本养老保险企业缴费率 19% 的基础上，调整企业缴费率参数，分别测算出基本养老保险企业缴费率在 17% 和 21% 时模型各个变量的值，并将其与现行制度下的基准值进行对照，结果如表 6 - 6 所示。

表 6 - 6　　　　调整第一层次企业缴费率 η 带来的各类参数变化情况

变量	符号	$\eta = 17\%$	$\eta = 19\%$（基准值）	$\eta = 21\%$	下调变化率（%）
经济变量	k	0.013840	0.013236	0.012673	4.5649
	y	0.223564	0.220099	0.216772	1.5746
	r	5.653535	5.819974	5.986953	-2.8598
	w	0.119112	0.115374	0.111827	3.2398
	s	0.011886	0.011031	0.010247	7.7527
	C_1	0.082856	0.080738	0.078700	2.6232
	C_2	0.313129	0.312758	0.312328	0.1187
	U	-3.150183	-3.176750	-3.203098	0.8363
养老金变量	B	0.063401	0.062948	0.062506	0.7202
	P	0.057471	0.062217	0.066651	-7.6276
	H	0.071327	0.070817	0.070320	0.7202
	Q	0.047551	0.047211	0.046880	0.7202

注：η = 19% 是 2019 年 5 月 1 日前第一层次养老保险企业缴费率，因此该列也即代表基准列，表中计算的变化率是下调第一层次个人缴费率至 17% 时相对基准值 19% 时变化的相对比率。

首先，从资本与产出方面来看，降低第一层次企业缴费率会使得单位资本存量显著上升，k 由 0.013236 上升至 0.013840，变化率为 4.5649%，也会使得单位产出上升，y 由 0.220099 上升至 0.223564，变化率为 1.5746%。这得益于第一层次企业缴费率的下降一定程度上降低了企业的劳动力成本，使得企业可以有更多资金用于生产，从而使得经济中的资本存量增加，产出增加。

其次，在生产要素价格方面，降低第一层次企业缴费率还使得利率水平下降，由 5.819974 下降至 5.653535，变化率为 -2.8598%，这有可能是由于资本存量的上升导致了利率的下降。在工资变化方面,工资水平由 0.115374 提高至 0.119112,变化率为 3.2398%,工资的上升一方面得益于经济中资本存量的增加,另一方面也反映出基本养老保险企业缴费率下降后,降低了企业的养老保险缴费负担,企业有更多资金用于职工工资的发放,可以适当提高职工现期的收入。

最后,从个人福利方面来看,降低第一层次企业缴费率会使个人两期消费上升,工作期消费由 0.080738 上升至 0.082856,退休期消费则由 0.312758 提高至 0.313129,变化率分别为 2.6232% 和 0.1187%,个人效用也因此上升,由 −3.176750 上升至 −3.150183。在个人获得的养老金福利方面,除了基本养老保险统筹账户养老金由 0.062217 大幅下降至 0.057471 外,基本养老保险个人账户养老金、企业年金和个人商业养老金均有所上升,变化率均为 0.7202%。整体上看,降低第一层次企业缴费率带来的养老金变动幅度整体较小。

通过比较降低第一层次个人缴费率和企业缴费率所引致的效果发现:降低企业缴费率可以增加单位资本存量、单位劳动产出,提高工资水平、两期消费和个人效用,降低利率水平。与下调企业缴费率不同,降低个人缴费率带来的效果则几乎相反,它不仅会减少资本存量和产出,还会降低个人两期的消费和效用水平。不仅如此,结合表 6 - 7 的弹性分析结果发现,同样是降低相应的比例,企业缴费率下降带来的影响要远大于个人缴费率下降带来的影响。例如,同样是降低缴费率,降低第一层次企业缴费率对资本 k 的弹性是 −0.441533,降低第一层次个人缴费率对资本 k 的弹性则只有 0.003627。因此,通过适当降低企业缴费率,不仅可以降低企业的劳动力成本,提高企业的产品竞争力,并且还有利于更大幅度地提升资本存量和产出,促进经济的健康运行。

表 6 - 7　　　　　　　内生变量对缴费率和税率等外生变量的弹性分析

变量	符号	对第一层次企业缴费率 η	对第一层次个人缴费率 a	对工作期税率 τ_1	对退休期企业年金税率 τ_2	对退休期商保税率 τ_3
经济变量	k	− 0.441533	0.003627	− 0.036931	0.007196	0.011988
	y	− 0.151163	0.001270	− 0.013084	0.002513	0.004189
	r	0.271445	− 0.002360	0.024761	− 0.004650	− 0.007761
	w	− 0.311936	0.001270	− 0.013084	0.002513	0.004189
	s	− 0.753290	− 0.827032	− 0.094297	0.018461	0.030748
	C_1	− 0.251635	0.003601	− 0.036682	0.000334	0.000561
	C_2	− 0.010787	0.001590	− 0.016326	− 0.003636	− 0.006064
	U	0.079605	− 0.001419	0.014707	0.000546	0.000909

续表

变量	符号	对第一层次企业 缴费率 η	对第一层次个人 缴费率 a	对工作期 税率 τ_1	对退休期企业 年金税率 τ_2	对退休期商保 税率 τ_3
养老金 变量	B	− 0.068883	0.999535	0.007770	− 0.001465	− 0.002445
	P	0.737317	0.001270	− 0.013084	0.002513	0.004189
	H	− 0.068883	− 0.000743	0.007770	− 0.001465	− 0.002445
	Q	− 0.068883	− 0.000743	0.007770	− 0.001465	− 0.002445

6.3.2 第二、第三层次缴费率变化的经济效应分析

（1）调整第二层次个人缴费率 b 的经济效应分析。在现行第二层次企业年金个人缴费率 4% 的基础上，调整企业年金个人缴费率参数，分别测算出企业年金个人缴费率在 2% 和 6% 时模型各个变量的值，并将其与现行制度下的基准值进行比较，结果如表 6-8 所示。

表 6-8　　　　　　调整第二层次个人缴费率 b 带来的各类参数变化情况

变量	符号	$b = 2\%$	$b = 4\%$ （基准值）	$b = 6\%$	上调变化率 （%）
经济 变量	k	0.013203	0.013236	0.013269	0.2505
	y	0.219906	0.220099	0.220292	0.0876
	r	5.829461	5.819974	5.810516	− 0.1625
	w	0.115273	0.115374	0.115475	0.0876
	s	0.013266	0.011031	0.008792	− 20.2941
	C_1	0.080659	0.080738	0.080817	0.0976
	C_2	0.312887	0.312758	0.312629	− 0.0412
	U	− 3.177493	− 3.176750	− 3.176008	0.0234
养老金 变量	B	0.062980	0.062948	0.062916	− 0.0512
	P	0.062162	0.062217	0.062271	0.0876
	H	0.055108	0.070817	0.086509	22.1597
	Q	0.047235	0.047211	0.047187	− 0.0512

注：$b = 4\%$ 是现行制度下第二层次企业年金个人缴费率，因此该列也即代表基准列，表中计算的变化率是上调第二层次个人缴费率至 6% 时相对基准值 4% 时变化的相对比率。

首先，从资本产出方面来看，提高企业年金个人缴费率会使得单位资本存量上升，k 由 0.013236 上升至 0.013269，变化率为 0.2505%，也会使得单位产出上升，y 由 0.220099 上升至 0.220292，变化率为 0.0876%。这得益于企业年金个人缴费率的提升增加了经济中的长期资本，从而使得资本和产出增加，促进经济发展。

其次，在生产要素价格方面，提高企业年金个人缴费率还使得利率水平下降，由 5.819974 下降至 5.810516，变化率为 − 0.1625%，由于利率是资本价

格的体现，单位资本存量的增加会导致利率的下降。在工资变化方面，工资水平由 0.115374 略微上升至 0.115475，变化率为 0.0876%，工资的提高主要得益于经济中资本存量的增加。

再次，从储蓄方面看，提高第二层次个人缴费率会使得个人储蓄大幅度减少，由 0.011031 降低至 0.008792，变化率为 -20.2941%。这主要是由于企业年金个人缴费率的提高使得个人工作期可支配收入减少，从而使得收入中用于储蓄的部分下降。这也一定程度上反映出储蓄与企业年金之间存在一定的替代效应，企业年金的建立使得个人老年收入来源更为多样化，老年生活更有保障，从而一定程度上降低了个人储蓄防老的需求。

最后，从个人福利方面来看，提高第二层次企业年金个人缴费率会使个人工作期消费上升，由 0.080738 上升至 0.080817，变化率为 0.0976%，退休期消费略微下降，由 0.312758 下降至 0.312629，变化率为 -0.0412%，个人整体效用提高，由 -3.176750 上升至 -3.176008，变化率为 0.0234%。可见，提高企业年金个人缴费率整体上对个人消费影响不大，可提升其整体效用。在个人获得的养老金福利方面，提升企业年金个人缴费率的最直接影响就是促进了个人企业年金领取额相对提高，由 0.070817 上升至 0.086509，变化率为 22.1597%。基本养老保险个人账户养老金和个人商业养老金则略微降低，变化率均为 -0.0512%，企业年金对两者均有一定的替代效应。

（2）调整第二层次企业缴费率 η_1 的经济效应分析。在现行第二层次企业缴费率 η_1 为 5% 的基础上，调整企业缴费率参数，分别测算出基本养老保险企业缴费率在 3% 和 7% 时模型各个变量的值，并将其与现行制度下的基准值进行对照，结果如表 6 - 9 所示。

表 6 - 9　　　　调整第二层次企业缴费率 η_1 带来的各类参数变化情况

变量	符号	$\eta_1 = 3\%$	$\eta_1 = 5\%$ （基准值）	$\eta_1 = 7\%$	上调变化率 （%）
经济 变量	k	0.013103	0.013236	0.013366	0.9793
	y	0.219323	0.220099	0.220851	0.3417
	r	5.858269	5.819974	5.783222	-0.6315
	w	0.116852	0.115374	0.113931	-1.2510
	s	0.012651	0.011031	0.009452	-14.3118
	C_1	0.080293	0.080738	0.081168	0.5334
	C_2	0.312783	0.312758	0.312732	-0.0083
	U	-3.182223	-3.176750	-3.171477	0.1660

续表

变量	符号	$\eta_1 = 3\%$	$\eta_1 = 5\%$ （基准值）	$\eta_1 = 7\%$	上调变化率 （%）
养老金 变量	B	0.064112	0.062948	0.061826	−1.7832
	P	0.063014	0.062217	0.061438	−1.2510
	H	0.056098	0.070817	0.085010	20.0428
	Q	0.048084	0.047211	0.046369	−1.7832

注：$\eta_1 = 5\%$ 是现行制度下第二层次养老保险企业缴费率，因此该列也即代表基准列，表中计算的变化率是上调第二层次企业缴费率至 7% 时相对基准值 5% 时变化的相对比率。

首先，从资本与产出方面来看，提高第二层次企业缴费率会使得单位资本存量上升，k 由 0.013236 上升至 0.013366，变化率为 0.9793%，也会使得单位产出上升，y 由 0.220099 上升至 0.220851，变化率为 0.3417%。这得益于企业年金企业缴费率的提升增加了经济中的长期资本，从而使得资本和产出增加，促进经济发展。

其次，在生产要素价格方面，提高企业年金企业缴费率还使得利率水平下降，由 5.819974 下降至 5.783222，变化率为 −0.6315%，由于利率是资本价格的体现，单位资本存量的增加会导致利率的下降。在工资变化方面，工资水平由 0.115374 下降至 0.113931，变化率为 −1.2510%，其主要原因在于上调企业年金企业缴费率会导致企业劳动力成本的上升，为控制成本，企业会通过适度降低职工工资水平的方式将其部分转嫁给劳动者。

最后，从个人福利方面来看，提高第二层次企业年金企业缴费率会使个人工作期消费上升，由 0.080738 上升至 0.081168，变化率为 0.5334%，退休期消费略微下降，由 0.312758 下降至 0.312732，变化率为 −0.0083%，个人整体效用提高，由 −3.176750 上升至 −3.171477，变化率为 0.1660%。可见，提高企业年金企业缴费率整体上对个人消费影响不大，并且能一定程度上提升个人整体效用。在个人获得的养老金福利方面，如图 6-2 所示，提升第二层次企业缴费率的最直接影响就是促进了个人企业年金领取额相对大幅提高，由 0.070817 上升至 0.085010，变化率为 20.0428%，但会导致其他养老金变量小幅降低，且该变化率要高于提高企业年金个人缴费率时的情形。整体上看，分别上调第二层次企业年金企业和个人缴费率均能提高资本存量，进而带动产出增加、经济增长，但两者产生的效应也存在不同，尤其是在养老金领取方面，提高企业年金企业缴费率对其他层次养老保险的替代效应更大，需要谨慎考虑。

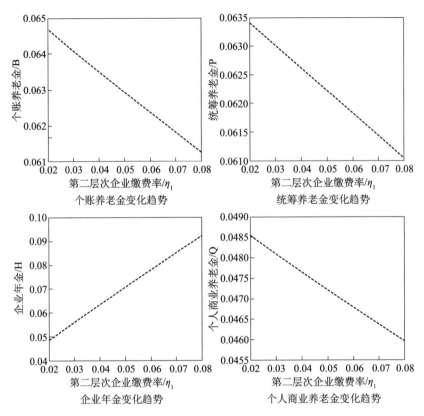

图 6 - 2 第二层次企业缴费率调整对各养老金变量的影响

（3）调整第三层次个人缴费率 c 的经济效应分析。在现行第三层次商业养老保险个人缴费率 6% 的基础上，调整商业养老保险个人缴费率参数，分别测算出商业养老保险个人缴费率在 4% 和 8% 时模型各个变量的值，并将其与现行制度下的基准值进行比较，结果如表 6 - 10 所示。

表 6 - 10　调整第三层次个人商业养老保险缴费率 c 带来的各类参数变化情况

变量	符号	$c = 4\%$	$c = 6\%$（基准值）	$c = 8\%$	上调变化率（%）
经济变量	k	0.013171	0.013236	0.013301	0.4904
	y	0.219721	0.220099	0.220476	0.1714
	r	5.838566	5.819974	5.801497	− 0.3175
	w	0.115176	0.115374	0.115572	0.1714
	s	0.013196	0.011031	0.008858	− 19.6962
	C_1	0.080650	0.080738	0.080826	0.1088
	C_2	0.313268	0.312758	0.312250	− 0.1624
	U	− 3.176918	− 3.176750	− 3.176586	0.0052

续表

变量	符号	$c=4\%$	$c=6\%$（基准值）	$c=8\%$	上调变化率（%）
养老金变量	B	0.063011	0.062948	0.062885	−0.1000
	P	0.062110	0.062217	0.062323	0.1714
	H	0.070888	0.070817	0.070746	−0.1000
	Q	0.031506	0.047211	0.062885	33.2000

注：$c=6\%$ 是现行制度下第三层次商业养老保险个人缴费率，因此该列也即代表基准列，表中计算的变化率是上调第三层次个人缴费率至 8% 时相对基准值 6% 时变化的相对比率。

首先，从资本产出方面来看，提高商业养老保险个人缴费率会使得单位资本存量上升，k 由 0.013236 上升至 0.013301，变化率为 0.4904%，也会使得单位产出上升，y 由 0.220099 上升至 0.220476，变化率为 0.1714%。这得益于商业养老保险个人缴费率的提升增加了经济中的长期资本，从而使得经济中资本和产出增加。

其次，在生产要素价格方面，提高商业养老保险个人缴费率还使得利率水平下降，由 5.819974 下降至 5.801497，变化率为 −0.3157%，由于利率是资本价格的体现，单位资本存量的增加会导致利率的下降。在工资变化方面，工资水平由 0.115374 略微上升至 0.115572，变化率为 0.1714%，工资的提高主要得益于经济中资本存量的增加。

再次，从储蓄方面看，提高商业养老保险个人缴费率会使得个人储蓄大幅度减少，由 0.011031 降低至 0.008858，变化率为 −19.6962%。这主要是由于商业养老保险个人缴费率的提高使得个人工作期可支配收入减少，从而使得收入中用于储蓄的部分下降。这也一定程度上反映出储蓄与商业养老保险之间存在一定的替代效应，随着商业养老保险产品的日益丰富和递延纳税政策的开展，其具备的投资增值和分红功能将使商业养老保险相较储蓄存款更具吸引力，从而获得更多的市场份额。

最后，从个人福利方面来看，提高第三层次商业养老保险个人缴费率会使个人工作期消费上升，由 0.080738 上升至 0.080826，变化率为 0.1088%，退休期消费略微下降，由 0.312758 下降至 0.312250，变化率为 −0.1624%，个人整体效用提高，由 −3.176750 上升至 −3.176586，变化率为 0.0052%。可见，提高商业养老保险个人缴费率虽然会使个人退休期消费减少，但退休期消费减少带来的影响要小于工作期消费增加的影响，因而整体上个人效用是增加的。在个人获得的养老金福利方面，提升商业养老保险个人缴费率最直接影响就是促进了个人商业养老保险金领取额相对提高，由 0.047211 上升至 0.062885，变化率为 33.2000%。基本养老保险个人账户养老金和企业年金则有所降低，变化率均为 −0.1000%，可见，在个人收入一定的情况下，增加个人商业养老保险缴费的同时，个人基本养老保险和企业年金的缴费就会相应减少，因而最终领取额也会有所变动，基本养老保险、企业年金和个人商业养老保险间存在一定的替代关系。

6.3.3 工作期税率变化的经济效应分析

2018 年 8 月，第十三届全国人大常委会第五次会议表决通过了关于修改《个人所得税法》的决定，将个税免征额提高至每月 5000 元，并设置了专项附加扣除等部分减税政策，新的个税法将从自 2019 年 1 月 1 日起正式施行。在个税改革的政策背景下，保持其他条件不变，本节通过调整个人工作期税率，分析多层次养老保险体系下政府税率调整对经济运行、个人福利以及个人退休金领取方面的影响。

在我国现行工作期税率为 3% 的基础上，调整工作期税率参数，分别测算出工作期税率在 1% 和 5% 时模型各个变量的值，并将其与现行制度下的基准值进行对照，结果如表 6−11 所示。

表 6−11　　　　　　　调整工作期税率 τ_1 带来的各类参数变化情况

变量	符号	$\tau_1 = 1\%$	$\tau_1 = 3\%$（基准值）	$\tau_1 = 5\%$	上调变化率（%）
经济变量	k	0.013566	0.013236	0.012910	−2.4678
	y	0.222002	0.220099	0.218182	−0.8708
	r	5.727645	5.819974	5.915274	1.6375
	w	0.116372	0.115374	0.114370	−0.8708
	s	0.011737	0.011031	0.010335	−6.3097
	C_1	0.082734	0.080738	0.078759	−2.4508
	C_2	0.316151	0.312758	0.309356	−1.0877
	U	−3.146201	−3.176750	−3.207775	−0.9766
养老金变量	B	0.062633	0.062948	0.063272	0.5144
	P	0.062755	0.062217	0.061675	−0.8708
	H	0.070462	0.070817	0.071181	0.5144
	Q	0.046975	0.047211	0.047454	0.5144

注：$\tau_1 = 3\%$ 是现行制度下我国工作期税率，因此该列也即代表基准列，表中计算的变化率是上调工作期税率至 5% 时相对基准值 3% 时变化的相对比率。

首先，从资本与产出方面来看，提高工作期税率会使单位资本存量下降，k 由 0.013236 下降至 0.012910，变化率为 -2.4678%，也会使得单位产出下降，y 由 0.220099 下降至 0.218182，变化率为 -0.8708%。这可能是由于个人工作期税率的提高使得个人工作期可支配收入减少，储蓄降低，进而影响到经济中的资本存量同时也令产出下降。

其次，在生产要素价格方面，提高工作期税率提升了利率水平，由 5.819974 上升至 5.915274，变化率为 1.6375%，利率作为资本价格的体现，单位资本存量的降低会导致利率的上升。在工资变化方面，工资水平由 0.115374 下降至 0.114370，变化率为 -0.8708%，工资的下降也主要受到资本和产出下降的影响。

再次，从储蓄方面看，提高工作期税率会使得个人储蓄下降，由 0.011031 下降至 0.010335，变化率为 -6.3097%。这主要是由于工作期税率的提高使得个人工作期可支配收入减少，从而一定程度上降低了个人收入中用于储蓄的比例。

最后，从个人福利方面来看，提高工作期税率会使个人两期消费下降，工作期消费由 0.080738 下降至 0.078759，退休期消费则由 0.312758 下降至 0.309356，变化率分别为 -2.4508% 和 -1.0877%，个人效用也因此下降，由 -3.176750 下降至 -3.207775。可见，提高工作期税率会给个人福利带来较大损失，不利于个人消费水平提升和效用增加。在个人获得的养老金情况上，提高工作期税率会使基本养老保险统筹账户养老金下降，原因可能是工作期税率的提高使得个人工资水平下降，而统筹账户缴费主要以个人工资为缴费基数，个人工资水平的下降导致统筹账户的缴费相对减少，因此最终造成了个人统筹账户部分养老金领取额的相对降低。

6.3.4 退休期税率变化的经济效应分析

2018 年 4 月，我国出台了《开展个人税收递延型商业养老保险试点的通知》，个人商业养老保险税收递延开始进入政策试点运行阶段。在企业年金和个人商业养老保险递延纳税的政策背景下，保持其他条件不变，通过调节个人在退休期的各项税率，分析多层次养老保险体系下政府退休期税率调整对经济运行、个人福利以及个人退休金领取方面的影响。

（1）调整退休期企业年金税率 τ_2 的经济效应分析。在我国现行退休期企业年金税率为3%的基础上，调整退休期企业年金税率参数，分别测算出退休期企业年金税率在1%和5%时模型各个变量的值，并将其与现行制度下的基准值进行对照，结果如表6-12所示。

表6-12 　　　　　　　　　调整退休期税率 τ_2 带来的各类参数变化情况

变量		符号	$\tau_2 = 1\%$	$\tau_2 = 3\%$（基准值）	$\tau_2 = 5\%$	上调变化率（%）
经济变量		k	0.013173	0.013236	0.013300	0.4795
		y	0.219729	0.220099	0.220468	0.1676
		r	5.838153	5.819974	5.801905	-0.3104
		w	0.115181	0.115374	0.115568	0.1676
		s	0.010896	0.011031	0.011167	1.2299
		C_1	0.080719	0.080738	0.080756	0.0224
		C_2	0.313519	0.312758	0.311999	-0.2426
		U	-3.175601	-3.176750	-3.177905	-0.0364
养老金变量		B	0.063010	0.062948	0.062886	-0.0978
		P	0.062112	0.062217	0.062321	0.1676
		H	0.070886	0.070817	0.070747	-0.0978
		Q	0.047257	0.047211	0.047165	-0.0978

注：$\tau_2 = 3\%$ 是现行制度下我国退休期企业年金税率，因此该列也即代表基准列，表中计算的变化率是上调退休期企业年金税率至5%时相对基准值3%时变化的相对比率。

首先，从资本与产出方面来看，提高退休期企业年金税率会使得单位资本存量上升，k 由 0.013236 上升至 0.013300，增长率为 0.4795%，也会使得单位产出上升，y 由 0.220099 上升至 0.220468，增长率为 0.1676%。这主要是由于退休期企业年金税率的提高使得个人更倾向于在工作期进行消费和储蓄，从而增加了经济中的资本存量同时也令产出增加。

其次，在生产要素价格方面，提高退休期企业年金税率还使得利率水平下降，由 5.819974 下降至 5.801905，变化率为 -0.3104%，由于利率是资本价格的体现，单位资本存量的增加会导致利率的下降。在工资变化方面，工资水平由 0.115374 提升至 0.115568，变化率为 0.1676%，工资的提高主要得益于经济中资本存量和产出的增加。

最后，从个人福利方面来看，提高退休期企业年金税率会使个人工作期消费上升，由 0.080738 上升至 0.080756，变化率为 0.0224%，退休期消费则有所下降，由 0.312758 下跌至 0.311999，变化率为 -0.2426%，个人整体效用下降，由 -3.176750 下降至 -3.177905，变化率为 -0.0364%。可见，提高退休期企业年金税率会使个人福利遭受损失，尤其是退休期消费下降的幅度要高于工作期消费上涨的幅度，从而导致了个人一生整体效用的下降。在个人获得的养老金福利方面，提升退休期企业年金税率产生的直接影响就是个人领取的企业年金数额相对下降，由 0.070817 下跌至 0.070747，变化率为 -0.0978%，同时也造成了基本养老保险个人账户养老金和个人商业养老金的减少，变化率均为 -0.0978%。整体而言，提高退休期企业年金税率会使个人领取的养老金数额相对下降，不利于个人福利的总体提升。

（2）调整退休期商业养老保险税率的经济效应分析。在我国现行退休期商业养老保险税率为 7.5% 的基础上，调整退休期商业养老保险税率参数，分别测算出退休期商业养老保险税率在 5.5% 和 9.5% 时模型各个变量的值，并将其与现行制度下的基准值进行对照，结果如表 6 - 13 所示。

表 6 - 13　　　　　　　调整退休期税率 τ_3 带来的各类参数变化情况

变量	符号	$\tau_3 = 5.5\%$	$\tau_3 = 7.5\%$ （基准值）	$\tau_3 = 9.5\%$	上调变化率 （%）
经济 变量	k	0.013194	0.013236	0.013279	0.3196
	y	0.219853	0.220099	0.220345	0.1117
	r	5.832080	5.819974	5.807916	-0.2072
	w	0.115245	0.115374	0.115503	0.1117
	s	0.010941	0.011031	0.011121	0.8196
	C_1	0.080725	0.080738	0.080750	0.0150
	C_2	0.313265	0.312758	0.312252	-0.1618
	U	-3.175983	-3.176750	-3.177519	-0.0242
养老金 变量	B	0.062989	0.062948	0.062907	-0.0653
	P	0.062147	0.062217	0.062286	0.1117
	H	0.070863	0.070817	0.070770	-0.0653
	Q	0.047242	0.047211	0.047180	-0.0653

注：$\tau_3 = 7.5\%$ 是现行制度下我国退休期商业养老保险税率，因此该列也即代表基准列，表中计算的变化率是上调退休期商业养老保险税率至 9.5% 时相对基准值 7.5% 时变化的相对比率。

首先，从资本与产出方面来看，提高退休期商业养老保险税率会使得单位资本存量上升，k 由 0.013236 上升至 0.013279，增长率为 0.3196%，也会使得单位产出上升，y 由 0.220099 上升至 0.220345，增长率为 0.1117%。这主要是由于退休期商业养老保险税率的提高使得个人更倾向于在工作期进行消费和储蓄，从而增加了经济中的资本存量同时也令产出增加。

其次，在生产要素价格方面，提高退休期商业养老保险税率还使得利率水平下降，由 5.819974 下降至 5.807916，变化率为 -0.2072%，由于利率是资本价格的体现，单位资本存量的增加会导致利率的下降。在工资变化方面，工资水平由 0.115374 提升至 0.115503，变化率为 0.1117%，工资的提高主要得益于经济中资本存量和产出的增加。

最后，从个人福利方面来看，提高退休期商业养老保险税率会使个人工作期消费上升，由 0.080738 上升至 0.080750，变化率为 0.0150%，退休期消费则有所下降，由 0.312758 下跌至 0.312252，变化率为 -0.1618%，个人整体效用下降，由 -3.176750 下降至 -3.177519，变化率为 -0.0242%。可见，提高退休期商业养老保险税率会使个人福利遭受损失，尤其是退休期消费下降的幅度要高于工作期消费上涨的幅度，从而导致了个人一生整体效用的下降。在个人获得的养老金福利方面，提升退休期商业养老保险税率产生的直接影响就是个人领取的商业养老保险数额相对下降，由 0.047211 下跌至 0.047180，变化率为 -0.0653%，同时也造成了基本养老保险个人账户养老金和企业年金的减少，变化率均为 -0.0653%。

整体而言，上调退休期企业年金税率和商业养老保险税率产生的效应基本相同。一方面，增加资本存量和产出，提升工资水平和储蓄率，降低利率水平；另一方面，会降低个人退休期消费和整体效用，使个人企业年金和商业养老金领取额度相对降低，个人退休期可支配收入的减少，老年福利受到损失。

6.4 多层次养老保险体系对不同收入群体的经济效应分析

近年来，企业年金和商业养老保险作为居民转移性收入、财产性收入的重要来源，在发达国家居民的财产储备中占有较大比重。随着我国人口老龄化形势的日益严峻，老年生活所需的产品和服务成本正在不断增加，城镇中不同收入群体也将面临不同程度的养老问题，尤其是缺少养老储蓄积累的城镇低收入群体，将在很大程度上面临"因老致贫"的潜在威胁。在此背景下，本节通过模拟多层次养老保险体系建立后对不同收入群体的影响，比较分析三类群体在工资水平、储蓄、消费和个人效用方面的差异，从而为完善我国收入再分配机制，促进养老保险制度公平性发展提供相关参考。

6.4.1 参数校准及说明

在参数设置上，除技术进步率、工作期税率和退休期企业年金税率外，其余参数设置基本沿袭了 6.2.1 节中的设定。

（1）技术进步率 A 。参考赵春红（2016）的做法，为使数值模拟更符合实际，用不同的技术进步率来代替不同收入群体，假定城镇低收入群体适用的技术进步率为 1，城镇中等收入群体适用的技术进步率为 1.5，城镇高收入群体的技术进步率为 2。由于一种技术进步率代表一个经济体，因此，最终对三类不同收入群体的比较事实上也是对三个不同经济体的比较。

（2）工作期税率 τ_1 。在工作期税率的设置方面，2017 年我国城镇单位在岗职工月平均工资为 76121 元，即每月工资 6343.42 元/月。基于 2013～2017 年我国城镇单位在岗职工平均工资每年的平均增长率在 10% 左右[1]，设定 2018 年、2019 年在岗职工工资仍按照 10% 左右的速度增长，则 2019 年我国城镇职工月平均工资应为 7675.54 元，也即 8000 元/月左右的水平。以 8000 元/月为基数，按照城镇职工基本养老保险缴费基数的划分标准，即以城镇单位在岗职工平均工资的 60%～300% 划分不同的收入群体，假定城镇低、中和高收入群体的月工资水平分别为 4800 元/月、8000 元/月和 24000 元/月时，依据 2018 年 10 月改革的新个税法案税率表（由于个体异质性，个人在生育、教育、医疗和住房方面的差异较大，为方便计算，此处暂未考虑个税专项扣除等细致条款），分别计算得出三类收入群体的有效税率。如表 6－14 所示，计算得出城镇低、中和高收入群体的有效税率分别是 0%、0.56% 和 5.16%。

表 6－14　　　　　　　　　　　工作期税率计算情况

税前工资（元）	三险一金缴费（元）	扣除三险一金后月收入（元）	应纳税所得额（元）	边际税率（%）	应缴个税（元）	有效税率（%）
4800	912	3888	0	0	0	0
8000	1520	6480	1480	3	44.4	0.56
24000	4560	19440	14440	10	1234	5.14

注：表中的有效税率是个人工作期应缴个税与税前工资的比值。

---

[1] 数据来源于国家统计局官网。

（3）退休期企业年金税率 τ_3。对于退休期企业年金的征税问题，财政部、国家税务总局和人力资源和社会保障部于 2013 年 12 月印发了《关于企业年金、职业年金个人所得税有关问题的通知》，通知规定："个人达到国家规定的退休年龄，在本通知实施之后按月领取的年金，全额按照'工资、薪金所得'项目适用的税率，计征个人所得税。"其中，"全额征税"意味着个人在领取养老金时无法扣除 5000 元的个税免征额，需全额按照个人所得税规定的累进税率逐级纳税。2017 年，个人分期领取企业年金的数额平均为 1786.1 元/月[1]，该平均领取金额主要适用 3% 的个税比例，因此，本书假设低收入和中等收入群体的退休期企业年金税率为 3%，高收入群体则相对较高，至少适用 10% 的税率，从而更符合实际情况。

综上，多层次养老保险体系下不同收入群体的所有参数赋值情况如表 6 - 15 所示。

表 6 - 15　　　　　　　　　模型参数基准值赋值情况

参数名	符号	参数值		
		低收入群体	中等收入群体	高收入群体
个人未来效用折现因子	θ	0.5680		
资本收入份额	α	0.35		
技术进步率	A	1	1.5	2
劳动力增长率	n	1.8382		
基本养老保险个人缴费率	a	8%		
基本养老保险企业缴费率	η	19%		
企业年金个人缴费率	b	4%		
企业年金企业缴费率	η_1	5%		
个人商业养老保险缴费率	c	6%		
个人工作期税率	τ_1	0%	0.56%	5.14%
个人退休期企业年金税率	τ_2	3%	3%	10%
个人退休期商业养老保险税率	τ_3	7.5%		

6.4.2　数值模拟与结果分析

基于前文构建的多层次养老保险体系一般均衡两期世代交叠模型，将不同收入群体的参数值分别代入方程，最终得到实现一般均衡时各主要变量的最优解，模拟结果如下所示。

---

①　数据来源于《全国企业年金基金业务数据摘要（2017 年度）》。

（1）多层次养老保险体系建立对城镇低收入群体的影响。对于城镇低收入群体，多层次养老保险体系的建立使各类经济变量都不同程度地发生了改变，下面主要从城镇低收入群体的工资、储蓄、个人福利水平和养老金等变量入手，加以全面分析，如表 6 – 16 所示。

表 6 – 16　　　　　　多层次养老保险体系建立对低收入群体影响情况

变量	符号	体系建立前	体系建立后	变化率（%）
个人福利变量	w	0.120101	0.116868	– 2.6917
	s	0.027851	0.012094	– 56.5761
	C_1	0.082642	0.083738	1.3264
	C_2	0.320645	0.317844	– 0.8735
	U	– 3.139295	– 3.131101	0.2610
养老金变量	B	0.065631	0.062478	– 4.8043
	P	0.064766	0.063022	– 2.6917
	H	0	0.070288	—
	Q	0	0.046859	—

首先，在工资水平方面，多层次养老保险体系建立后，城镇低收入群体的工资水平由 0.120101 下降至 0.116868，变化率为 – 2.6917%。工资水平的下降主要来自两方面的作用：一方面是单位资本存量 k 的上升提高了劳动力价格也即工资水平，另一方面则由于企业年金制度的建立，需要企业在基本养老保险之外为员工多缴纳一份企业年金，企业劳动力成本较之前相对增加，为控制成本，企业将该成本适当转嫁给劳动者，进而造成工资水平的下降。综合比较，后者的影响大于前者，因此整体的工资水平 w 小幅下降。

其次，在低收入群体的储蓄水平方面，多层次养老保险体系建立后，储蓄 s 有一个较大幅度的下降，由原先的 0.027851 下降至 0.012094，变化率达 – 56.5761%。这其中的原因主要是多层次养老保险体系的建立使得低收入群体整体的养老保险缴费水平增加，加之工资水平 w 和利率水平 r 的下降，使得低收入群体可支配收入相对减少，个人储蓄意愿降低，从而使多层次养老保险体系的建立对储蓄产生一定的"挤出效应"。

最后，个人福利方面，多层次养老保险体系的建立整体上对低收入群体福利有较好的促进作用。低收入群体工作期消费 C_1 由 0.082642 增加至 0.083738，增长率为 1.3264%，整体效用水平 U 也得到增加，增长率为 0.2610%，退休期消费则略有下滑，变化率为 – 0.8735%。低收入群体退休期消费的略微下滑一方面是由于储蓄下降，另一方面也是由退休期和工作期税率的变化引起的。由于城镇低收入群体在工作期工资水平较低，无需缴纳个人所得税，也无法享受到税收递延优惠，而到退休期领取企业年金和商业养老保险金时则需部分或全额纳税，这在一定程度上会降低低收入群体参与多层次养老保险体系的积极性，对其老年期消费带来不利影响。此外，在多层次养老保险体系建立后，低收入群体的相关养老金变量也发生了变化。基本养老保险个人账户养老金 B 和统筹账户养老金 P 均相对减少，分别从 0.065631、0.064766 下降至 0.062478、0.063022，下降幅度分别为 4.8043% 和 2.6917%。与此同时，第二、第三层次补充养老保险的建立增加了低收入群体退休期养老金的种类和收入，企业年金和个人商业养老金实现了从无到有，由 0 分别增加至 0.070288、0.046859。整体上看，多层次养老保险体系建立后企业年金和个人商业养老金的增加幅度要大于基本养老保险个人账户和统筹账户养老金的下降幅度，低收入群体退休期的养老金收入整体得以提升。

（2）多层次养老保险体系建立对城镇中等收入群体的影响。对于城镇中等收入群体，多层次养老保险体系的建立使各类经济变量都不同程度地发生了改变，下面主要从城镇中等收入群体的工资、储蓄、个人福利水平和养老金等变量入手，加以全面分析，如表 6-17 所示。

表 6-17　　　　　多层次养老保险体系建立对中等收入群体影响情况

变量	符号	体系建立前	体系建立后	变化率（%）
个人福利变量	w	0.223495	0.217557	-2.6568
	s	0.051475	0.022194	-56.8837
	C_1	0.153031	0.155204	1.4202
	C_2	0.596331	0.591325	-0.8394
	U	-2.170750	-2.161437	0.4291
养老金变量	B	0.122664	0.116745	-4.8256
	P	0.120522	0.117319	-2.6568
	H	0	0.131338	—
	Q	0	0.087559	—

首先，在工资水平方面，与低收入群体相同，多层次养老保险体系建立后，城镇中等收入群体的工资水平由 0.223495 下降至 0.217557，变化率为 -2.6568%，工资水平的下降仍主要源于多层次养老保险体系建立使企业劳动力成本增加，需通过降低其工资水平方式将其部分转嫁给劳动者。

其次，在储蓄方面，多层次养老保险体系建立后，中等收入群体储蓄 s 有一个较大幅度的下降，由原先的 0.0514751 下降至 0.022194，变化率达 -56.8837%。这其中的原因与低收入群体相同，主要是多层次养老保险体系的建立使得中等收入群体整体的养老保险缴费水平增加，加之工资水平 w 和利率水平 r 的下降，使得中等收入群体可支配收入相对减少，个人储蓄意愿降低，从而使储蓄产生了较大幅度的下降。

最后，个人福利方面，多层次养老保险体系的建立对中等收入群体福利有较好的促进作用。中等收入群体工作期消费 C_1 由 0.153031 增加至 0.155204，增长率为 1.4202，整体效用水平 U 也得到增加，增长率为 0.4291%。受储蓄大幅下滑影响，退休期消费下降，变化率为 -0.8394%。此外，在多层次养老保险体系建立后，中等收入群体的相关养老金变量也发生了变化。基本养老保险个人账户养老金 B 和统筹账户养老金 P 均相对减少，分别从 0.122664、0.120522 下降至 0.116745、0.117319，下降幅度分别为 4.8256% 和2.6568%。与此同时，第二、第三层次补充养老保险的建立增加了中等收入群体退休期养老金的种类和收入，企业年金和个人商业养老金实现了从无到有，由 0 分别增加至 0.131338、0.087559。整体上看，多层次养老保险体系的建立对中等收入群体也可带来积极的影响，养老金收入增加，整体效用得到提升。

（3）多层次养老保险体系建立对城镇高收入群体的影响。对于城镇高收入群体，多层次养老保险体系的建立使各类经济变量都不同程度地发生了改变，下面仍从城镇高收入群体的工资、储蓄、个人福利水平和养老金等变量入手，加以全面分析，如表 6 - 18 所示。

表6 - 18　　　　　多层次养老保险体系建立对高收入群体影响情况

变量	符号	体系建立前	体系建立后	变化率（%）
个人福利变量	w	0.339712	0.333998	-1.6820
	s	0.073668	0.031244	-57.5886
	C_1	0.222802	0.228557	2.5830
	C_2	0.901849	0.890197	-1.2919
	U	-1.560150	-1.542033	1.1612
养老金变量	B	0.193672	0.183222	-5.3958
	P	0.183192	0.180111	-1.6820
	H	0	0.206124	—
	Q	0	0.137416	—

首先，在工资水平方面，多层次养老保险体系建立后，城镇高收入群体的工资水平由 0.339712 下降至 0.333998，变化率为 −1.6820%，工资水平的下降仍主要源于多层次养老保险体系建立使企业劳动力成本增加，需通过降低其工资水平方式将其部分转嫁给劳动者。

其次，在高收入群体的储蓄上，多层次养老保险体系建立后，储蓄 s 有一个较大幅度的下降，由原先的 0.073668 下降至 0.031244，变化率达 −57.5886%。这其中的原因主要是多层次养老保险体系的建立使高收入群体的工资水平和利率水平下降，从而使高收入群体的储蓄意愿降低。

最后，个人福利方面，多层次养老保险体系的建立显著提高了高收入群体的福利。工作期消费 C_1 由 0.222802 增加至 0.228557，增长率为 2.5830%，整体效用水平 U 也得到显著增加，增长率为 1.1612%，退休期消费下滑，变化率为 −1.2919%。高收入群体退休期消费下滑一方面由于个人工作期储蓄水平降低带来的消费抑制作用，另一方面，退休期消费下滑的幅度还部分取决于退休期企业年金和商业养老保险税率的高低，若相对工作期税率，退休期税率过高，则会减少其参保实际收入，抑制高收入群体参保积极性，从而导致其退休期消费的相对下降。此外，在多层次养老保险体系建立后，高收入群体的相关养老金变量也发生了变化。基本养老保险个人账户养老金 B 和统筹账户养老金 P 均相对减少，分别从 0.193672、0.183192 下降至 0.183222、0.180111，下降幅度分别为 5.3958% 和 1.6820%。与此同时，第二、第三层次补充养老保险的建立增加了高收入群体退休期养老金的种类和收入，企业年金和个人商业养老金实现了从无到有，由 0 分别增加至 0.206124、0.137416。整体上看，多层次养老保险体系的建立促进了高收入群体整体效用的提升和养老金收入的增加。

（4）多层次养老保险体系建立对不同收入群体影响比较。对于三类不同收入群体，多层次养老保险体系的建立使其工资、储蓄、个人福利水平和养老金等变量都发生了不同程度的变化，下面进行比较分析，如表 6 – 19 所示。

表 6 - 19　　　　　　　多层次养老保险体系建立对不同收入群体影响汇总

单位:%

变量	符号	低收入群体变化率	中等收入群体变化率	高收入群体变化率
个人福利变量	w	- 2.6917	- 2.6568	- 1.6820
	s	- 56.5761	- 56.8837	- 57.5886
	C_1	1.3264	1.4202	2.5830
	C_2	- 0.8735	- 0.8394	- 1.2919
	U	0.2610	0.4291	1.1612
养老金变量	B	- 4.8043	- 4.8256	- 5.3958
	P	- 2.6917	- 2.6568	- 1.6820

　　首先, 在工资水平方面。多层次养老保险体系建立后, 三类收入群体的工资水平都有所下降, 其中低收入群体下降最多, 变化率达到 - 2.6917%, 高收入群体下降较少, 变化率为 - 1.6820%。可见, 多层次养老保险体系会在一定程度上加剧职工工资收入的不平等。对于低收入群体, 其人力资本水平较低, 企业较容易向其转嫁劳动力成本, 多层次养老保险缴费实际上有一部分需自己承担, 从而使其工资水平降低较多。而高收入群体则相反, 用于养老保险缴费的比例占整体收入比重较低, 因而多层次养老保险体系的建立对其工资水平影响较轻。

　　其次, 在储蓄方面。多层次养老保险体系的建立使得三类群体的储蓄水平都呈现大幅下降趋势, 其中高收入群体变化率最高, 达到 - 57.5886%, 中等收入群体次之, 变化率为 - 56.8837%, 低收入群体最低, 变化率为 - 56.5761%。储蓄水平的下降主要和个人的工资水平与利率水平有关, 多层次养老保险体系建立后, 三类群体的工资水平和利率水平都不同程度地下降, 尤其是利率水平, 城镇高收入群体的利率水平下降幅度较大, 因而其储蓄水平下降的也最多。

　　再次, 在个人福利方面。多层次养老保险体系建立后, 低、中和高收入群体的工作期消费均大幅增加, 增长率分别为 1.3264%、1.4202% 和 2.5830%, 退休期消费则都有所降低, 变化率分别为 - 0.8735%、- 0.8394% 和 - 1.2919%, 整体效用均得到增加, 增长率分别为 0.2610%、0.4291% 和 1.1612%。从中发现, 高收入群体不管是工作期消费、退休期消费还是整体效用的变化率均为最高, 可见多层次养老保险体系对其影响最大, 高收入群体的整体受益也最大，虽然其退休期消费下滑幅度也最高，这主要取决于退休期企业年金和商业养老保险税率相对工作期税率的高低，退休期税率过高，则会减少其参保实际收入，抑制高收入群体参保积极性，从而导致其退休期消费下降幅度较大。

最后，在养老金获取方面。多层次养老保险体系建立后，三类群体第一层次基本养老保险个人账户和统筹账户养老金均出现不同程度下降，其中高收入群体降幅最大，分别为 5.3958% 和 1.6820%，低收入群体降幅较小，分别为 4.8043% 和 2.6917%。与此同时，高收入群体在企业年金和商业养老保险方面的增长额度也最高，是低收入群体的 3 倍左右。可见，多层次养老保险体系的建立一方面使得高收入群体有了更多的养老选择，对基本养老保险的依赖程度降低，另一方面也增加了其年老后整体收入，进而最终相比低收入群体更大幅度提升了其整体福利水平。

6.5 小结

在我国当前多层次养老保险体系框架下，本章运用一般均衡理论，构建起两期世代交叠模型，依据当前我国政策实施的实际情况对相关参数进行校准，通过数值模拟分析，发现多层次养老保险体系构建主要将带来以下经济效应。

（1）多层次养老保险体系的建立有利于促进经济发展和个人效用提升。多层次养老保险体系建立后，单位资本存量、单位劳动产出均得到提升，利率水平和工资水平则相对降低，个人工作期消费增加、效用增加、整体养老金水平得到显著提升。因此，当前我国有必要进一步发展和完善多层次养老保险体系，尤其是在第一层次基本养老保险"一枝独秀"的局面下，需要加大对第二、第三层次的养老保险投入和扶持力度。

（2）降低第一层次个人缴费率和企业缴费率所引致的效果和力度均不同，降低基本养老保险企业缴费率能带来更多的个人效用提升和经济增长。同时，分别上调企业年金企业、个人缴费率和商业养老保险个人缴费率均能提高资本存量，进而带动产出增加、经济增长。

（3）多层次养老保险间存在"替代效应"，需加强各层次间的合理定位。

尤其是在养老金领取方面，提高企业年金企业、个人缴费率和提高商业养老保险个人缴费率均会产生一定的替代效应，使得其他层次养老金领取额相对降低，尤其是在提高企业年金企业缴费率时，对其他层次养老保险产生的替代效应最大，需要谨慎考虑。

（4）上调工作期税率会降低单位资本存量和单位劳动产出，不利于经济增长，同时，工作期税率的提高会使个人两期消费下降，效用降低。上调退休期企业年金税率和商业养老保险税率产生的效应基本相同，一方面增加资本存量和产出，另一方面会降低个人退休期消费和整体效用。

（5）多层次养老保险体系构建对不同收入群体会产生不同影响，对高收入群体的效用提升整体要高于低收入群体。在当前企业年金和商业养老保险实行 EET 递延纳税政策的背景下，对于低收入群体，由于其工作期工资水平较低无需缴纳个税，而到退休期领取企业年金和商业养老保险金时则需部分或全额纳税，无法真正享受纳税递延政策优惠。而高收入群体正好相反，退休期与工作期税率差距越大，则越能平滑其一生的收入分配，实现自身效用的提升。可见，多层次养老保险体系构建对不同收入群体具有不同的"收入再分配效应"。

综上所述，通过一般均衡两期世代交叠模型模拟，发现降低第一层次企业缴费率水平、提高第二层次企业和个人缴费率水平、提高第三层次商业养老保险个人缴费率水平、降低工作期税率和退休期税率水平对我国未来多层次养老保险体系的构建较为有利，将带来积极的经济效应。而这也进一步印证了第 5 章中三大类方案的设计，尤其是三类方案中提到的降低第一层次基本养老保险企业缴费率水平至 12% ~ 16%、提升企业年金和商业养老保险个人缴费率、主张政府为第二和第三层次发展提供更多财政支持和税收优惠、增加普惠制国民年金向低收入群体倾斜等方案设计，与本章的模拟结果较为一致，这也进一步验证了第 5 章方案设计的合理性。

第 7 章

构建城镇职工多层次养老保险体系的支持机制

基于前文的多层次养老保险体系责任定位、适度水平测算和经济效应分析，发现养老保险支出、缴费率、替代率和税率等参数变动会对经济发展和个人养老保险待遇产生影响，多层次养老保险体系构建过程中会产生"替代效应"和对不同收入群体的"收入再分配效应"。因此，为使政策制定更加科学，政府应采取措施积极规避风险。本章从法律支持、制度支持、财政支持、技术与人才支持和社会保险体系内的配套支持等多方面入手，主张强化政府责任的同时，也应采取措施积极促进企业和个人履行责任，进而实现多层次养老保险体系与经济发展的良性互动，构建起与我国经济发展水平相适应、责任分工明确的多层次养老保险体系。

7.1　法律支持

要完善多层次养老保险体系，必须立法先行。通过构建专门的多层次养老保险法律体系，加强对基本养老保险基金和年金等方面的监管，建立起适合我国国情的监管体系，为我国的多层次养老保险体系建设营造良好的法律环境，从而充分激发出企业和个人的多层次养老保险参与意愿。

7.1.1　构建专门的多层次养老保险法律体系

当前，在多层次养老保险体系的立法方面，针对第一层次基本养老保险，我国已于 2010 年颁布了《中华人民共和国社会保险法》（以下简称《社会保险法》）。然而，在实施过程中，《社会保险法》仍存在制度授权过多、可操作性不强、条款模糊不清、与当前改革理念背离等不少问题。同时，在第二、第三层次养老保险法律体系建设上，仍存在立法层次较低（多为部门规章，或以行政主管部门出台的"办法"和"通知"居多）、法律政策不完善等诸多问题。为促进政府法律监督责任的履行，当前应从以下两个方面进一步完善多层次养老保险的法律体系。

一方面是修订和完善《社会保险法》，提升企业年金和商业养老保险的立法层次。为推动多层次养老保险体系的构建，政府首先应推动我国多层次养老保险体系立法工作的全面开展与建设，形成一整套完备的多层次养老保险法律体系，加快推进《企业年金法》等法律的建立，对企业年金计划的发起、缴费、投资和领取等各环节都制定出详细规定，提升其权威性和执行力。其次，法律制定过程中应注意明确各层次下各主体的权利与义务，并对中央政府与地方政府的立法权限进行划定，对各级政府应承担的责任、监管的目标、范围和方式作出明确的规定。最后，对于当前法律中存在的不合理以及不符合实际情况之处，应及时加以修订和完善，尤其应促进《社会保险法》的及时修订和完善，使其更加适应当前我国人口老龄化、经济发展进入新常态的现实国情。

另一方面是加强法律实施细则的制定，促进配套法律法规的跟进。在促进我国企业年金和商业养老保险发展的过程中，税收优惠制度、监管制度等方面的配套法律跟进也十分必要，尤其是税收优惠与补贴政策，将对企业年金和商业养老保险的发展起到极大的杠杆作用。当前，我国关于企业年金方面的税收优惠政策实施细则尚未出台，例如，2013 年底前历史缴费已税认定、缴费时可税前扣除个人缴费额度确认、2014 年后个人缴费超出税优部分已完税的领取时重复计税问题等都尚未解决。各省份在具体执行上仍存在一定差异，这些问题使得各地在执行税收优惠政策过程中存在不规范和不统一情况，造成了我国企业年金制度新的不公平。因此，在法律制度与完善方面，不仅要完善与养老保险制度的相关法律法规，还要完善《个人所得税法》《企业所得税法》《信托法》《合同法》《证券投资基金法》等法律法规以及实施细则的制定，进一步促进法律的贯彻和执行，加强法律的可操作性。最终，通过建立起一整套完善的多层次养老保险法律体系和配套税收法律体系，促使政府、企业和个人的责任履行。

7.1.2 加强基金投资运营等方面的法律监管

养老保险基金作为养老保险制度运行的资金基础，在养老保险制度中发挥着重大作用。当前，我国对基础养老保险基金和企业年金方面的监管仍不完善，首先，第一层次基本养老保险由于全国统筹尚未实现，统筹单位的分散化加剧了养老保险基金挪用、流失的风险；其次，第二层次企业年金管理机构的准入、风险补偿和退出机制等仍不完善，对企业年金从业人员监管力度较弱，信息披露机制也尚不健全；最后，对第三层次商业养老保险的监管仍属于多头监管、分业监管局面，没有建立明确的主监管人制度，因此在监管时难免处于监管真空或监管重叠状态。据此，进一步完善基金投资运营等方面的法律监管体系就很有必要，具体可以从以下三个方面入手。

一是建立完备的信息披露制度。当前，我国政府在养老保险基金和企业年金运营过程中的信息披露机制还不完善，尤其是在企业年金方面，仍存在信息披露的内容模糊笼统、格式不统一、各主体间信息披露的责任和义务尚不明晰等诸多问题。因此，下一步应尽快健全多层次养老保险信息披露制度，设计出一套全面、可以如实反映基金运作合规性和风险性的报告体系，具体包括信息披露的格式、内容、频率和报送方式等方面。在基本养老保险制度方面，应建立精算报告制度，充分发挥精算在第一层次养老保险制度建设、相关政策评估、养老保险基金财务预算以及风险警示等方面的作用。在企业年金信息披露方面，尤其应规范企业年金的财务信息披露，完善其财务报表体系和附注，通过定期的信息披露和外部审计，使受托人、委托人和监管部门能及时了解基金资产的构成情况，从而便于其分析基金运营机构的经营情况和可能存在的风险，同时，对资产组合是否符合规定的比例限制进行监控，并及时采取措施加以解决和防范。

二是建立健全机构准入、退出和风险补偿机制。随着从事企业年金和商业养老保险业务机构的增加，对各类机构的监管也需进一步完善。当前，我国尚未形成系统的机构准入、退出监管体系，《企业年金基金管理办法》中对相关退出情形的表述也较为笼统，风险补偿机制只有计提风险准备金这一项内容；同时，当基金发生亏损或流失，对相关管理责任人的责任追究制度也尚未建立，从业人员违法成本较低。基于此，首先，应细化我国从事多层次养老保险机构的准入、退出等方面的法律法规，增强其可操作性，尽快建立起针对性强、能独立适用的法律监管体系。其次，应建立健全风险准备金制度，实施多层次的风险补偿机制，除了从收取的管理费中提取投资管理风险准备金作为第一层次外，还应当将投资收益超出最低保证收益的一定比例用作第二层次盈余准备金，并由政府设立专门的风险基金以及投资担保机构作为第三层次，全方位保证养老保险基金的安全。最后，需进一步细化投资机构从业人员的从业资格管理，对其进行严格的资格审查和认定、资格年审和资格核销等内容，尤其是对机构中的高级管理人员，应加强监督管理，完善责任追究制度和事后评价制度，监管机构应定期或不定期对其进行抽查和监督，防范道德风险。

三是加强各部门的协调配合，建立统一的养老金监管框架。由于基金的投资监管涉及多个部门，原有的分业监管、多头监管形式将难以保证监管的有效性，容易发生各部门间的扯皮推诿现象，使针对公共养老金或私人养老金的监管呈现真空或监管重叠状态。为此，我国应加快建立统一的养老金监管体系，尤其是对从事第二、第三层次私人养老金的机构采取统一的专业化监管模式，将其纳入统一的政策监管框架之中，这不仅有利于提高监管效率，降低监管成本，实现各部门的信息共享，同时，也有利于多层次养老保险体系制度的整合，促进制度整体运行效率的提高。

7.2　制度支持

要实现我国多层次养老保险体系的健康运行，制度的顶层设计和完善也至关重要。政府应进一步加强制度方面的支持，通过设计和出台一系列科学、合理的政策，完善第一层次基本养老保险制度，做大做强第二、第三层次企业年金和商业养老保险制度。

7.2.1　构建统一的国民年金制度

当前，我国多层次养老保险体系仍主要偏重保险而非保障，缺乏面向全体国民、人人享有的普惠制养老金制度，使得社会中的低收入群体和弱势群体难以保障其老年生活，容易发生老年贫困问题。为使全体老年人共享改革开放发展成果，根据本书方案三的设计，未来我国应建立起普惠制国民年金制度，为全体老年人提供10%左右的养老金替代率水平。在具体的制度设计和实施过程中，应注意以下三点。

一是待遇水平不宜过高。基于我国当前的现实国情，同时，也为了避免"养懒人"现象的发生，国民年金的待遇水平设定应参照贫困线标准，水平设置不宜过高，以满足居民的最基本生活需求为目标。基于前文方案三中的测算，将国民年金的替代率设定在10%左右水平为宜，既是财政支出可承受的范围，也基本能保证居民的食品、居住和衣着等最基本需求。

二是保障对象要一视同仁。既然是全民普惠制的国民年金制度，在保障对象上必须一视同仁，不论其职业、地域、性别以及是否领取了其他层次的养老金，只要其符合制度规定的领取养老金年龄，均可以享受国民年金待遇。此外，在领取养老金年龄的设置上，基于未来我国人口老龄化形势的日趋严峻和居民预期寿命的不断提高，在领取国民年金年龄的设置上也需谨慎考虑，领取年龄不宜过低也不宜过高，需要兼顾不同收入群体的预期寿命和我国的现实国情。

三是中央和地方政府责任划分需明确。由于国民年金作为非缴费型养老金制度需要政府的财政投入和管理投入，因而也离不开中央政府和地方政府的互相配合和责任分工。同时，需要进一步明确国民年金制度方面的责任划分，尤其是中央与地方政府的财政资金出资比例，需要根据各地实际的经济发展水平和财政实力加以确定。

通过构建统一的普惠制国民年金制度，建立起收入再分配机制，有利于实现我国多层次养老保险体系"覆盖全民"的目标，尤其是可以保障低收入群体的养老保障权益，缓解老年贫困问题，促进社会公平与正义。

7.2.2 稳步推进全国统筹，降低并做实费率费基

作为我国多层次养老保险体系的重要组成部分，当前我国第一层次基本养老保险制度仍面临着公平性和可持续性方面的巨大挑战。尤其是基础养老金迟

迟未能实现全国统筹问题，不仅阻碍了劳动力的自由流动，违背了养老保险的"大数法则"，造成我国养老保险管理碎片化等一系列负面效应，同时还阻碍了市场经济的公平发展，违背了社会的公平正义原则。据此，针对第一层次基本养老保险，未来我国应进一步推行基础养老金全国统筹。

一方面，通过推行全国统筹，提高基金运行效率，可为降低基本养老保险费率留出空间。目前，我国的多层次养老保险体系仍处于第一层次基本养老保险"一枝独秀"的局面，第一层次缴费率过高，为企业和部分低收入群体带来了较为沉重的经济负担。在推行全国统筹的过程中，需实现养老保险基金在全国范围内的统收统支，调剂余缺，充分发挥出大数法则的作用，通过提高基金的运行和管理效率，为降低基本养老保险企业缴费率、夯实缴费基数留出空间。同时，通过实行全国统筹，要进一步改变原来养老保险碎片化的管理方式，实行制度上的统一管理，逐渐使养老保险管理步入专业化、规范化轨道。避免东、中、西部地区因企业缴费率不同而造成企业劳动力成本的不同，影响市场的公平竞争。

另一方面，通过推行全国统筹，进一步实现制度统一和制度优化。当前，我国第一层次基本养老保险基金的统筹层次低下，养老保险基金分散在全国2000多个省、市、县级统筹单位中，由于各地经济发展状况和人口结构不同，区域养老保险基金收支余缺呈现两极分化趋势，管理上的分散与混乱不仅增加了基本养老保险个人账户管理的成本，同时也使得各级地县市互相推诿扯皮，不肯承担历史债务填补责任。因此，在推进全国统筹过程中，还需进一步明确地方政府和中央政府的责任，在统筹过程中调整缴费率、记账利率和各级财政补贴比例等相关参数，逐渐降低第一层次在多层次养老保险体系中的比重，最终实现第一层次基本养老保险制度的统一和优化。

7.2.3 完善养老金相关参数的科学调整机制

在完善第一层次基本养老保险制度的过程中，需要对缴费率、替代率和退休年龄等参数进行合理设计。然而，当前我国在参数设计和调整等方面仍存在较多问题，尚未建立起与经济发展、人口赡养率挂钩的参数自动调节机制。据此，下一步应对养老金相关参数做出科学调整，具体可以从以下三个方面入手。

一是延长最低缴费年限。目前,我国第一层次基本养老保险的最低缴费年限是15年,很多人尤其是低收入群体达到制度规定的最低缴费年限15年后便不再缴费,而根据基本养老保险的待遇计发办法,基础养老金的待遇除与国家规定的在岗职工月平均工资相关外,还与本人指数化月平均缴费工资和缴费年限有关,缴费年限若每多延长一年,则每月可在原有基础上多领取1%。因此,延长最低缴费年限不仅有利于提高我国第一层次基本养老保险基金收入,同时也有利于个人养老金待遇的提高。基于此,在养老金参数调整方面,延长最低缴费年限十分必要,建议将我国基本养老保险的最低缴费年限延长至20年左右,尤其应鼓励低收入群体和灵活就业人员延长缴费年限,促使其多缴多得、长缴多得,提高了低收入群体未来养老保险待遇的同时也促进了我国基本养老保险制度的可持续发展。

二是建立养老金待遇方面的科学调整机制。2005～2021年,我国第一层次职工基本养老保险制度已经历了"十七"连调,但调整比例从前11年的10%以上下降至2016年的6.5%、2017年的5.5%和2021年的4.5%,调整幅度逐渐下降。可见,一直维持较高的养老金待遇调整比例不可持续,我国需建立起养老金待遇方面的科学调整机制,出台明确的待遇调整政策,在综合考虑当年经济发展情况、物价变动情况、职工工资增速、个人可支配收入、人口预期寿命和各级财政的负担能力等因素情况下加以调整。同时,待遇调整机制需包括调整比例、调整范围、调整的起止日期和触发条件等一整套详细方案,并提前进行模拟测算,将待遇调整可能产生的成本和风险控制在一定的范围内,避免待遇调整比例过高或过低而带来的代际不公平。此外,待遇调整机制需与我国未来的多层次养老保险体系改革目标相适应,通过建立待遇调整机制,适度降低第一层次基本养老保险替代率,为第二、第三层次企业年金和商业养老保险发展留出空间。

三是推行渐进式延迟退休政策,建立退休年龄调整机制。当前,我国法定的企业职工退休年龄为男性60周岁、女工人50周岁、女干部55周岁,该退休年龄自1978年经全国人大常务委员会批准以来一直未作更改。对比OECD国家水平,随着我国人口预期寿命的延长,当前的法定退休年龄水平较低,且男女差异较大。因此，为应对人口老龄化挑战，须通过建立科学的退休年龄调整机制对我国的退休年龄水平加以适当调整。具体操作上，首先，应根据当前我国人口预期寿命、职工平均工资年限、人口赡养率和基本养老保险制度收支等情况综合确定出基准退休年龄目标，如将男女退休年龄统一提高至 60 岁或 65 岁，并将该目标进行分解和逐年分摊。其次，在基准退休年龄基础上，应充分尊重职工的退休意愿和个体差异，根据不同行业、职业和劳动的特点分别给予不同的选择安排，对于部分愿意继续工作发挥其才能的职工，允许其适当延长退休年龄。最后，政府在政策制定上应鼓励参保者延迟退休，参考发达国家经验，每多延迟退休一年，相应地提高参保者养老金待遇。

7.2.4　建立企业年金自动加入机制

当前，我国企业年金整体发展水平依然较低，覆盖范围有限，而阻碍其发展的一个重要原因就是企业年金设立的门槛较高。《企业年金办法》第六条和第七条规定："企业和职工建立企业年金，应当依法参加基本养老保险并履行缴费义务，企业具有相应的经济负担能力。建立企业年金应当与职工一方通过集体协商确定。"而当前，我国很多中小企业存活期限较短，员工流动性大，企业盈利程度不高，内部治理结构也不完善，没有民主决策机制，难以同时满足上述要求，因而被排除在企业年金制度之外。为避免企业年金成为"富人俱乐部"，我国应对企业年金制度进行改革，推行企业年金的"自动加入"制度。

关于企业年金"自动加入"，是指职工在入职时就被默认为自动加入企业年金制度，若要选择退出，则必须专门提出申请并得到雇主同意，这相当于用"委婉的强制性制度"规范了企业年金的加入机制。[①] 为使自动加入机制得到贯彻实施，还需注意以下几点。

一是要制定详细的过渡计划。由于企业年金"自动加入"制度属于"委婉的强制性制度"，需要给予雇主和雇员充分的时间去思索和适应，因此可以参考英国职业养老金计划自动加入制度的经验，制定一个详细的过渡计划，针

---

① 郑秉文．扩大参与率：企业年金改革的抉择 ［J］．中国人口科学，2017（1）：2 - 20.

对不同规模人数企业制定不同的履行自动加入义务具体时间表，在对雇主和雇员进行企业年金知识、投资理财知识和法律法规教育的基础上，根据不同企业规模按步骤指引雇主在恰当的时间采用企业年金自动加入制度。

二是要设置恰当的参与条件。作为多层次养老保险的第二层次，并非所有人都能参与到企业年金缴费当中，要参与企业年金制度需要以一定的收入、年龄等作为前提条件。因此，在企业年金"自动加入"制度实施前，需设置恰当的合格雇员参与条件，对雇员的年龄、收入等方面加以规定，保证雇员在有稳定经济收入和较长缴费年限的前提条件下，才能被企业年金"自动加入"制度覆盖。同时，还需充分尊重雇员个人意愿，告知其相关注意事项，保证其在纳入制度后能保持活跃缴费状态。

三是需明确企业年金计划的内容。在建立企业年金"自动加入"制度之前，先要明确计划的内容，使员工对企业年金计划有一个较为清晰的认识。具体做法上，首先，应对企业和员工的缴费责任有清晰的界定，明确雇主和雇员的最低缴费比例和能享受税收优惠政策的缴费比例上限，并且赋予雇员在规定区间内改变缴费比例或者选择中止缴费的权利。其次，要对所有的符合条件的雇员一视同仁，采取非歧视性原则，雇主需为所有合规雇员按照统一费率进行缴费，缴费过程公开透明。最后，为配合企业年金"自动加入"制度的实施，未来我国应进一步赋予员工适度的投资选择权，从而使职工拥有更多的自主选择权利，增强企业年金对职工的吸引力，减少企业年金自动加入机制的阻碍。

7.2.5 建立合格默认投资工具，放开个人投资选择权

企业年金市场的发展，不仅取决于企业年金市场宏观环境的改善，还取决于企业年金制度自身的吸引力，尤其是在投资激励体系的建设方面。然而，由于当前我国企业年金个人投资选择权尚未放开，企业年金计划主要由企业主导并实施，统一为员工提供单一的低收益回报，员工的知情权和参与权受到一定程度的剥夺，这不仅造成了企业年金治理结构的失衡，投资行为出现短期化趋势，还造成个人企业年金缴费意愿的下降，影响企业年金制度的可持续发展。基于此，未来我国应建立起合格的默认投资工具，进一步放开个人的投资选择权，主要可以从以下三方面入手。

一是大力发展生命周期基金等合格默认投资工具。生命周期基金又称目标日期基金，是一种根据职工离退休日期远近不同而自动进行资产配置战略调整的基金。当退休日临近时，权益类资产的比重会相应减少，固定收益类资产的比重则会相应增加。因此，生命周期基金具有配置简单明了，易于投资者选择，容易产生规模效应，风险分散等诸多优点。随着 2018 年 8 月，我国首批14 只养老目标基金获批正式成立，我国已正式开始发力生命周期基金市场。下一步，应根据我国当前资本市场情况和经济发展现状，尽快出台各类政策规定，完善《养老目标证券投资基金指引》，为生命周期基金发展创造良好的政策和市场环境。

二是采取渐进式放开策略，实行有限制的个人投资选择权。对于个人投资选择权的放开问题，发达国家如美国的经验表明，无限放开会导致一部分投资者资产配置的极端化，或全部持有存款，或全部持有股票，难以实现较好的风险规避和投资收益。同时，由于当前我国资本市场仍有诸多不完善之处，完全放开会使投资者暴露在较大的投资风险之中。因此，我国应采取逐步放开策略，实行有限制的个人投资选择权，将企业年金计划可投资的产品控制在一定数量范围内，按照风险类别设置出不同的标准化投资组合供投资者依据自身风险偏好加以选择，日后随着资本市场的逐渐完善，再进一步增加投资组合种类。

三是要加强投资者教育，帮助其做出理性选择。养老金个人投资选择权的放开，对投资者自身的投资理财知识水平提出了较高的要求。然而，当前我国普通投资者的投资理财知识水平仍然有限，对退休，储蓄和养老金理财产品的认识不足，难以选择和自身需求匹配的各类养老理财产品，同时还存在盲目追求高收益、短期投机目的性较强等问题。因此，未来还需进一步加强投资者教育，普及年金文化，帮助投资者树立长期投资理念，引导其选择符合自身风险偏好的年金产品，由传统的储备型养老理念转向主动积极的审慎投资型养老理念，以防范通货膨胀和长寿风险为目标，帮助职工做好全生命周期的养老准备，而这也有助于引导整个企业年金市场的健康发展。

7.2.6　适度扩大企业年金投资范围

投资作为企业年金保值增值的重要手段，在企业年金运营中处于核心环节，需政府加以重视。然而，2019 年我国企业年金投资收益率为 8.3% ，与全国社保基金 14.06% 的投资收益率相比仍然较低。[①] 而造成企业年金投资收益率较低的其中一个原因，就是其投资范围仍然相对狭窄，表现在企业年金仅限于境内投资，且不能投资地方政府债券，不能直接投资资产证券化产品、不动产和开展股权投资等多个方面。这对我国企业年金投资收益率的提高和基金投资风险的分散都将产生不利影响，因此，我国政府需完善相关配套政策，进一步放开企业年金的投资范围。

一方面，要扩大企业年金投资区域，允许其适度开展境外投资。根据《企业年金基金管理办法》的相关规定，我国企业年金尚未获准展开境外投资，只能开展境内投资业务，投资产品种类主要为境内的权益类资产、固定收益类资产、流动性资产和其他投资资产。因此，为提升企业年金收益率，应尽快放开对于企业年金境外投资的限制，起步阶段可通过借道港股通，投资QDII 基金[②]等方式，以人民币的形式在境内投资境外资本市场，防范汇率风险。适度的境外投资，有利于企业年金规避单一市场风险，通过跨地区的资产配置实现收益与风险的平衡，提高企业年金的收益率，进而享受到其他国家的改革和发展红利。

另一方面，要丰富企业年金投资品种，鼓励开展长期投资。基于企业年金资金来源稳定、投资周期较长和安全性要求较高的特点，下一步应使企业年金更多地进入长期投资领域。尤其是近年来在我国互联网经济蓬勃发展，新业态不断涌现，包括云计算、人工智能在内的高新技术企业成为股权投资热门的背景下，应扩大企业年金的可投资品种范围，放开企业年金股权投资和不动产投资，允许企业年金直接投资具有风险低、流动性强、收益高特点的资产证券化产品。通过投资范围的扩大，最大程度发挥出企业年金基金在长期投资方面的优势，分享实体经济发展和改革红利，提升企业年金收益率。

---

① 数据来源于《全国企业年金基金业务数据摘要（2019 年度）》和全国社保基金官网。

② QDII 基金，是指在一国境内设立，经该国有关部门批准从事境外证券市场的股票、债券等有价证券业务的证券投资基金。

7.2.7 健全企业年金和商业养老保险市场机制

当前，我国企业年金市场的总体规模十分有限，投资管理人市场处于分散式、"僧多粥少"的局面。企业年金市场整体上缺乏拉动和撬动年金行业的旗舰型企业，当前，机构对企业年金业务的人力、物力、财力投入以及开发市场的动力、创新产品的能力均显现出不足，这也导致了受托人"空壳化"现象的发生。同时，第三层次商业养老保险市场发展也不完善，市场规模较小，专业化水平不高，商业养老保险产品存在结构性失衡现象，具备养老功能的养老保险占比较低。为解决当前企业年金和商业养老保险市场培育不足方面的问题，当前应着重从以下两个方面入手。

一是要大力发展行业年金和零售年金，丰富企业年金计划和商业养老保险产品种类。当前，我国企业年金和商业养老保险发展不足的其中一个原因，就是产品种类较少，难以满足职工多样化的养老需求，尤其是广大中小企业职工，被排斥在企业年金之外。同时，根据第6章的一般均衡世代交叠模型分析结果，发现作为补充养老金，企业年金和个人商业养老金间具有替代效应，在个人预算条件约束下，存在如何做出符合自身实际情况的最优选择问题。因此，面对个人的养老需求，在多层次养老保险体系建立初期，需对各层次养老保险的职责、功能和产品类型等加以明确，应支持商业养老保险公司、养老金管理公司提供差异化、多样化的养老产品，加强产品创新，多开发具备养老保障功能的长期保险理财产品，支持其根据风险等级和收益等级设计出不同类型的养老产品，以满足风险偏好、年龄、家庭财富结构以及收入状态各不相同的职工需求，避免过多同质化产品的出现，从而减轻不同养老保险层次间的替代效应。具体做法上，还可大力推动企业年金集合计划的发展，企业年金集合计划的典型模式主要包括两种，即行业年金和零售年金。前者由多个雇主联合发起，仅对特定的一个或多个行业开放，后者主要由银行、保险公司或基金管理公司等法人受托机构以营利为目的发行的标准化年金产品，主要提供给个人和中小企业自主选择购买。行业年金和零售年金有效降低了中小企业加入企业年金的门槛，零售年金更是以其标准化、"一站式"购买形式，简化了企业年金购买流程手续，使部分缺乏专业知识的中小企业职工拥有了更多的购买选择。

基于行业年金和零售年金的特点，当前政府在制度设计上有必要出台措施大力发展行业年金和零售年金，鼓励银行、保险和基金公司设计符合中小企业需求的年金产品，积极拓展中小企业年金市场。

二是要建立专门的养老金管理公司，壮大养老保险市场。当前，我国企业年金、商业养老保险市场角色分散化和受托人"空壳化"问题较为严峻，需要建立专门的养老金管理公司作为受托人承担起推动年金市场发展的重任。政府应致力于将养老金管理公司打造成集受托人、账户管理人、投资管理人为一体，为委托人提供专业化、一站式和规范化服务的专门养老金服务提供商。在服务内容上，可令养老金管理公司从事第二层次企业年金、职业年金、第一层次基本养老保险基金、全国社会保障基金的受托业务和个人账户养老金资产的投资管理及其相关业务等。同时，应鼓励保险业积极建立保险系的养老金管理公司，发挥保险公司在养老金管理领域的独特优势，打造出一批专业化、国际化和高水平的养老金管理公司，逐渐使养老金管理公司形成"规模效应"，并发展成独立的金融业态。

7.3　财政支持

要实现我国多层次养老保险体系的健康运行，财政支持是核心。政府应进一步加强财政方面的支持力度，通过出台税收优惠政策和财政补贴政策，维持第一层次基本养老保险制度的可持续运行的同时，发展壮大第二、第三层次企业年金和商业养老保险，从而形成更为科学合理的多层次养老保险体系框架。

7.3.1　国有资本划转充实基本养老保险基金

随着我国人口老龄化形式的日趋严峻，养老金历史债务问题也将愈发突出，需要妥善加以解决。据此，为预防未来的养老金支付危机，政府应对第一层次基本养老保险制度提供更加充分的财政支持，采取国有资本划转充实养老保险基金等方式，承担起相应的历史责任与现实责任，具体可以从以下三个方面入手。

一是要通过精算分析查清基金缺口分步解决。当前，对于我国的养老金缺口问题，不同的学者有不同的说法，为保证国有资本划转的规模合理，政府应组织专门的精算团队，针对需要补偿的对象群体，确定补偿的基本政策和补偿标准，采取精算方法明确旧制度下的历史债务总量。同时，根据我国经济社会发展和人口结构等各方面情况，分析预测未来的养老保险基金收支情况，查清未来资金缺口规模。在科学预测的前提下，制定出详细的中长期资金划转方案，争取在未来养老金出现缺口的关键性节点之前，逐步完成国有资本划转任务。

二是要采取多样化形式，避免对国企经营和资本市场产生较大影响。国有资本的划转，由于涉及国企、财政部门、国有资产监督管理部门和个人等多方主体的经济利益，难以实现一次性到位，是一个循序渐进的长期过程。同时，一旦操作不当，还有可能对资本市场产生较大影响，不利于经济的稳定发展。因此，应采取多样化的划转形式，优化划转结构，既有长期持有的战略资产，又有可实现短期变现的流动性资产，通过国有股减持、转持，对国有企业进行直接股权转让等多样化方式，将国有资本划转充实养老保险基金。同时，针对不同类型、行业的国有企业，应制定不同的划转比例，如保障民生带有公益性质的国有企业，其划转比例不宜过高，避免对其的投资再生产造成不良影响。整体而言，多样化的划转形式不仅有利于避免大量国有资本短时期变现造成对资本市场和国企经营的冲击，同时也有利于优化国有资本划转结构，避免变现后大量资金的保值增值问题。

三是要对全过程加以监督考核。为有效推进部分国有资本划转，还应对国资划转的全过程加以监控，完善预算管理和审计制度，避免国有资本划转过程中产生的资本流失和腐败问题，加强财政部门、人社部门、国有资产监督管理部门与社会保障基金理事会之间的信息共享和沟通协调，对国有资本的流动实现动态监管。最后还应建立国有资本划转的绩效考核体系，对国有资本的划转、变现和投资运营等全过程加以考核监督，确保国有资本的专款专用。

7.3.2　增强企业年金和商业养老保险税收优惠力度

税收优惠政策作为政府调控工具在企业年金和商业养老保险的发展方面发

挥着不可忽视的作用。当前，我国对企业年金和商业养老保险的税收优惠水平仍然较低，仍存在税收优惠政策的实施细则和配套政策尚不完善，对不同收入群体存在不同效应等诸多问题。同时，前文的模拟结果表明，工作期税率设置过高将不利于资本积累和产出增加，个人两期的消费也会随之减少，效用降低；上调退休期税率则会降低个人退休期消费水平，减少个人企业年金和商业养老金收入，进而影响个人的养老保险缴费选择。因此，在我国多层次养老保险体系建设过程中，应加大税收优惠政策力度，具体可以从以下三个方面入手。

一是要提升企业年金和商业养老保险工作期税收优惠比例。依据制度规定，我国企业年金税前列支比例分别为雇主5%、雇员4%，相较美国401K计划中规定的企业和个人税收优惠递延比例分别为6%和15%，税收优惠水平仍然较低。因此，为促进企业年金和商业养老保险发展，应提高第二、第三层次企业年金和商业养老保险的税收优惠比例，增加个人和企业的税收抵免额度，根据社会平均工资上涨幅度、通货膨胀水平动态调整税收递延型商业养老保险税前扣除额度和比例，激励个人和企业提高补充养老保险缴费率，促进企业和个人履行养老保险缴费责任。

二是要降低企业年金和商业养老保险退休期税率。当前，我国政策规定，企业年金在领取时需全额按照"工资、薪金所得"项目适用的税率，计征个人所得税，也即全额征税，个人领取商业养老保险时也需征收个人所得税，其中25%部分予以免税，剩余75%部分按10%的比例税率计算缴纳个人所得税。可见，当前我国对企业年金和商业养老保险领取时设置的税率较高，政府应进一步加大税收优惠力度，通过采取明确不征收养老金投资收益部分、鼓励个人采取年金化形式分阶段领取养老金、设立企业年金和商业养老保险的免征额度、建立统一的养老金资金归集账户来避免重复征税等方式降低退休期年金领取税率，进而达到扩大参与率，提升个人效用和促进经济发展的目的。

三是要制定更加灵活精准的税收优惠政策。当前，我国实行的企业年金和商业养老保险税收优惠政策对低收入群体而言较不公平，尤其是 EET 递延纳税政策使高收入群体享受到更多实惠，但中、低收入群体可能由于缴费时收入达不到免征额，领取时却需要缴纳税费而产生负向激励效果。因此，需要制定更加灵活精准的税收优惠政策，针对不同收入群体和不同企业类型，设计专门性税收优惠政策。不仅实行 EET 递延纳税模式，还可实行 TEE 后端免税模式，并且配套以个人所得税综合税制改革，适时开征资本利得税等政策。同时，要做好企业年金和商业养老保险的税优政策衔接工作，当只参加其中一个层次时，允许没有参加的那一层次的个人税收优惠比例合并计入该层次缴费当中，允许其叠加享受优惠，从而更好地平衡不同收入群体之间的养老金利益。

7.3.3　针对不同收入群体采取差异化的财政补贴政策

随着我国新个人所得税法案的出台，个税免征额由 3500 元上调至 5000 元，使得个人所得税的纳税人占城镇就业人员的比重从 44% 下降至 15%，即从 1.87 亿人下降至 0.64 亿人，同时，加上子女教育、大病医疗、住房贷款租金和老人赡养等方面的专项扣除费用，则个人所得税缴费人群不足 0.5 亿。[1]可见，在当前我国的税收优惠制度下，能享受到企业年金和商业养老保险制度递延纳税优惠的群体人数较少，补充养老保险的税收优惠政策难以发挥出重要作用。因此，我国应加强对补充养老保险的财政补贴政策，作为税收优惠政策的有力补充。具体实行上，可以从以下两个方面入手。

一是要增加对低收入群体参与补充养老保险的财政补贴。政府可委托专门的基金管理公司设立全国性的非营利低收入群体零售年金和提供商业养老保险计划，并由中央政府和地方政府对其提供适当的财政补贴。当其工资性或经营性收入低于地方政府规定的特定数额，即可享受政府的财政补贴，从而最终实现由单一的税收激励转向税收优惠与财政补贴并重的激励模式。

二是实行缴费匹配计划，增强政策激励效果。对于低收入群体，中央和地方政府还可采取施行缴费匹配计划，遵循多缴多补原则，鼓励低收入群体在自身有限范围内选择相对较高的缴费档次和缴费年限，从而在未来获得更高的养老金待遇，防止其年老后因为较低的养老金水平而陷入贫困。例如，为鼓励低收入群体参与第一层次基本养老保险缴费，可实施"5 年缴费匹配计划"，鼓励其延长缴费年限。因为根据我国基础养老金的计发办法规定：基本养老保险

---

① 数据来源于协会养老金专业委员会顾问、中国人民大学教授董克用为《个人养老金：理论基础、国际经验和我国探索》一书作的序言。

待遇与本人指数化月平均缴费工资和缴费年限等参数有关，缴费年限若每多延长一年，则每月可在原有基础上多领取1%，随着在岗职工月平均工资每年的不断上调，5年的额外缴费年限将为低收入群体多增加5%的养老金收入。

7.4　技术与人才支持

多层次养老保险体系的建立，同时也离不开技术与人才的支持。应通过加强信息平台建设，建立个人养老储蓄账户，加强精算人才培养等多方面入手，为我国的多层次养老保险体系提供技术与人才方面的支持。

7.4.1　建立个人养老储蓄账户，实现补充养老金资金归集

在当前我国的多层次养老保险体系框架下，第一层次基本养老保险采取的是统账结合模式，包括统筹账户和个人账户两部分。同时，第二层次企业年金也存在个人账户部分，未来随着第三层次商业养老保险的发展，也会设置商业养老保险个人账户。就目前情况而言，三个层次间的个人账户存在着功能重叠问题，同时资金也无法归集到同一个个人账户当中，三者存在着互相挤出的竞争性关系，不利于个人养老保险权益的保障以及纳税政策的合理实施。因此，我国应尽快建立统一的个人养老储蓄账户，对职工缴纳的养老资金进行统一归集，具体可从以下两个方面入手。

一方面，是个人养老储蓄账户需具有唯一性、可查询性和便携性。首先，个人开设养老储蓄账户，需遵循个人自愿的原则，以居民身份证信息为唯一登记识别信息，个人有且只能开立一个个人养老储蓄账户，这既有利于防止个人重复享受税收优惠，同时也有利于个人账户的管理、运营和监督。其次，随着我国互联网和智能手机的普及，政府应更加注重个人养老储蓄账户信息的可查询性建设，通过下载手机应用，个人即可在线查询其个人养老储蓄账户中的资金信息，包括缴费、投保、满期给付、投资收益、退保和申购、认购、赎回、税收递延等信息，方便其了解个人养老储蓄账户的收益和资金情况，增强其对我国多层次养老保险制度的信任。最后，要注重个人养老储蓄账户便携性的建设，我国流动人口规模巨大，一部分流动人口还属于灵活就业人员，因此在个

人养老储蓄账户的设计上，应以"人"为单位，而不是依托职工所在单位和雇主捆绑操作，无论个人未来流动至何处，均可享受税收优惠政策和相应的养老保险待遇，增强个人养老储蓄账户的便携性。

另一方面，是应实现多层次养老保险体系内部个人储蓄账户的互联互通。当前，我国第二、第三层次企业年金和商业养老保险的覆盖面仍然有限，很多中小企业尚未建立企业年金计划，这也导致针对这两个层次的税收优惠一些人无法共享。同时，考虑到部分低收入群体工作流动性大，经常在中小企业、个体经营和回乡务农之间来回切换，这很有可能导致其基本养老保险和企业年金缴费的不连续，进而造成一定的养老金损失。在该方面，未来的改革方向应加强个人养老储蓄账户的资金归集功能，实现多层次养老保险体系间个人养老储蓄账户和税收优惠的互联互通，允许职工将第一层次基本养老保险个人账户和第二层次企业年金账户中的资金转移至商业养老保险个人养老储蓄账户当中，当其再次返回到企业工作时，也可继续选择在企业进行基本养老保险和企业年金的缴费，加强个人养老储蓄账户的可转移性。

7.4.2　加强一体化养老保险公共服务平台建设

随着我国互联网和云计算等信息技术快速发展，养老保险的信息化进程也应加快，以适应未来我国人口老龄化社会的需求。尤其是在我国养老保险信息平台建设不完善、第一层次基本养老保险转移接续困难、第二和第三层次信息管理滞后的背景下，加强一体化养老保险公共服务平台建设很有必要。

一方面，应依靠信息化技术建立起全国统一的养老保险账户管理平台。首先，在区域上，该平台需实现各省份间多层次养老保险系统的联网和兼容，方便参保者在不同省份之间的转移接续。其次，在多层次养老保险体系内部，应逐渐实现第二层次企业年金和第三层次商业养老保险个人账户平台的整合，方便各类资金归集的同时也有助于个人更方便地选择个人养老金产品。同时，为提高管理效率，应加强与公民生活密切相关的税务、民政、银行、工商和就业部门的通力合作，实现数据库信息资源共享，使个人养老账户基本信息、账户资金信息、个人纳税信息可以实时交互，方便监管部门和税务部门的监督和管理。最后，围绕当前的"金保工程"项目，构建起中央、省、市、县四级养老保险系统网络，以网络为依托，优化业务处理模式，统一养老保险业务规程，建立起全国统一规范的业务体系，用信息化带动多层次养老保险管理效率的提高。

另一方面，应借助云计算技术，实现养老保险账户管理的整合与创新。所谓云计算，是指一种按照使用量付费的模式，该模式为客户提供可用、及时和便捷的网络访问服务，通过进入资源共享池（资源包括网络、服务器、硬件、平台、软件等多方面），客户可按需使用各类云服务。通过云计算模式，我国养老保险账户的管理无需对硬件设施投入过多的财力、物力，转而通过租用云服务，实现云平台上的信息共享，通过构建一个开放的养老保险服务生态系统，商业养老保险机构可以将高成本、非核心的外围系统或者同质化的基础服务，借助互联网实现业务外包，使自身更专注于核心业务，投入更多精力进行业务创新和产品研发，进一步丰富我国的养老保险产品种类。同时，根据自身需求和人口老龄化的发展趋势，养老保险账户管理平台可逐渐扩展和更换云服务，以适应不同时期的养老保险账户管理需求。

7.4.3　加快多层次养老保险的专业人才队伍建设

随着未来我国经济发展水平的提升和老年人口规模的增加，个人养老需求将逐步扩大。同时，根据前文的测算也发现，个人多层次养老保险缴费能力与企业相比较强。因此，未来多层次养老保险体系的建设，需紧紧围绕满足"个人养老需求"展开，以期实现多层次养老保险专业化、精准化和多样化的供给。在此过程中，多层次养老保险的专业人才队伍建设就显得尤为必要。

在第一层次基本养老保险的人才队伍建设上，一方面，当前我国亟须加快社会养老保险经办服务专业化队伍的建设。尤其是在我国社保经办机构人员素质参差不齐、流动性较大、人均负荷比较高、经办机构的服务质量难以有效提升的情况下，有必要建立和完善经办服务队伍的人员准入、培训和绩效考核方面的管理制度，引入市场机制，进一步扩大经办服务人才队伍，增强经办人员的服务意识，提升其服务效率和服务水平。另一方面，还需加快社保精算人才队伍建设，为未来的养老保险制度改革提供数据支撑。相较商业养老保险精算，社会养老保险精算还需考虑人口年龄结构、国家财政支出和收入再分配等因素的影响，涉及的人口规模更为庞大，其计算更加复杂化和专业化，而当前我国社保精算人才较为缺乏，专业知识储备不足，岗位流动性较大。因此，下一步应鼓励高校结合当前实际情况开设社会养老保险精算方面的硕士、博士专业和相关课程。同时，加快提升社会养老保险精算师的薪酬和福利待遇水平，将社保精算师考试认证纳入我国的精算师认证体系当中，建立起完善的各级社会保障部门精算人员的培训和管理体系。力争培养出一批熟练掌握精算技术，熟知我国相关法律、财税制度和经济学知识的高端精算人才，进而为未来的多层次养老保险体系改革提供人才支持。

在第二、第三层次企业年金和商业养老保险的人才队伍建设上，随着未来企业年金基金规模的日益增大以及个人养老需求多样化发展趋势，对企业年金的投资管理运营和养老金产品的设计管理都提出了新的挑战。为创新产品和增加投资收益，企业年金管理机构和商业养老保险公司均需要大量的投资管理专业人才。因此，我国应进一步完善养老资管方面的专业人才培养体系，重点提高养老资管人才的风险规避、资产配置能力，采用灵活的人才激励体制，通过高薪吸引、政策配套、产业发展等联动措施，不断吸收有经验和有能力的人才加入养老金投资管理队伍当中，并加以合理适配，充分发挥出人才的能动性和创造性，促进我国企业年金和商业养老保险市场的发展壮大。

7.5 社会保险体系内的配套支持

基本养老保险作为社会保险中的一大项目，在社会保险体系中占有较大比重。同时，社会保险作为社会保障体系中的重要组成部分，在其中也承担着分散风险和收入再分配等功能。在完善我国多层次养老保险休系的过程中，不仅要重视养老保险体系本身的建设，同时，也应从整体角度入手，从社会保险体系内部对多层次养老保险体系构建提供相关配套支持。

7.5.1 增强生育保险激励功能，维护养老保险代际平衡

当前，我国已开始进入低生育率时代，出生率的低迷将改变我国的人口年龄结构，增加老年赡养比，造成人口红利的逐渐消退，进而影响消费结构和经

济增长速度。因此，通过改革生育保险政策鼓励家庭生育就很有必要。新生人口的增加一方面有利于增加未来的养老保险缴费人口，从而增加养老保险基金收入，促进养老保险制度实现代际间的平衡，同时扩大对企业年金和商业养老保险的需求；另一方面，新生人口的增加还有利于劳动力人口增加，消费内需扩大，促进我国经济良性发展，实现政府财政收入的增加，进而有更多财政资金支持多层次养老保险体系的发展。因此，在社会保险体系内改革生育保险制度以发挥其鼓励生育的目的就很有必要。具体措施可以从以下两个方面入手。

一是要扩大生育保险覆盖面。当前，我国生育保险的覆盖面仍然较窄，覆盖范围较小，根据国家统计局的数据显示：2019 年末全国参加生育保险的人数为 2.14 亿人，全年共计 1136.4 万人次享受了生育保险待遇。根据 1994 年《企业职工生育保险试行办法》的规定，生育保险的覆盖对象主要为城镇企业已婚女职工，因此当前仍有众多非正规就业妇女、女性个体经营者等没有参加生育保险，只能通过城乡居民医疗保险等方式获得部分补偿，其报销比例和待遇水平较低。因此，有必要进一步扩大我国生育保险的覆盖面，当前生育保险已与职工基本医疗保险合并实施，可借助我国医疗保险当前较为先进的管理体系，完善生育保险的参保、征缴和管理，实现资源的整合和高效利用。同时，借助医疗保险较大的覆盖面，将生育保险的覆盖对象逐渐扩大至全体育龄女性，为增加基金收入来源，减轻基金支出压力，可实行企业、个人和政府三方共同负担的生育保险筹资机制。通过生育保险覆盖范围的扩大，保障更多育龄女性的生育权力，促进我国生育率的提高和未来劳动力人口的增加，进而缓解未来多层次养老保险体系的负担。

二是要加大财政投入力度，增加生育保险待遇给付。当前，在我国生育保险支出中，生育津贴支出占比较高，达到八成左右，其次才是生育医疗费用。此外，对于生育支出，个人还需承担各项孕前检查、孕后并发症处理等相关费用，与西方发达国家相比，我国对生育医疗费用的承担范围和承担比例水平仍然相当较低。为鼓励生育，应加大财政投入力度，增加生育保险待遇给付，提高生育保险报销比例和统筹层次，同时扩大保障范围，将孕前检查、孕后并发症等项目也纳入生育保险报销范围，真正发挥出生育保险在鼓励个人生育和优生优育方面的作用，从而间接为我国的多层次养老保险体系建设提供支撑。

7.5.2 建立住房公积金和企业年金计划的互通机制

依据政策规定，我国住房公积金制度是针对城镇在职职工建立的长期住房储蓄计划，实行积累制且具有专款专用的特征，其主要用于职工购、建、大修自住住房或交纳房租，除了离退休、死亡、完全丧失劳动能力并与单位终止劳动关系或出境定居等特殊情况外，本人不可提取住房公积金。实际运营过程中，我国的住房公积金制度对于有购房需求的人群来说，在一定程度上缓解其购房压力，但对于部分已有住房或购房需求较低的职工来说，住房公积金的使用率不高，资金存在沉淀现象，且沉淀资金主要是存入银行或购买国债，保值增值能力较差，一定程度上损害了这部分群体的利益。据此，从社会保险体系全局出发，主张对住房公积金制度进行改革，通过建立住房公积金与企业年金间的互通机制，实现个人效用的最大化，具体操作上：要充分尊重个人意愿，发挥住房公积金的多元功能。参照新加坡中央公积金制度，住房公积金的功能可以进行适当延伸，尤其是在未来我国人口老龄化形势日益严峻、家庭少子化现象突出的背景下，针对购房需求不高的群体，住房公积金承担的住房保障功能将逐渐弱化，其养老保障功能将得到一定程度的增强。因此，鉴于不同群体的不同情况，我国住房公积金制度应加以改革，适当扩充提取住房公积金的条件范围，尤其是对已经拥有首套住房并已还清住房贷款，无需再购买住房的群体，允许个人对该部分资金进行一定程度一定范围内的自由配置，如划转至企业年金账户，交由商业保险机构进行投资运营，从而获得更高的投资收益率，保障其年老后生活。同时，若参保者个人有改善性住房需求需要使用住房公积金时，企业年金账户中的资金，也可部分划转回住房公积金账户，方便其继续使用。促进住房公积金与企业年金的互通，在一定程度上将有助于扩大我国第二层次企业年金市场的资金规模，使更多长期资金注入到资本市场当中，减少短期投机行为，稳定资本市场秩序，形成良性循环。

7.5.3 完善长期护理保险制度，减轻个人养老压力

随着我国人口预期寿命的增加，老龄化形势的日益严峻，失能、半失能老人数量也在增多，而家庭结构的小型化使得年轻人的赡养压力正逐步增加。为

保障自身的老年生活，个人不得不在工作期增加储蓄，以应对未来可能发生的各项护理和医疗费用，对未来养老保险待遇的期望值也在不断提高。可见，我国社会保险体系的不完善将会使得个人对养老保险的依赖程度加深，从而加重多层次养老保险体系内的负担，降低个人老年生活品质。因此，有必要加快建立长期护理保险制度，帮助老年人分担老年护理费用的支付压力，进而推动多层次养老保险体系的可持续发展。具体实施上，可以从以下两个方面入手。

一是要将长期护理保险制度纳入社会保险体系，逐渐扩大长期护理保险制度的覆盖面。由于未来我国高龄老人数量的增加，对护理服务的需求也将日益增加，而劳动强度大、工资成本的增加和专业护理人员仍然较少等原因使得当前的护理费用仍然较高。为保障人人都能享受到护理服务，应将长期护理保险制度纳入社会保险体系，主张政府、企业和个人三方共同承担缴费责任，从而扩大长期护理保险的资金来源，为老年护理行业的长期发展提供长期稳定的资金支持。同时，将长期护理保险制度纳入社会保险体系，也有利于扩大覆盖面，借助社会保险体系的征缴系统，实现长期护理保险的规范化管理。

二是政府要积极开展与商业养老保险公司的合作，尤其是在丰富长期护理保险产品类型、加强经办服务等方面。商业养老保险公司在全国具有较多的营业网点和工作人员，同时，也具有较强的资金优势和养老服务产品开发优势，可以为参保者个人提供较为全面和多样化的产品服务。同时，依托其平台可为社会提供长期护理保险经办服务。通过经办长期护理保险业务，商业养老保险公司自身也将吸引更多优质客户资源，为其更好地了解客户需求、推广其他产品和业务打下良好的客户基础。

整体而言，长期护理保险制度的建立一方面有助于缓解公众对第一层次基本养老保险较高的待遇期望值，帮助其分担养老压力，另一方面，也有助于老年护理服务市场和商业保险公司的长期发展，进一步促进我国多层次养老保险体系的完善。

第 8 章

结论与展望

　　本书在责任分担视角下，以"我国城镇职工多层次养老保险体系构建"为核心议题，在厘清了政府、企业和个人在多层次养老保险体系中应承担的主要责任基础上，对多层次养老保险的适度水平和经济效应展开了详细分析，最终得出以下几点结论。

　　（1）责任合理分担是多层次养老保险体系构建的前提。近年来，我国多层次养老保险体系一直处于第一层次基本养老保险"一枝独秀"，第二、第三层次补充养老保险发展停滞不前的局面。究其原因，主要还是多层次养老保险体系中存在责任分担不清问题，政府存在责任的缺位、越位和错位现象，企业和个人则存在责任逃避和责任模糊的问题。因此，为构建起权责清晰的多层次养老保险体系，本书对各主体的责任进行了清晰界定，明确在多层次养老保险体系领域，政府应当承担哪些责任，哪些责任则应当交由企业与个人去完成，进一步理顺了政府与市场的关系。通过责任的合理分担，本书主张引导政府从制度设计、财政支持和管理监督三方面规范自身责任，并处理好历史责任与现实责任、中央政府责任与地方政府责任、东部地方政府责任与中西部地方政府责任之间的关系；引导企业履行好第一、第二层次的缴费责任与第二层次企业年金基金的管理责任；引导个人承担第一层次基本养老保险的缴费责任，同时，在寻求更高层次养老保障水平的过程中，积极承担一定的投资管理责任和监督责任。通过对各参与主体责任的合理规范，可以一定程度上减少多层次养老保险体系中责任的"越位""缺位""错位""搭便车"以及逆向选择、道德风险等现象的发生，同时这也是我国多层次养老保险体系构建的一个重要前提。

（2）多层次养老保险适度水平是责任的合理量化，同时它也是一个动态发展的过程。作为政府养老保险财政支出责任和个人、企业缴费责任的合理量化，多层次养老保险适度水平的确定需遵循两方面原则：一方面，既需要考虑与国民经济发展水平相适应，同时也需要与各责任主体的经济承受能力相适应；另一方面，既要能够保障城镇职工的基本生活，同时也需具备满足其更高层次养老保障需求的能力。在该原则指导下，通过构建多层次养老保险适度水平模型，本书进一步量化了政府应承担的财政支出责任、企业和个人的缴费责任，明确了多层次养老保险的支出、缴费和待遇的适度水平。研究发现，相对2005～2017年阶段，预计在2018～2035年，我国多层次养老保险支出适度区间的平均值将提升至9.84%～13.56%，多层次养老保险个人总和缴费率适度区间的平均值则增加至31.26%～37.26%，企业缴费率适度区间的平均值相对稳定，维持在14.14%～21.44%，多层次养老保险个人替代率适度区间的平均值也相对增加了10个百分点左右，为38.21%～66.87%。整体而言，多层次养老保险适度水平也是一个动态发展变化的过程，未来一段时间内，随着经济发展、人口老龄化形势加剧和居民人均可支配收入的增加，政府养老保险支出、个人缴费率和替代率适度水平将呈现出一定的上升趋势，而考虑到减税降费需求等因素，企业缴费率适度水平则保持相对稳定。

（3）多层次养老保险体系构建具有积极的经济效应，缴费率、税率等参数调整会影响经济发展和个人效用。通过构建多层次养老保险体系框架下的两期世代交叠模型，分析发现，多层次养老保险体系建立后，单位资本存量、单位劳动产出均得到提升，利率水平和工资水平则相对降低，个人工作期消费增加、效用增加、整体养老金水平得到显著提升。因此，当前我国有必要进一步发展和完善多层次养老保险体系，尤其要加大对第二、第三层次企业年金和商业养老保险的投入和扶持力度，进一步扩大其投资范围和覆盖面，进而增加经济中的资本存量，实现养老金与资本市场的良性互动。作为一项长期资金，养老金与资本市场的良性互动将改善我国当前资本市场的投资结构，壮大机构投资者队伍，实现养老金保值增值的同时也会促进资本市场的完善和成熟，最终为经济的稳定可持续发展创造积极条件。

同时，在模型中调整缴费率、税收政策等变量后，发现降低第一层次企业缴费率水平、提高第二层次企业和个人缴费率水平、提高第三层次商业养老保险个人缴费率水平、降低工作期税率和退休期税率水平对我国未来多层次养老保险体系的构建较为有利，将促进经济发展和个人效用提升，带来积极的经济效应。此外，还需谨慎对待各层次养老保险间存在的"替代效应"。模拟发现，提高企业年金企业、个人缴费率和提高商业养老保险个人缴费率均会产生一定的替代效应，使得其他层次养老金领取额相对降低，尤其是在提高企业年金企业缴费率时，对其他层次养老保险产生的替代效应最大。最后，多层次养老保险体系构建还会对不同收入群体产生不同影响。在当前企业年金和商业养老保险实行 EET 递延纳税政策的背景下，对于低收入群体，由于其工作期工资水平较低无需缴纳个税，而到退休期领取企业年金和商业养老保险时则需部分或全额纳税，无法真正享受纳税递延政策优惠。而高收入群体正好相反，退休期与工作期税率差距越大，则越能平滑其一生的收入分配，实现自身效用的提升。

（4）多层次养老保险体系的方案设计需综合考虑各方面因素。本书在适度水平测算的基础上，根据我国的实际情况，进一步提出了我国多层次养老保险体系的三类改革方案。方案主要以每一层次的财政支出水平、缴费水平和待遇水平确定为核心内容，将政府的养老保险"支出"适度区间，个人、企业的养老保险"缴费率"适度区间和个人"替代率"适度区间作为表征，主张实现政府、企业和个人责任的合理划分。通过不同方案间的比较和分析，发现方案一的实施成本最低，只需在现有基础上进行参数调整，但方案一的总和替代率水平也低，对个人老年生活不利。方案三的实施成本最高，需要进行结构性改革，但改革后其未来能达到的替代率水平也相对较高，且具备较好的收入再分配功能。总结来看，三类方案在实施成本、个体收益和制度目标实现方面均存在一定的差异。政府需综合协调多层次和各主体间的利益冲突，考虑政策目标、个体利益和改革成本等多方面因素，在长期利益和短期利益、全局利益和局部利益间合理取舍。也即在制定多层次养老保险改革方案时，政府既需考虑企业的养老缴费负担，也需考虑个人的养老金权益；既需考虑中央政府的财政负担，也需考虑地方政府的实施管理能力。整体而言，本书通过三大类方案的设计，划分了我国多层次养老保险制度在收入再分配、储蓄和保险方面的功能，明晰了政府、企业和个人在多层次养老保险制度中应承担的主要责任，可以为未来我国多层次养老保险体系改革提供参考。

展望未来，随着中国特色社会主义进入了新时代，逐渐由小康社会迈向现代化国家，为满足人民日益增长的美好生活需要，应对人口老龄化、经济全球化、城市化和新业态等各方面带来的挑战，我国养老保险制度也需进一步调整和改革，逐步构建起多层次养老保险体系，尤其是要加强对第二层次企业年金和第三层次商业养老保险的支持力度，合理安排各层次的比例结构，充分发挥市场和社会的作用。作为一个国家的基础性制度，养老保险制度与经济发展密切相关，养老保险相关参数的调整和改革将对实体经济发展产生重要的影响。西方发达国家和地区的实践经验也表明，通过完善养老保险制度的顶层设计并实施税收优惠等鼓励政策，可以促进政府、企业和个人共同履行责任，促进多层次养老保险体系的平衡发展和功能健全，进而实现养老保险与资本市场、经济发展的良性互动。我国应积极借鉴国际经验，以创新、共享理念积极构建具有中国特色的多层次养老保险体系，在保基本的基础上逐渐满足不同收入群体差异化、个性化的养老保障需求，积极应对未来的各项挑战。

参 考 文 献

[1] [美] 安塞尔·M. 夏普，查尔斯·A. 雷吉斯特，保罗·W. 格兰姆斯. 社会问题经济学 [M]. 郭庆旺译. 北京：中国人民大学出版社，2009.

[2] [美] 彼得·德鲁克. 养老金革命 [M]. 沈国华译. 北京：机械工业出版社，2016.

[3] 边恕，孙雅娜，黎蔺娴. "保基本"视角下的城乡居民养老金适度水平研究 [J]. 黑龙江社会科学，2017 (3)：75 - 83.

[4] [美] 保罗·萨缪尔森，威廉·诺德豪斯. 经济学 [M]. 萧琛译. 北京：商务印书馆，2013.

[5] 曹清华. 城镇职工基本养老保险政府财政责任的优化 [J]. 河南大学学报 (社会科学版)，2018 (1)：30 - 36.

[6] 曹鑫. 青年人与老年人养老观念的共识、差异与融合 [J]. 四川理工学院学报 (社会科学版)，2018 (3)：21 - 41.

[7] 曾益，刘凌晨，高健. 我国城镇职工基本养老保险缴费率的下调空间及其财政效应研究 [J]. 财经研究，2018 (12)：70 - 84.

[8] 陈建东，夏太彪，李江. 工资薪金所得个人所得税税率及级距设定探究——以 2013 年中国家庭金融调查数据为例 [J]. 税务研究，2016 (2)：38 - 43.

[9] 陈洋林，张长全，蒋少华. 商业养老保险低参与率与保险供给侧结构性改革——来自我国综合社会调查 (CGSS) 的证据 [J]. 当代经济管理，2017 (12)：83 - 91.

［10］成欢．我国多层次养老保险体系的制度优化与路径选择［M］．成都：西南财经大学出版社，2016.

［11］丛春霞，方群．中美贫困群体社会支持机制的比较与借鉴［J］．社会保障研究，2016（1）：86－94.

［12］丛春霞．社会保障基金运行的行为效应研究［M］．北京：中国社会科学出版社，2013.

［13］大卫·布拉沃，石玎．智利多层次养老金的改革进程与最新动向［J］．社会保障评论，2018（3）：30－37.

［14］邓大松，贺薇．通往公平分配之路：基础养老金全国统筹中的政府责任分析［J］．西藏大学学报（社会科学版），2018（3）：187－191.

［15］邓大松，仙蜜花．基于 ELES 模型的湖北省城市居民最低生活保障标准评估［J］．武汉理工大学学报（社会科学版），2015（3）：519－525.

［16］邓大松，薛惠元．社会保障如何补短板、兜底线［J］．中国社会保障，2013（10）：37－38.

［17］董克用，孙博．从多层次到多支柱：养老保障体系改革再思考［J］．公共管理学报，2011（1）：1－9.

［18］董克用，张栋．人口老龄化高原背景下加快我国养老金体系结构化改革的思考［J］．新疆师范大学学报（哲学社会科学版），2018（6）：13－25.

［19］董克用．我国养老金体系的发展历程、现状与改革路径［J］．人民论坛·学术前沿，2018（22）：98－106.

［20］董力塑．强化政府养老保障责任的理论模式与路径分析［J］．华东经济管理，2010（9）：133－137.

［21］段加喜．养老保险制度中的政府行为［M］．北京：社会科学文献出版社，2007.

［22］房连泉．全面建成多层次养老保障体系的路径探讨——基于公共、私人养老金混合发展的国际经验借鉴［J］．经济纵横，2018（3）：75－85.

［23］封进．可持续的养老保险水平——全球化、城市化、老龄化的视角［M］．北京：中信出版社，2016.

［24］封铁英，董璇．以需求为导向的新型农村社会养老保险筹资规模测算——基于区域经济发展差异的筹资优化方案设计［J］．中国软科学，2012（1）：65 – 82.

［25］高和荣，薛煜杰．基本养老保险全国统筹面临的挑战及其应对［J］．华中科技大学学报（社会科学版），2019（1）：29 – 34.

［26］高彦，杨再贵，王斌．养老保险缴费率、就业人口增长率与最优退休年龄——基于社会福利最优视角［J］．金融论坛，2017（8）：70 – 80.

［27］关博．大力发展补充保险　构建多层次养老保障体系［J］．宏观经济管理，2017（3）：57 – 60.

［28］郭磊．基本养老保险挤出了企业年金吗——基于政策反馈理论的实证研究［J］．社会保障评论，2018（1）：65 – 81.

［29］韩克庆．养老保险中的市场力量：中国企业年金的发展［J］．中国人民大学学报，2016（1）：12 – 19.

［30］韩烨，宋宝安．我国企业年金的发展现状及对策建议［J］．当代经济研究，2014（7）：89 – 92.

［31］洪小东．养老保险中的政府责任解析——以基本养老金的二元“构成”为视角［J］．现代经济探讨，2018（7）：34 – 40.

［32］黄晗．城镇企业职工养老保险制度政府财政责任模式转变及成因［J］．江西财经大学学报，2016（5）：74 – 80.

［33］黄有光．效率、公平与公共政策［M］．北京：社会科学文献出版社，2003.

［34］［奥］罗伯特·霍尔茨曼，［美］约瑟夫·E. 斯蒂格利茨．21 世纪可持续发展的养老金制度［M］．胡劲松，史凯捷译．北京：中国劳动社会保障出版社，2004.

［35］蒋云赟，黄青．我国企业年金税收优惠政策的财政压力模拟研究［J］．税务研究，2017（12）：29 – 34.

［36］金刚，范洪敏．社会保险政策缴费率调整对企业实际缴费率的影响——基于深圳市 2006 年养老保险政策缴费率调整的双重差分估计［J］．社会保障研究，2018（4）：56 – 68.

[37] 景鹏，陈明俊，胡秋明．城乡居民基本养老保险的适度待遇与财政负担 [J]．财政研究，2018（10）：66 – 78.

[38] 景鹏，胡秋明．企业职工基本养老保险统筹账户缴费率潜在下调空间研究 [J]．中国人口科学，2017（1）：21 – 33.

[39] 景鹏，胡秋明．生育政策调整、退休年龄延迟与城镇职工基本养老保险最优缴费率 [J]．财经研究，2016（4）：26 – 37.

[40] 景天魁，杨建海．底线公平和非缴费性养老金：多层次养老保障体系的思考 [J]．学习与探索，2016（3）：32 – 36.

[41] 孔丽霞．完善我国退休年龄制度的思考 [J]．理论月刊，2017（12）：151 – 158.

[42] 李荣生，朱志钢．企业年金税收政策：缺陷与完善 [J]．税务研究，2016（5）：81 – 85.

[43] 李时宇，冯俊新．城乡居民社会养老保险制度的经济效应——基于多阶段世代交叠模型的模拟分析 [J]．经济评论，2014（3）：3 – 15.

[44] 李文．我国个人所得税的再分配效应与税率设置取向 [J]．税务研究，2017（2）：45 – 51.

[45] 李珍，王海东．基本养老保险目标替代率研究 [J]．保险研究，2012（2）：97 – 103.

[46] 李珍，王海东．基本养老保险替代率下降机理与政策意义 [J]．人口与经济，2010（6）：59 – 65.

[47] 李志明．企业职工基本养老保险中的责任分配 [J]．行政管理改革，2015（1）：38 – 42.

[48] 林义，周娅娜．德国里斯特养老保险计划及其对我国的启示 [J]．社会保障研究，2016（6）：63 – 70.

[49] 林义．中国多层次养老保险的制度创新与路径优化 [J]．社会保障评论，2017（3）：29 – 42.

[50] 刘菲．公共养老保险的政府责任及其经济学解释 [J]．经济问题，2012（10）：101 – 105.

[51] 刘海宁．基本养老保险给付水平适度调整研究——以"基本生活"

保障为统筹目标的思考［J］．经济经纬，2014（3）：155 – 160．

［52］刘玮．"梯度责任"："个人—政府"视角下的养老保险［J］．经济问题探索，2010（12）：112 – 116．

［53］刘子兰，陈一格，沈毓赟．养老社会保险与生育率：基于 OLG 模型的理论分析与实证检验［J］．湖南师范大学社会科学学报，2015（4）：13 – 21．

［54］鲁全．改革开放以来的中国养老金制度：演变逻辑与理论思考［J］．社会保障评论，2018（4）：43 – 55．

［55］鲁全．全国统筹背景下基本养老保险管理体制中的央地责任划分机制研究［J］．苏州大学学报（哲学社会科学版），2015（4）：44 – 49．

［56］［美］约翰·罗尔斯．正义论［M］．何怀宏，何包钢，廖申白译．北京：中国社会科学出版社，1988．

［57］毛景．养老保险补贴的央地财政责任划分［J］．当代经济管理，2017（3）：80 – 85．

［58］穆怀中，韩之彬，陈曦．城镇职工养老保险财政补贴适度水平研究——以辽宁省为例［J］．经济研究参考，2018（49）：14 – 28．

［59］穆怀中，沈毅，樊林昕，施阳．农村养老保险适度水平及对提高社会保障水平分层贡献研究［J］．人口研究，2013（3）：56 – 70．

［60］穆怀中，沈毅．中国农村养老保险体系框架与适度水平［M］．北京：社会科学文献出版社，2015．

［61］［英］尼古拉斯·巴尔，彼得·戴蒙德．养老金改革：理论精要［M］．郑秉文等译．北京：中国劳动社会保障出版社，2013．

［62］彭浩然．名义账户制是我国基本养老保险制度改革的良方吗？［J］．经济管理，2016（7）：177 – 184．

［63］彭姝祎．法国养老金改革：走向三支柱？［J］．社会保障评论，2017（3）：135 – 147．

［64］彭雪梅，刘海燕，孙静．关于个税递延型养老保险的社会公平问题探讨［J］．西南金融，2014（11）：36 – 39．

［65］蒲晓红．企业年金模式比较研究——兼论我国企业年金模式选择

[M]．北京：中国劳动社会保障出版社，2011.

[66] 齐传钧．优化企业养老责任的空间分析与政策探讨 [J]．价格理论与实践，2016（6）：40 – 52.

[67] 曲震霆．企业年金基金投资风险及应对策略 [J]．工业技术经济，2018（9）：101 – 106.

[68] 宋晓梧．企业社会保险缴费成本与政策调整取向 [J]．社会保障评论，2017（1）：63 – 82.

[69] 苏中兴．基本养老保险费率：国际比较、现实困境与改革方向 [J]．中国人民大学学报，2016（1）：20 – 27.

[70] 陶纪坤，张鹏飞．社会保险缴费对劳动力需求的"挤出效应"[J]．中国人口科学，2016（6）：78 – 87.

[71] 汪丽萍，邓文慧．企业年金税惠政策的税收平滑作用研究 [J]．保险研究，2017（5）：62 – 74.

[72] 汪丽萍．我国企业年金税惠政策的成本和收益精算评估 [J]．数量经济技术经济研究，2015（5）：101 – 113.

[73] 王雯，黄万丁．加拿大多支柱老年收入保障体系的评价及启示 [J]．中州学刊，2017（12）：77 – 83.

[74] 王晓芳，翟永会，闫海峰．企业年金制度的经济效应——基于一般均衡模型的研究 [J]．南开经济研究，2010（5）：46 – 55.

[75] 王晓芳，翟永会．企业年金目标替代率和缴费率的测算——基于不同群体的研究 [J]．中南财经政法大学学报，2010（6）：114 – 119.

[76] 王晓军，姜增明．长寿风险对企业年金缴费率和资产配置的影响 [J]．金融经济学研究，2017（2）：106 – 117.

[77] 王延中．中国社会保障发展报告（2015）"十三五"时期的社会保障 [M]．北京：社会科学文献出版社，2015.

[78] 王延中．中国"十三五"时期社会保障制度建设展望 [J]．辽宁大学学报（哲学社会科学版），2016（1）：1 – 14.

[79] 王翌秋，李航．税收递延型养老保险：国际比较与借鉴 [J]．上海金融，2016（5）：86 – 89.

［80］吴祥佑，许莉．个税递延型养老保险的福利效应［J］．财经问题研究，2014（10）：85－90.

［81］吴祥佑．个税递延型养老保险的累退效应及克服［J］．税务与经济，2014（1）：1－7.

［82］席恒，任行．养老金制度责任分担模式的分野与选择：实践模式与价值取向［J］．陕西师范大学学报（哲学社会科学版），2018（1）：67－73.

［83］席恒．养老金机制：基本理论与中国选择［J］．社会保障评论，2017（1）：83－93.

［84］仙蜜花．我国个税递延型商业养老保险制度研究［J］．当代经济管理，2017（7）：80－86.

［85］向运华，赵羚雅．基于扩展线性支出模型的城市低保标准研究——以武汉市为例［J］．调研世界，2018（10）：42－47.

［86］徐文娟，褚福灵．基于收入水平的多层次养老保险体系构建研究［J］．社会保障研究，2016（5）：3－10.

［87］薛惠元，邓大松．我国养老保险制度改革的突出问题及对策［J］．经济纵横，2015（5）：82－88.

［88］杨斌，丁建定．中国养老保险制度政府财政责任：差异及改革［J］．中央财经大学学报，2015（2）：10－17.

［89］杨斌，谢勇才．从非制度化到制度化：基本养老保险制度财政责任改革的思考［J］．西安财经学院学报，2015（3）：80－86.

［90］杨方方．中国社会保险中的政府责任［J］．中国软科学，2005（12）：18－26.

［91］杨方方．我国养老保险制度演变与政府责任［J］．中国软科学，2005（2）：17－23.

［92］杨晶．我国基本养老保险基金保值增值的问题与对策［J］．当代经济管理，2018（11）：90－97.

［93］杨艳东，车凯丽．养老保险费率对地方民营经济发展的影响［J］．浙江社会科学，2018（2）：75－82.

［94］杨燕绥，妥宏武，杜天天．国家养老金体系及其体制机制建设

［J］．河海大学学报（哲学社会科学版），2018（4）：30－37．

［95］杨燕绥．中国养老金运行中存在的问题及对策［J］．人民论坛，2017（5）：64－66．

［96］杨燕绥．养老金体系中财政到底担什么责任［J］．党政论坛（干部文摘），2015（6）：20－21．

［97］杨宜勇，吴香雪．养老保险制度体系改革与税收扶持机制研究［J］．税务研究，2018（1）：25－30．

［98］杨再贵．现阶段背景下企业职工基本养老保险最优缴费率与最优记账利率研究［J］．华中师范大学学报（人文社会科学版），2018（1）：55－64．

［99］亚当·斯密．国民财富的性质和原因的研究（下卷）［M］．北京：商务印书馆，1974．

［100］于洪．国际社会保障动态　社会保障的政府责任［M］．上海：上海人民出版社，2016．

［101］袁志刚，封进，葛劲峰，陈沁．养老保险经济学——解读中国面临的挑战［M］．北京：中信出版社，2016．

［102］袁中美，郭金龙．个税递延型商业养老保险的政策效应与优化策略——个人养老金计划的国际比较和上海案例的模拟测算［J］．西部论坛，2018（6）：100－110．

［103］袁中美，郭金龙．私营养老金计划税收优惠模式比较及国际经验借鉴［J］．税务与经济，2018（6）：80－89．

［104］翟永会．企业年金缴费率和替代率测算——基于不同类型企业缴费能力的实证分析［J］．中南财经政法大学学报，2014（2）：51－56．

［105］张波．中国谁来养老？——基于中国人养老责任认知及其影响因素分析［J］．华中农业大学学报（社会科学版），2018（4）：99－109．

［106］张车伟．中国劳动报酬份额变动与总体工资水平估算及分析［J］．经济学动态，2012（9）：10－19．

［107］张慧智，金香丹．韩国多支柱养老保障体系改革及启示［J］．人口学刊，2017（2）：68－77．

[108] 张思锋，李敏．中国特色社会养老保险制度：初心改革再出发 [J]．西安交通大学学报（社会科学版），2018 (6)：83 - 92.

[109] 张向达，方群．我国城镇低收入群体养老保险适度缴费基数研究 [J]．数量经济技术经济研究，2017 (9)：111 - 127.

[110] 张新生．改革开放 40 年我国补充养老保险制度研究 [J]．湖南科技大学学报（社会科学版），2018 (6)：63 - 69.

[111] 张熠．中国公共养老金体系研究 [M]．上海：上海世纪出版集团，2014.

[112] 张英明．中小企业年金制度设计与创新研究 [M]．北京：科学出版社，2017.

[113] 赵春红．企业年金纳税递延的经济效应与福利效应 [J]．社会保障研究，2015 (5)：37 - 45.

[114] 赵春红．企业年金纳税递延与财政预算平衡 [J]．保险研究，2015 (10)：96 - 106.

[115] 赵春红．企业年金纳税递延制度公平性研究——基于不同收入水平 [J]．税务与经济，2016 (4)：65 - 74.

[116] 赵昕东，张文栋．未来十五年中国还能维持高储蓄率吗？——基于人口年龄结构视角的分析预测 [J]．学习与探索，2018 (3)：108 - 113.

[117] 郑秉文，周晓波，谭洪荣．坚持统账结合与扩大个人账户：养老保险改革的十字路口 [J]．财政研究，2018 (10)：55 - 65.

[118] 郑秉文．中国养老金发展报告（2014）——向名义账户制转型 [M]．北京：经济管理出版社，2014.

[119] 郑秉文．"多层次混合型"养老保障体系与第三支柱顶层设计 [J]．社会发展研究，2018 (2)：75 - 90.

[120] 郑秉文．第三支柱商业养老保险顶层设计：税收的作用及其深远意义 [J]．中国人民大学学报，2016 (1)：2 - 11.

[121] 郑秉文．改革开放 40 年：商业保险对我国多层次养老保障体系的贡献与展望 [J]．保险研究，2018 (12)：101 - 109.

[122] 郑秉文．科学认识商业养老保险在多层次养老保障体系中的功能

［J］．天津社会保险，2016（6）：19－20.

［123］郑秉文．扩大参与率：企业年金改革的抉择［J］．中国人口科学，2017（1）：2－20..

［124］郑秉文．企业年金参与率将触底反弹吗［J］．人民论坛，2018（6）：86－87.

［125］郑秉文．中国企业年金发展滞后的政策因素分析——兼论"部分TEE"税优模式的选择［J］．中国人口科学，2010（2）：2－23.

［126］郑秉文．中国社会保险经办服务体系的现状、问题及改革思路［J］．中国人口科学，2013（6）：2－16.

［127］郑秉文．中国社会保障40年：经验总结与改革取向［J］．中国人口科学，2018（4）：2－17.

［128］郑秉文．中国养老金发展报告（2015）——"第三支柱"商业养老保险顶层设计［M］．北京：经济管理出版社，2016.

［129］郑秉文．中国养老金发展报告（2016）——"第二支柱"年金制度全面深化改革［M］．北京：经济管理出版社，2016.

［130］郑秉文．养老保险降低缴费率与扩大个人账户——征缴体制改革的"额外收获"［J］．行政管理改革，2018（11）：12－21.

［131］郑功成．从企业保障到社会保障——中国社会保障制度变迁与发展［M］．北京：中国劳动社会保障出版社，2009.

［132］郑功成．从地区分割到全国统筹——中国职工基本养老保险制度深化改革的必由之路［J］．中国人民大学学报，2015（3）：2－11.

［133］郑功成．多层次社会保障体系建设：现状评估与政策思路［J］．社会保障评论，2019（1）：3－29.

［134］郑功成．全面理解党的十九大报告与中国特色社会保障体系建设［J］．国家行政学院学报，2017（6）：8－17.

［135］郑功成．社会保障学［M］．北京：中国劳动社会保障出版社，2005.

［136］郑功成．社会保障与国家治理的历史逻辑及未来选择［J］．社会保障评论，2017（1）：24－33.

［137］郑海涛，顾东芳，蒋云赟，任若恩．中国公共养老金体系的隐性负债及其财政承受能力研究［J］．现代经济探讨，2018（3）：1－8．

［138］郑伟，孙祁祥．中国养老保险制度变迁的经济效应［J］．经济研究，2003（10）：75－85．

［139］周湘莲，刘英．老龄化背景下我国企业养老责任探微［J］．湖南社会科学，2016（6）：95－98．

［140］朱俊生，袁铎珍．OECD 国家促进私人养老金发展的措施及启示［J］．经济纵横，2018（3）：86－99．

［141］朱俊生．构建多层次养老保险体系：国际经验与中国实践［J］．老龄科学研究，2017（6）：3－14．

［142］朱梅，张文君．城镇职工基本养老保险政府财政责任分担研究述评——基于中央和地方政府视角［J］．湖南农业大学学报（社会科学版），2017（6）：87－91．

［143］Aaron, H., 1966, "The Social Insurance Paradox", *Canadian Journal of Economics and Political Science*, Vol. 32, Aug., PP371－374.

［144］Adascalitei, D., Domonkos, S., 2015, "Reforming against All Odds: Multi-Pillar Pension Systems in the Czech Republic and Romania", *International Social Security Review*, Vol. 68, Jun., PP85－104.

［145］Allais, M., 1947, Economie et Interet, Imprimerie Nationale Press.

［146］Auerbach, A. J., Kotlikoff, L. J., Hagemann, R., et al., 1989, "The Economic Dynamics of an Aging Population: The Case of Four OECD Countries", *OECD Economic Studies*, Vol. 12, Feb., PP698－705.

［147］Auerbach, A. J., Kotlikoff, L. J., 1987, Dynamic Fiscal Policy, Cambridge University Press.

［148］Banister, J., Bloom, D. E., Rosenberg, L., 2012, Population Aging and Economic Growth in China, Palgrave Macmillan Press.

［149］Barr, N., 2002, "Reforming Pensions: Myths, Truths, and Policy Choices", *International Social Security Review*, Vol. 55, Nov., PP3－36.

［150］Barr, N., Diamond, P., 2006, "The Economics of Pensions", *Ox-*

ford Review of Economic Policy, Vol. 22, Feb., PP15 – 39.

[151] Beattie, R., Mcgillivray, W., 1995, "A Risky Strategy: Reflections on the World Bank Report Averting the Old Age Crisis", *International Social Security Review*, Vol. 48, Jul., PP5 – 22.

[152] Bertranou, F. M., Rafael, R., Grushka, C. O., 2003, "From Reform to Crisis: Argentina's Pension System", *International Social Security Review*, Vol. 56, Nov., PP103 – 114.

[153] Beverly, S. G., Sherraden, M., 1999, "Institutional Determinants of Saving: Implications for Low-Income Households and Public Policy", *The Journal of Socio-Economics*, Vol. 28, Aug., PP457 – 473.

[154] Blake, D., 2003, "The UK Pension System: Key Issues", *Pensions: An International Journal*, Vol. 8, Jul., PP330 – 375.

[155] Blanchard, O. J., 1985, "Debt, Deficits, and Finite Horizons", *Journal of Political Economy*, Vol. 93, Apr., PP223 – 247.

[156] Borella, M., 2005, "The Distributional Impact of Pension System Reforms: An Application to the Italian Case", *Fiscal Studies*, Vol. 25, Mar., PP 415 – 437.

[157] Boersch-Supan, A., Wilke, C. B., 2004, "The German Public Pension System: How it Was, How it Will Be", NBER Working Paper No. 10525.

[158] Brooks, R., 2000, "What will Happen to Financial Markets when the Baby Boomers Retire", IMF Working Paper No. 00/18.

[159] Brown, R. L., 2008, "Designing a Social Security Pension System", *International Social Security Review*, Vol. 61, Jan., PP61 – 79.

[160] Choi, J. J., Laibson, D., Madrian, B. C., et al., 2004, For Better or for Worse: Default Effects and 401 (K) Savings Behavior, University of Chicago Press.

[161] Choi, J. J., Laibson, D. I., Madrian, B. C., 2004, "Plan Design and 401 (k) Savings Outcomes", NBER Working Paper No. 10486.

[162] Cipriani, G. P., 2014, "Population Aging and PAYG Pensions in the

OLG Model", *Journal of Population Economics*, Vol. 27, Jan. , PP251 – 256.

[163] Creedy, J. , Guest, R. , 2008, "Changes in the Taxation of Private Pensions: Macroeconomic and Welfare Effects", *Journal of Policy Modeling*, Vol. 30, Sep. , PP693 – 712.

[164] Cremer, H. , Pestieau, P. , 2003, "The Double Dividend of Postponing Retirement", *International Tax & Public Finance*, Vol. 10, Aug. , PP419 – 434.

[165] Davis, E. P. , 2006, "Prudent Person Rules or Quantitative Restrictions? The Regulation of Long-Term Institutional Investors' Portfolios", *Journal of Pension Economics & Finance*, Vol. 1, Feb. , PP157 – 191.

[166] Diamond, P. A. , 1965, "National Debt in a Neoclassical Growth Model", *American Economic Review*, Vol. 55, Dec. , PP1126 – 1150.

[167] Diamond, P. O. , 2005, Saving Social Security: A Balanced Approach, Brookings Institution Press.

[168] Fehr, H. , Habermann, C. , Kindermann, F. , 2008, "Tax-Favored Retirement Accounts: Are They Efficient in Increasing Savings and Growth?", *FinanzArchiv Public Finance Analysis*, Vol. 64, Jun. , PP171 – 198.

[169] Feldstein, M. , Liebman, J. , 2006, "Realizing the Potential of China's Social Security Pension System", *China Economic Times*, Vol. 24, Feb. , PP1 – 5.

[170] Feldstein, M. , 1974, "Social Security, Induced Retirement, and Aggregate Capital Accumulation", *Journal of Political Economy*, Vol. 82, Sep. , PP905 – 926.

[171] Fenge, R. , Werding, M. , 2004, "Ageing and the Tax Implied in Public Pension Schemes: Simulations for Selected OECD Countries", *Fiscal Studies*, Vol. 25, Jun. , PP159 – 200.

[172] Galasso, V. , 2006, "Postponing Retirement: The Political Effect of Aging", *Journal of Public Economics*, Vol. 92, Oct. , PP2157 – 2169.

[173] Garrett, G. , 1998, "Global Markets and National Politics: Collision

Course or Virtuous Circle?", *International Organization*, Vol. 52, Aug. , PP787 – 824.

[174] Gelber, A. M. , 2009, "How do 401 (k) s Affect Saving? Evidence from Changes in 401 (k) Eligibility", *American Economic Journal: Economic Policy*, Vol. 3, Nov. , PP103 – 122.

[175] Ghilarducci, T. , Saad-Lessler, J. , Fisher, E. , 2012, "The Macroeconomic Stabilisation Effects of Social Security and 401 (k) Plans", *Cambridge Journal of Economics*, Vol. 36, Feb. , PP237 – 251.

[176] Great, Britain, 1942, Inter-Departmental Committee on Social Insurance and Allied Services, The Beveridge Report in Brief. H. M. Stationery off.

[177] Gruber, J. , Krueger, A. B. , 1991, "The Incidence of Mandated Employer-Provided Insurance: Lessons from Workers' Compensation Insurance", *Tax Policy and the Economy*, Vol. 5, Feb. , PP111 – 143.

[178] Holden, S. , Vanderhei, J. , 2001, "Contribution Behavior of 401 (k) Plan Participants", *Ebri Issue Brief*, Vol. 238, Oct. , PP1 – 20.

[179] Holzmann, R. , Hinz, R. , 2005, Old Age Income Support in the 21st Century: An International Perspective on Pension Systems and Reform, The World Bank Press.

[180] Holzmann, R. , 2012, "Global Pension Systems and their Reform: Worldwide Drivers, Trends, and Challenges", *International Social Security Review*, Vol. 66, Jan. , PP1 – 29.

[181] Holzmann, R. , Packard, T. , Cuesta, J. , 2000, Extending Coverage in Multi-Pillar Pension Systems: Constraints and Hypotheses, Preliminary Evidence and Future Research Agenda, The World Bank Press.

[182] Hrung, W. B. , 2001, "Information and IRA Participation: The Influence of Tax Preparers", *Journal of Public Economics*, Vol. 80, Jun. , PP467 – 484.

[183] Johannes, J. , 2000, "Social Security Systems in Low-Income Countries: Concepts, Constraints and the Need for Cooperation", *International Social Se-*

curity Review, Vol. 53, Apr. , PP3 – 24.

[184] Jungkeun, Y. , 2009, "Globalization and the Welfare State in Developing Countries", *Business & Politics*, Vol. 11, Jan. , PP1 – 31.

[185] Komamura, K. , Yamada, A. , 2004, "Who Bears the Burden of Social Insurance", NBER Working Paper No. 10339.

[186] Munnell, A. H. , Sunden, A. , Taylor, C. , 2000, "What Determines 401 (k) Participation and Contributions? ", *SSRN Electronic Journal*, Vol. 64, Mar. , PP64 – 75.

[187] Nishiyama, S. , 2011, "The Budgetary and Welfare Effects of the Tax-Deferred Retirement Saving Accounts", *Journal of Public Economics*, Vol. 95, Dec. , PP1561 – 1578.

[188] Pecchenino, R. A. , Pollard, P. S. , 2002, "Dependent Children and Aged Parents: Funding Education and Social Security in an Aging Economy", *Journal of Macroeconomics*, Vol. 24, Jun. , PP145 – 169.

[189] Peinado, P. , Serrano, F. , 2012, "A Dynamic Analysis of the Effects on Pensioners' Welfare of Social Security Reforms", *Journal of Pension Economics & Finance*, Vol. 11, Jan. , PP71 – 87.

[190] Poterba, J. M. , Venti, S. F. , Wise, D. A. , 1992, "401 (K) Plans and Tax-Deferred Saving", NBER Working Paper No. 4181.

[191] Poterba, J. M. , Venti, S. F. , Wise, D. A. , 1995, "Do 401 (k) Contributions Crowd Out other Personal Saving? ", *Journal of Public Economics*, Vol. 58, Sep. , PP1 – 32.

[192] Poterba, J. , Rauh, J. , Venti, S. , et al. , 2007, "Defined Contribution Plans, Defined Benefit Plans, and the Accumulation of Retirement Wealth", *Journal of Public Economics*, Vol. 91, Nov. , PP2062 – 2086.

[193] Radermacher, R. , Brinkmann, J. , 2011, "Insurance for the Poor? First Thoughts about Microinsurance Business Ethics", *Journal of Business Ethics*, Vol. 103, Nov. , PP63 – 76.

[194] Samuelson, P. A. , 1958, "Frank Knight's Theorem in Linear Pro-

gramming", *Journal of Economics*, Vol. 18, Sep., PP310 – 317.

[195] Shah, H. C., 1997, "Toward Better Regulation of Private Pension Funds", World Bank Policy Research Working Paper No. 1791.

[196] Shen, C., Williamson, J B., 2006, "Does a Universal Non-Contributory Pension Scheme Make Sense for Rural China?", *Journal of Comparative Social Welfare*, Vol. 22, Feb., PP143 – 153.

[197] Sherraden, M., 2003, "Individual Accounts in Social Security: Can They Be Progressive?", *International Journal of Social Welfare*, Vol. 12, Apr., PP97 – 107.

[198] Shih-Jiunn, S., 2008, "Emergence of the Notion of Retirement in Rural China. The Case of Rural Districts of Shanghai", *Zeitschrift Für Gerontologie Und Geriatrie*, Vol. 41, Nov., PP334 – 344.

[199] Stefan, E., 2018, "The Effect of Pension Reforms on Old-Age Income Inequality", *Labour Economics*, Vol. 53, Aug., PP146 – 161.

[200] Sun, Q., Maxwell, J. W., 2002, "Deficits, Empty Individual Accounts, and Transition Costs: Restructuring Challenges Facing China's Pension System", *Journal of Insurance Issues*, Vol. 25, Feb., PP103-126.

[201] Venti, S. F., Wise, D. A., 1991, The Saving Effect of Tax-Deferred Retirement Accounts: Evidence from SIPP, University of Chicago Press.

[202] Walker, A., Foster, L., 2006, "Caught between Virtue and Ideological Necessity. A Century of Pension Policies in the UK", *Review of Political Economy*, Vol. 18, Jan., PP427 – 448.

[203] John, A. T., "Averting the Old Age Crisis: Policies to, Protect the Old and Promote Growth", *ILR Review*, Vol. 48, Jul., PP862 – 863.